二十一世纪法学热点系列

WTO 贸易政策评审机制法律问题研究

陈咏梅　著

中国检察出版社

图书在版编目（CIP）数据

WTO 贸易政策评审机制法律问题研究/陈咏梅著．—北京：中国检察出版社，2009.5

ISBN 978-7-80185-913-6

Ⅰ.W… Ⅱ.陈… Ⅲ.世界贸易组织-贸易政策-贸易法-研究 Ⅳ.D996.1

中国版本图书馆 CIP 数据核字（2009）第 067072 号

WTO 贸易政策评审机制法律问题研究

陈咏梅　著

出 版 人：袁其国
出版发行：中国检察出版社
社　　址：北京市石景山区鲁谷西路 5 号（100040）
网　　址：中国检察出版社（www.zgjccbs.com）
电子邮箱：zgjccbs@vip.sina.com
电　　话：(010)68630385（编辑）68650015（发行）68636518（门市）
经　　销：新华书店
印　　刷：北京鑫海金澳胶印有限公司
开　　本：A5
印　　张：8 印张
字　　数：218 千字
版　　次：2009 年 6 月第一版　　2009 年 6 月第一次印刷
书　　号：ISBN 978-7-80185-913-6/D·1889
定　　价：25.00 元

序　言

杨树明*

为了为未来的经济、贸易制订计划和进行有效的投资，各国政府和企业界都希望能够了解其贸易伙伴正在实施的法律、法规，并且确保它们是以透明的方式实施的。世界贸易组织多边贸易规则的主要目的就是给国际贸易建立一个可预测的、自由的经济和法律环境。因此，法律法规和政策措施的透明至关重要。世贸组织为实现这一目的采取的手段是有关透明和贸易政策评审机制的安排。

“徒法不足以自行。”如果只有规则层面的约束而缺乏机制约束，会使 WTO 规则流于形式，协议的宗旨和目标也不可能实现。所以，有规则的地方将必然会有监督。一项完善的监督机制的存在对于 WTO 各协议的有效实施极为重要。毫无疑问，监督各成员对规则义务的遵守与制定这些规则有着同等重要的意义，监督对规则和义务的遵守是任何社会的内在特征，有效的监督是确保和促进各成员履行其根据 WTO 协议所承担的国际义务，实现 WTO 宗旨的重要保证。为此，WTO 从 GATT 中不仅继承了争端解决机制，并使争端解决机制更具有强制和自动执行的效力，还继承、发展了贸易政策评审机制来协调和管理成员的贸易政策和实践，体现了从解决贸易争端到预防贸易争端以及管理贸易政策的发展趋势。贸易政策评审机制以

* 杨树明，西南政法大学教授、博士生导师。中国国际经济法学会常务理事、原重庆市人大立法咨询委员、重庆法学会国际经济法专业委员会副会长、原重庆 WTO 事务协调中心主任。

强调透明为手段，以“软约束”的方式增进各成员对 WTO 规则的遵守，其独具匠心的灵活性和差异性的设计，使这一机制被认为是 WTO 多边贸易体制中有特色的一部分。该机制使 WTO 在促进各成员履行 WTO 体制下的义务和影响成员国内贸易政策方面多了一套“软约束”机制，与争端解决机制这项“硬约束”机制并驾齐驱，构成了多边贸易体制有效运转的“两个车轮”。它的影响范围并不止于某一方面的贸易政策，因为评审范围涉及各成员所有影响贸易的政府措施。它通过增强贸易政策透明度，监督贸易政策的实施，在一定程度上预防国际贸易争端的发生，实际上起到了国际贸易的润滑剂作用。

国内外对 WTO 协议相关问题的研究可谓琳琅满目。但令人遗憾的是，人们对世贸组织框架内贸易政策评审机制的研究却不多见，似乎该协议并不引人注目。据我所知，在我国法学界目前对 WTO 贸易政策评审机制已有的研究成果主要是对其产生过程、目标、透明功能的介绍，对其运行过程的说明，缺乏从理论和实践两个层面对其进行全面的剖析，本书的问世有利于拓展我国在此领域的研究视野。

该书首先厘清了 WTO 的贸易政策及其评审机制的功能、价值，分析视野广泛，从经济学、哲学等多视角对论题进行论证，较为深入、系统地阐述了作者自己的见解，突出了对贸易政策评审机制功能的论证，反映了作者具有比较敏锐的学术观察力。进而又研究了贸易政策评审机制的地位、实体规范、程序规范和实践，综合运用了比较分析、实证分析、历史分析等研究方法，对贸易政策评审机制的相关法律问题作了比较精到的析解。最后作者就我国面临评审应采取的对策，阐发了有价值的建议。整篇专论论证的逻辑性强，观点和结论不无道理。

陈咏梅副教授作为西南政法大学经济贸易法学院的骨干教师，较长时间以来，一直关注着对 WTO 问题的研究，在西南政法大学攻读国际法博士学位期间，她就将 WTO 的贸易政策评审机制作为博士学位论文的研究方向。现在呈现在读者面前的《WTO 贸易政策评审机制法律问题研究》一书，就是她在博士学位论文基础上修改而成的。我作为陈咏梅副教授攻读博士学位期间的指导教师，深知她刻苦好学、虚心求教，她长于思辨的工作作风也给我留下了深刻的印象。欣闻检察出版社出版该书，我对陈咏梅同志表示祝贺，也对检察出版社对于作者的提携表示感谢。当然该书所揭示的问题和作者论证的观点，可谓见仁见智，但它仍可为我们认识和处理 WTO 贸易政策评审的理论与实践的关系提供有价值的参考。在此我还希望作者能始终关注已有研究的最新发展，为我国的贸易政策评审实践提出更多有价值的参考。

2009 年 2 月于山城

前　言

在世界贸易组织庞大的法律体系中，对成员贸易政策实施影响的主要方式有四种：第一种是在加入前对申请方的审查，中国漫长的“入世”历程便是一例；第二种是在加入时以成员“承诺”方式实施的政策约束；第三种是贸易争端的裁决与执行，败诉方必须修改被裁决为与世贸组织协议相悖的政策与法律；第四种则是以评审的方式对各成员的贸易政策进行监督，被称为贸易政策评审机制。

本书分析和讨论的重点是最后一种方式，即贸易政策评审机制。该机制是一项很特别的监督机制。在这种机制下，WTO 为各成员提供阐明和讨论贸易政策的机会，各成员可以在此获得各种信息并表达各种关注、评审其他成员贸易政策及政策的实施情况，有人将之形象地描绘为一种“盯梢”，从而区别于争端解决机制那种具有强制执行力的监督机制。不过二者殊途同归，都为确保 WTO 规则得到更好的遵守而存在。多边谈判机制、贸易政策评审机制、争端解决机制是 WTO 下设的三大运作机制，作为 WTO 三大机制之一，贸易政策评审机制是世贸组织在总结 GATT 四十多年经验教训的基础上为更好地实施 WTO 各项协议，促进多边贸易体制更加平稳运行而进行的积极尝试。

全书共分为六个部分（章）对 WTO 贸易政策评审机制进行论述，分述如下：

第一章对 WTO 贸易政策及其评审机制进行基础性研究。本章首先从经济学、哲学等多视角探讨了规范国际贸易秩序的 WTO 所选择的贸易政策——自由贸易化政策。为此，WTO 制定了一系列以市场经济为基础的贸易准则和贸易行为规范，以期建立和发展一个开放持久的多边自由贸易体制。该体制的建立对国际贸易活动起到了宏观的调整和推动作用，对各国贸易政策的制定也产生了深远的影响。在规则层面约束的同时，为促进成员对多边贸易体制法律、规则、制度的遵守，WTO引入了一项很特别的监督机制——贸易政策评审机制，本章在此即探讨了该机制的来源及其与WTO贸易政策之间的联系，包括其意欲实现的目标、实际的功能和在实践中的应用价值等。其中对贸易政策评审机制功能的探讨是作者的创新之处。因为目前学者们大多仅探讨了该机制贯彻实施WTO透明原则的功能，最多承认它是WTO的一项监督机制，而作者则更强调该机制事实上具有确保各成员遵守WTO义务的功能，即促使WTO规则得到执行的功能。它通过召集WTO成员集体对某一成员的贸易政策和做法进行评价和评估，以特定的规范性准则为依据，向各成员反复灌输WTO认同的行为模式，促使各成员领悟WTO规则的精髓，其与争端解决机制共同形成对成员实施贸易政策的影响，确保WTO规则、纪律和在各协定项下所作的承诺得到更好的遵守。

第二章对贸易政策评审机制的地位进行分析论证。本章从WTO的监督机制体系入手，分别论述了WTO的透明程序、行政机构的一般审查、贸易政策评审机构的专门审查以及争端解决机制。然后，本章采用比较分析的方法，重点论证了贸易政策评审这一监督机制与WTO其他监督机制之间的关系，尤其是其与透明程序和争端解决机制的关系。强调了贸易政策评审机制在增强国际透明的同时，能有效地促进国内透明的发展；如果国内透明的目标得以实现，将使公众群体能更为方便地获取有关贸易政策对其利益是否存在损害及损害程度的可靠信息，降低公众竞选组织活动的成本，促使公众更积极参与和影响政府的决策程序，对抗和抵消少数利益集团以政治选举或其他方式对政府的胁迫和压力，从而更加有力地支持政府的贸易自由化努力，进而惠及倡导自由化的多边贸易体制。同时，贸易政策评审机制所确立的定期报告制度和定期集体评审制度，大大提高了国际贸易政策的可预见性，减小了各成员贸易政策的对立和冲突，预防和减少了贸易争端，实际上起到了国际贸易的润滑剂作用。再后，本章论及了贸易政策评审机制与WTO职能、与国际收支条款、与对国际贸易环境发展总评之间的关系，以此体现贸易政策评审机制在WTO整个监督机制体系中乃至WTO中的重要地位。最后，本章又将TPRM与IMF、OECD监督制度进行比较分析，以期从其他国际组织的经验教训中为TPRM提供可资利用的参考。

第三章对贸易政策评审机制的实体规范进行研究。首先，本章分析了贸易政策评审机制的主体，重点分析了WTO秘书处贸易政策评审司的人员配置、与其他国际经济组织相比所承担的工作负担等情况，认为其是一个低支出、高产出的国际组织机构。分析中凸显出秘书处人力资源匮乏的困境，如果不提供更多的资源将可能导致贸易政策评审机制为完成马拉喀什议定书设定的任务的能力的崩溃。鉴于解决人员短缺的方法目前尚未得到一致认可，作者主张对贸易政策评审司进行有序、稳步的扩充，并从增加WTO总体预算角度出发来探讨对这一问题的解决，同时将贸易政策评审机制存在的资源短缺问题与对发展中成员的技术援助结合起来，因为贸易政策的能力建设（包括WTO内和WTO外）可以帮助发展中成员积极参与WTO活动，包括参与贸易政策评审活动，来自WTO之外的技术援助至少可以部分地解决资源问题。然后，本章对贸易政策评审的内容进行了阐释和述评，认为需要对评审的内容进行改革，但其评审内容应该扩展到多大的范围还是一个值得探讨的问题，这牵涉到整个WTO的改革。作者认为，有很多因素制约了人们建议的将贸易政策评审范围扩大到“社会、劳工、性别”等方面的期望，以WTO为基础的评审会议可能并不是引入这些评审内容最适当的场所。最后，本章分析了贸易政策评审的标准，认为贸易政策评审旨在促使各成员更好地遵守WTO规则、纪律和在各协定项下所作的承诺，那么评审的过程必然应针对WTO的规则进行；评审机构对成员进行评价和提出建议的参照标准，应当是WTO的贸易规则、纪律和各成员的承诺。并且评审的标准应该是动态的，它随着多边贸易体制规则的完善、国际经济环境和国内经济改革和结构调整的进步以及贸易自由化的进程而变化。与此同时，评审还要对成员的某些政策变化进行动态的描述和对多边贸易体制的影响进行量的分析，因而需要采用一定的经济指标作为标准。

第四章对贸易政策评审机制的程序规范进行研究。首先，本章分析了任何扩大评审周期的建议均未得到支持的原因及集团评审的可取性。然后分别分析了秘书处报告和各成员政府报告程序。尤其是秘书处报告，在对秘书处报告的资料来源、结构、长度、影响进行分析的基础上，作者从突出的几个方面探讨了秘书处报告存在的不足之处，如报告的国别色彩、过于乐观、缺乏对保护代价的分析等。在此基础上，展望了未来的发展趋势，认为评审将从更长远的观点出发，增加更多的分析成分。在对各成员政府报告准备过程的分析中，作者提出了准备并参加贸易政策的评审对较小的发展中成员来说是一项艰巨的任务，对此也可与贸易政策评审机构及 WTO 技术合作和培训机构提供的技术援助结合起来考虑。最后，本章分析了贸易政策评审会议及评审报告的分发事宜，认为即使在资源上有了足够的增加，如果没有改进贸易政策评审报告的散发，对贸易政策评审机制进行改进的很多方面的充分价值将无法实现。评审报告除了在贸易谈判团体这一狭小的范围散发外，应当散发给更多的评审信息的潜在使用者：各成员首府的政治领导及其幕僚、贸易及商事事务的记者和其他撰稿人、产业协会、工会等利益集团，专注于国际经济、贸易政策的学者和研究机构，各个企业管理者和他们的顾问等。

第五章对贸易政策评审进行实证研究。作者再次运用比较研究的方法，希望通过 GATT/WTO 不同时期欧共体两次评审的分析、比较，增强人们对贸易政策评审机制的认识。两次评审对欧共体贸易政策和做法均提供了一种透明的测试，评审已使 GATT/WTO 各缔约方/成员方获取了相当多的有关欧共体的信息，但在单个缔约方/成员方层面上的透明还需要加强。作者认为，在不必然违背欧共体与 GATT/WTO 法律关系的性质的情况下，在不否认欧共体融合过程也不忽视其特定的组织结构的情况下，可以考虑有序地适当关注欧共体各成员的贸易政策。秘书处报告从更明确的、更有条理的法律视角对欧共体现存贸易政策和做法进行的分析还相对不足，报告对GATT/WTO规范性准则与欧共体贸易政策和做法之间的关系应该加以评论，对欧共体贸易政策和做法对多边贸易体制的影响也应该更详细地进行阐释，因此评审的水平和质量还有待提高。除此之外，应该具有某种方式的评审的后续工作，如当受审成员清楚地知道其贸易政策和做法应该加以改变但所建议的改变未能实施时，全体成员可授权总理事同受审成员私下讨论那些被建议的修改措施，督促受审成员重视评审的结果。

第六章结合中国评审实践，针对中国既要面临接受评审又要面临参与别国评审两个方面，提出了各种应对的策略。中国自2001年12月11日加入世贸组织后，2002年即开始了贸易政策评审的实践。一方面，中国要接受贸易政策评审机构对中国的正常评审，还要根据中国入世议定书第18条第1款的规定，接受“过渡性贸易政策评审”。作为一个以公有制为主体，市场化程度相对不高的最大发展中国家和社会主义国家，中国履行WTO各项规定及其承诺的能力难免会受到质疑，而各国也都把目光注视在中国贸易政策的变化和进步上。我们有必要做好评审的各项准备，使自己的贸易政策和做法得到公正与全面的评价，通过接受评审，向世界展示中国、让世界了解中国。另一方面，我们应认识到，做好准备参加WTO贸易政策评审机构对我国的政策评审是我国承担的基本义务之一，而积极参与对其他成员的政策评审也是我国享有的重要权利之一。我们要充分利用贸易政策评审影响WTO其他成员的政策措施，积极、妥善地利用评审机制为我国的经济建设服务，最终促进国家的经济增长。

陈咏梅

于西南政法大学

2009年2月1日

目录

第一章　WTO 贸易政策及其评审机制

第一节　WTO 贸易政策析解

一、WTO 贸易政策准则

WTO 贸易政策准则和贸易行为规范大体可归纳为几个方面：(1) 以市场经济为基础的开放贸易制度。GATT/WTO 并无明文硬性规定其成员必须实行市场经济体制，但是，在其各项条款以及对新成员的审议程序中又分明包含了这种要求。(2) 建立和维护公平贸易环境。这一要求体现在两个层面：在贸易起点的层面是 WTO 的无歧视原则，包括无条件最惠国待遇原则和国民待遇原则，这两个原则保障各成员方及其产品在任一个成员方市场处于同等竞争地位；在贸易结果层面体现为反对倾销和补贴，消除贸易扭曲，保证公平竞争。这两个层面的要求是有差别的，前者是自由贸易的基础，而后者只是以公平对等为目的，未必导向自由贸易。(3) 实行规范透明的贸易调节措施。在这方面的要求是减少乃至消除贸易扭曲、提高各国贸易体制的透明度和稳定性、增加各国贸易政策的可比性，从而实现各国贸易政策协调，促进贸易自由化的发展。(4) 允许某些贸易政策规范例外。即在一定条件下部分地或完全不适用 WTO 原则。这些例外包括：进口损害防御措施、国际收支平衡、幼稚工业保护、区域经济一体化以及发展中国家例外等。50 多年来，GATT/WTO 逐步确立的贸易政策准则和贸易行为规范得到越来越多的国家和地区的认同。①

二、WTO 贸易政策的经济学分析

从经济学来看，WTO 倡导的是多边的、同时的贸易自由化。

各国都想运用贸易干预政策来影响贸易利益分配，期望在贸易中得到有利于本国的贸易利益分配条件，但贸易干预的结果却可能适得其反。贸易的减少意味着互利的交换可能性降低；当贸易的规模减少，得自贸易的利益也必定降低。不幸的是，现实的国际贸易存在着这样的情形，各国都想在贸易利益的分配中得到更多的份额而采取一些贸易干预措施，客观的结果却是贸易的规模越来越小于自由贸易所可能达到的程度。在这个意义上，贸易干预和贸易保护成了封闭经济的代名词。

极力主张贸易开放最突出的代表是新自由主义者。新自由主义②坚信比较优势原则，认为通过贸易自由化，各国都可以在国际市场上找到符合自身条件的分工位置，最有效地发挥各自的比较优势，在相互贸易中获得贸易利益。新自由主义者主张建立一个全球的贸易自由化体制，为此，各国的贸易政策就必须转向支持开放市场、维护自由竞争。

与开放这一概念含义大体相同的另一个表述是贸易自由化。“贸易自由化是更多地应用价格机制使贸易制度更加透明以及使国内价

① 黄静波：《WTO 贸易政策规范及其扩展与中国贸易政策》，载《中山大学学报》（社会科学版）2000 年第 3 期，第 7—8 页。

② 新自由主义是产生于英美国家的一种政治经济思潮，其认为经济增长的最根本方式是通过自由市场机制，并强调政府对经济放松管制是增进效率和促进经济增长的最好办法。而通行的做法是建立一套旨在促进国内经济自由化并增强外部环境联系的政策，这些政策包括降低或取消对价格与进口的控制，改善外商投资和国内投资环境，保持经济稳定以及刺激出口，等等。关于新自由主义的介绍，可参见刘志云：《哈耶克的经济思潮与全球化背景下国际经济法的发展》，载陈安主编：《国际经济法学刊》第 12 卷第 4 期，北京大学出版社 2005 年版，第 53—80 页。

格更接近于世界市场价格的过程。”① 这里，特别强调贸易过程中市场价格机制的决定性作用，包含了贸易制度中立性的要求。通过减少、取消数量限制等措施，贸易自由化将导致一个更中立和透明的贸易体制。作为一个“过程”，贸易自由化也可能具有阶段性的特征。

WTO 的宗旨即以贸易的自由化为核心。WTO 前身 GATT 的宗旨曾规定：“缔约各方政府，认识到在处理它们在贸易和经济领域的关系时，应以提高生活水平、保证充分就业、保证实际收入和有效需求的大幅稳定增长、实现世界资源的充分利用以及扩大货物的生产和交换为目的，期望通过达成互惠互利安排，实质性削减关税和其他贸易壁垒，消除国际贸易中的歧视待遇，从而为实现这些目标作出贡献。”② WTO 的宗旨除了在目的方面加上了扩大服务贸易、保护环境以及确保发展中国家的利益外，在为达成这样的目的而对成员方的要求方面也比关贸总协定更宽泛，即“期望通过达成互惠互利安排，实质性削减关税和其他贸易壁垒，消除国际贸易关系中的歧视待遇，从而为实现这些目标作出贡献；因此决定建立一个完整的、更可行的和持久的多边贸易体制，以包含《关贸总协定》、以往贸易自由化努力的结果以及乌拉圭回合多边贸易谈判的全部结果”。③ 这里，最重要的是两者的宗旨都强调了各成员方必须在降低关税和其他贸易壁垒、消除歧视待遇等方面作出切实的努力，说到底就是要体现贸易自由化的趋势和要求。任何一个国家要加入 WTO，就必须遵守 WTO 的这种贸易自由化承诺。这是一个前提。

贸易自由化最基本的要求是贸易保护水平的降低，从广义的角

---

① See Sebsatian Edwards, Openness, Outward Orientation, Trade Liberalization and Economic Performance in Developing Countries, Policy, Planning, and Research Working Papers, No. 191, Washington DC: The World Bank, 1989.

② 参见 GATT1947 前言部分。

③ 参见《马拉喀什建立世界贸易组织协定》前言部分。

度还包括“使贸易体制变得更为中立的任何措施”。[①] 中立性体制给予出口和进口、国内销售和国外销售、可贸易商品和非贸易商品的刺激不偏不倚。更自由的贸易体制是指贸易控制的减少和以价格机制代替直接干预。[②] 但是，中性的贸易体制并不等于自由化的贸易体制。中性贸易体制仅仅表明对出口和进口提供的刺激（大体）相等，而对刺激的大小并无约束。当对进口和出口都进行干预且干预程度相当时，贸易体制即是中性的。因此，干预最小化的中性贸易体制才是贸易自由化的目标。而贸易自由化的背景是，在一个存在扭曲、贸易保护过甚的世界里进行贸易政策改革，减少对贸易的干预，从而建立中性贸易体制，向自由的贸易体制复归。贸易自由化的实质是建立有效的市场经济体制，无论渐进式的抑或激进式的自由化，最后结果都是市场力量主导地位的确立，相应的要求是要最大限度地减少对贸易的行政干预，这是贸易自由化成功与否的关键所在。

贸易自由化还必须坚持互惠的原则。在多边贸易体制当中，互惠是实施各种贸易协定的基础，或者说是各国在贸易问题上进行合作的前提。基利·巴格维尔和罗伯特·W. 斯泰格指出，在贸易自由化过程中，互惠就要求各国同时削减贸易壁垒，甚至是同等程度减低关税和非关税水平，这样才可以不改变既定的贸易条件，不会出现单边自由化的国家蒙受实际收入下降的利益损失的情况，也不会使那些未削减贸易壁垒的国家从中得到“搭便车”之利。[③] 因而从经济学角度来讲，WTO 倡导的是多边的、同时的贸易自由化。

---

① D. Papageorgiou, M. Michaely and A. M. Chokso, Liberalizing Foreign Trade: Lessons of Experience in the Developing World, London: Blackwell, 1991, p. 13.

② See Vinod Thomas and John Nash, Trade Policy Reform: Recent Evidence from Theory and Practice, in R. Adhikari; C. Kirkpatrick and J. Weiss, Industrial and Trade Policy Reform in Developing Countries, Manchester University Press, 1992.

③ Kyle Bagwell and Robert W. Staiger, An Economic Theory of GATT, American Economic Review, 1999, pp. 215 - 248.

但是，从现实的角度来看，处于不同发展程度、有着不同经济结构的国家实行同时同等的自由化所产生的结果却又有不合理之处，发展中国家超越现实的全面自由化将使之面临贸易条件的恶化，这又与不改变既定贸易条件的设定相悖。诚然，开放是发展中国家经济发展的正确方向，这一点已越来越被发展中国家所认识。只有实现要素和产品在全世界范围内的自由流动，在全球范围内实现生产自由化、贸易自由化、投资自由化、金融自由化，才能形成正确反映资源稀缺性的国际市场价格，从而优化资源配置，使各国在国际经济交往中获得比较利益的同时，增大整个世界经济的福利。但是，对开放政策作用的任何夸大对发展中国家都是有害的。罗德瑞克（Dani Rodrik）指出：第一，开放本身并不是一个产生持续经济增长的可信赖机制。第二，开放似将产生一种压力扩大国与国之间收入和财富的差距。第三，开放将使一些国家在对付外部冲击方面变得脆弱，可能引发国内矛盾和政治凸显。① 开放政策本身并不能自动地带来经济增长，更不是发展中国家只要开放了就能自动产生“追赶效果”，赶上发达国家。换言之，开放政策是持续稳定增长的一个必要条件，但它并非一个充分条件。更适宜发展中国家的发展战略或许是开放的主流与必要、恰当的保护措施有效结合，对外开放的程度取决于能在何种程度上提高一国的经济绩效。事实上，只有在发展水平相近的国家间实行同时同等的自由化才可能有贸易条件维持不变的结果。因此，对多边贸易体制、贸易自由化的解释就必定要超越纯粹经济学的范围之外。

三、WTO贸易政策的哲学分析

GATT以及后来的WTO贸易政策规范在倡导自由贸易的同时，也不得不面对不同国家的自身利益，从而形成了非常独特的“GATT/WTO哲学”。

---

① 丹尼·罗德瑞克：《让开放发挥作用：新的全球经济与发展中国家》，中国发展出版社2000年中文版，第8—9页。

GATT/WTO“重要基本哲学就是开放市场、非歧视以及国际贸易的全球竞争是有益于全世界各国福利的”。[①] GATT/WTO 的理论基础是自由贸易，但 GATT 中没有任何地方提到过将自由贸易作为其最终目标。GATT 的作用只是促进贸易壁垒的削减和保证缔约方市场准入条件更为均等。[②] 这是 GATT 以及后来的 WTO 的务实态度使然。我们可以从以下两个方面来理解 GATT/WTO 哲学。

第一，自由贸易与贸易保护的统一体。国际贸易领域长期存在自由贸易和重商主义两种相互对立的传统，对自由贸易的推崇不能无视重商主义及其贸易保护政策的势力。在理论上，自由贸易可以得到完整的叙述和证明，但在实践中贸易保护始终大有市场。GATT 产生之际，恰是重商主义及其贸易保护大行其道之时。20 世纪 30 年代大危机引致各国的“以邻为壑”政策，使贸易战的威胁成为 GATT 面临的首要问题，此时过分强调自由贸易显然是不现实的。GATT 所能施展拳脚的空间就是提供在国际间进行磋商和推进削减贸易壁垒的一个合作场所。纵使是在后来的 WTO，贸易自由化的观念得到强化，但导致各国贸易政策差异的贸易利益分配问题并没有得到一个完美的解决，磋商和协调仍然是贸易自由化实现的主要途径，这决定了与其说 WTO 是一个自由贸易组织，不如说 WTO 是一个现实贸易体制的管理机构。

WTO 宗旨本身的逻辑结果必然要求自由贸易，但是各成员对自身利益的关切也是贸易保护的合理依据，实践中必然表现为规则、决议、行动的折中。GATT/WTO 推动的国际贸易政策协调与合作，其目的是建立一个全球统一的贸易体制。要将各个经济发展水平不同、贸易政策存在差别甚至贸易政策取向相左的国家聚集到一个统一的贸易体制之下，现实可行的做法就是调和各国间的贸易矛盾，以折中的结果来兼顾不同国家的利益，即经济学意义上的“次优”

---

① 伯纳德·霍克曼、迈克尔·考斯泰基：《世界贸易体制的政治经济学：从关贸总协定到世界贸易组织》，法律出版社 1999 年版。

② 同①，第 7 页。

选择（second best）。由于各国经济政治环境及经济发展程度不同，利益得失存在较大差别，从而各国承受的保护主义压力也不同，没有任何干预的自由贸易的最优政策不可能实现。GATT 现实的“次优”选择就是在倡导自由贸易的同时，允许实施一些“暂时性的”或以“例外”为名义的贸易保护措施。当然，这些暂时性的保护措施受到相应规则的制约，如不允许数量限制等行政性干预，强调只能通过关税来保护本国的生产，并且要逐步削减关税水平和开放市场，促进自由贸易的发展。另一些明显的折中结果的表现包括：区域经济一体化例外、发展中国家例外、保障措施例外，等等。这些 GATT 时期的“双重标准”在 WTO 时期依旧存续。

GATT/WTO 体系折中性的生成机制是贸易谈判，是各国之间的贸易政策博弈，并且这是一个多方、多阶段的博弈。① 一旦得出均衡解，这个解一定是妥协的结果。威廉姆斯曾指出，“GATT 规则是两方面妥协的结果，一方面是全球经济一体化、多边主义以及依赖市场的力量；另一方面是对国内稳定、经济私利以及双边主义的要求”，“建立在 GATT 下的贸易体制是双边主义和多边主义的混合体”。② 这种折中的选择就决定了 GATT/WTO 体制的走向既非贸易保护，亦非自由（放任）贸易，而是管理贸易或规制贸易。

第二，权力导向转为规则导向。20 世纪 70 年代中期以来，西方一些国际政治学者通过借用经济学中的行为模式，推导出一种新的理论，即国际法的功利主义理论，或称为国际体制理论（international regime theory）。与传统的现实主义或权力政治学派认为国家之间只有竞争没有合作的纯冲突的观点不同，国际法的功利主义理论并不完全或根本性地否认国际法及国际组织的作用。该理论认为，国家之间出于理性行为者的自我利益考量，通过借用一定的组织机构

---

① 伯纳德·霍克曼、迈克尔·考斯泰基：《世界贸易体制的政治经济学：从关贸总协定到世界贸易组织》，法律出版社 1999 年版，第 72—78 页。

② 马克·威廉姆斯：《国际经济组织与第三世界》，经济科学出版社 2001 年版，第 155 页。

和制定国际关系的行为者都同意的一定的“游戏规则”（game rules）实现相互受益。功利主义者把这些组织机构和游戏规则的总和称为国际体制。① 获得最广泛接受的国际体制的定义是指在国际关系的特定领域，一系列与行为者的期望趋于一致的原则、规范、规则和决策程序。在功利主义或国际体制理论某种程度的刺激和影响之下，国际组织的中心作用越来越被强调，而在国际组织或制度中由权力决定利益向规则（法律）决定利益，即由权力导向型向规则导向型转变已是大势所趋，WTO 制度也概莫能外。规则导向意味着主体的行为都具有明显的界限，对他人来说也具有合理的可预见性，体现了法治的要求；而权力导向则意味着主权者拥有相当的权力，很可能会滥用权力而损害公众的利益。权力导向根据当事方相对力量对比谈判来解决争议；而规则导向根据当事方先前达成的规范或规则进行谈判来解决争议。两者的区别不在于是否包括谈判，而在于是否以先前达成的规则为依据解决问题。GATT 到 WTO 的演进进程，就是从权力导向型向规则导向型演进的过程。

GATT/WTO 规则导向的核心“不是结果，而是游戏规则，它包含着可允许的贸易壁垒水平的协议以及制定在出口市场中、面对外国生产者的一般竞争条件的尝试”。② 作为国际间关于贸易的总协定，GATT 首先是一个贸易规则体系，是各国从事贸易活动的行为守则。和 GATT 之外的其他贸易协定、商品协定和价格协议不同，它关注的是国际竞争当中市场准入的公平，而非国际市场竞争结果上的公平或利益对等。尽管后者是处理国际经济关系时不能不考虑的重要方面，甚至在 GATT/WTO 的一些规则中也着意考虑了结果的平衡，如关税减让的协调法公式（瑞士公式）、发展中国家享受非互惠的“特殊和差别待遇”等。但总体而言，主张贸易自由化的 GATT/

① 张文显：《二十世纪西方法哲学思潮研究》，法律出版社 1996 年版，第 376 页。

② 伯纳德·霍克曼、迈克尔·考斯泰基：《世界贸易体制的政治经济学：从关贸总协定到世界贸易组织》，法律出版社 1999 年版，第 18 页。

WTO 体系的推动者们坚信效率是公平的基础，强调效率优先于公平的原则。[①] 如果仅以公平而论，GATT/WTO 强调贸易起始条件和竞争过程的相对公平，在贸易结果公平方面的考虑只是阶段性的现实策略，使各国缩小在经济贸易发展水平和贸易政策措施的差距，加大各国接受共同规则的可能性。

罗德瑞克（Dani Rodrik）将这种规则导向的过程归之于“制度趋同”范畴，即一国“有意识地采取某种政策使其经济社会制度与其伙伴国的相协调”。WTO 就起着一种推动制度趋同的作用，WTO“要求其成员国接受一套固定的制度规范，包括在贸易和工业政策领域互不歧视、贸易法规的公开出版以保持透明，以及在版权和专利保护方面与 WTO 的要求保持一致性等”。而“WTO 在关税约束、数量限制、服务、补贴、与贸易相关的投资以及知识产权保护等方面给发展中国家定下一些新规则……应视为是帮助发展中国家政府克服其治理方式上的传统弱点……使发展中国家在那些原来缺乏连续性和受寻租干扰的政策上确立一定程度的可预见性、透明度、受规则约束的行为以及非歧视性的原则”。[②]

四、WTO 贸易政策框架的扩展趋势

WTO 贸易政策框架是一个宏大的体系并在不断扩展。1966 年增加了关于发展中国家享受特殊和优惠待遇的部分。从东京回合开始，非关税壁垒的削减成为多边贸易谈判的重点，结果以若干协定补充 GATT 的贸易政策规范。到乌拉圭回合，多边贸易谈判扩展到服务贸易、与贸易有关的投资、知识产权等领域，产生了《服务贸易总协议》等一系列规范性文件。已经开始的新一轮多哈多边贸易谈判又在关注着一些新的领域，如投资、环境、竞争政策、劳工等，可以

① 马克·威廉姆斯：《国际经济组织与第三世界》，经济科学出版社 2001 年版，第 221 页。

② 丹尼·罗德瑞克：《让开放发挥作用：新的全球经济与发展中国家》，中国发展出版社 2000 年中文版，第 23—25 页。

预料，届时又将有更多更具体的规范性文件出现。

在诸多的扩展中，有两个趋势值得特别注意。一个是对发展中国家优惠待遇的重新审视，倾向于逐步减少为发展中国家提供优惠，要求发展中国家紧跟发达国家以加速贸易自由化。自20世纪70年代以来，不少经济学家对曾在发展中国家广为流行的进口替代政策效果进行评估，许多研究的结论认为，进口替代战略及相应的保护政策并不是发展中国家追求发展的最佳方式，尽管这一战略至少在早期带来过较快的增长。虽不能一概而论地说进口替代战略已经失败，但长期运用的结果确实造成了经济效率和生产率增长的下降。① 众多对贸易保护效果的研究也表明，进口替代战略有许多消极作用，因此，发展中国家的发展道路需要转向市场开放，把自身融入到世界经济中去，通过开放的贸易来促进经济增长。② 在涉及 WTO 对发展中国家优惠待遇方面，有学者认为，特别的和有差别的待遇是一个失败的概念，它使一些国家把依赖保护政策当做发展手段，因而 WTO 应该重新审视对发展中国家的优惠待遇。③ 这种看法由来已久，并已影响到 WTO 贸易政策规范的制定和调整。更值得关注的是，普惠制④差别待遇已经产生严重的“溢出效应”：近年来，国际上对 WTO 发展中国家成员进行分类的呼声甚嚣尘上，主张在“特殊与差别待遇”的授予上实行差别待遇，或曰将“特殊与差别待遇”授予

---

① See Syrquin, Moshe, Growth and Industrialization since 1965, in Kekkeiner, G. K. (ed.), Trade Policy and Industrialization in Turbulent Times, London: Routledge, 1994.

② Krueger, Anne O., Trade Policy and Economic Development: How We Learn, American Economic Review, Vol. 87, No. 1, 1995, pp. 1 – 22.

③ Morici, Peter, Fair Play and the WTO, Economic Strategy Institute, 1999, OP – ED Homegage [8 – 9 – 2006] http://www.econstrat. Org/#opeds/.

④ 普惠制实质上就是“特殊与差别待遇”之一种，是发达国家给予发展中国家“特殊与差别待遇”的重要形式之一。引自何易：《论普惠制实施中的差别待遇——兼论 WTO 发展中国家成员分类问题》，载陈安主编：《国际经济法学刊》第 13 卷第 2 期，北京大学出版社 2006 年版，第 51 页。

最需要的发展中国家成员。这个问题的影响，尤其对中国的影响重大，必须引起高度关注。例如，截至目前，有32个国家实施普惠制方案，成为普惠制的给惠国。除美国、匈牙利和保加利亚外，其他29国均给予中国普惠制待遇，但是欧盟有意使中国在不久的将来从其普惠制完全毕业。① 因此，今后发展中成员的适当贸易保护要求将主要依赖运行产业政策，这与发达成员并无不同。WTO不禁止产业政策的使用，只要这些政策贯彻非歧视原则。因此，产业政策在国际贸易政策体系中的重要性相对增加。

另一个趋势是关注竞争问题。贸易增长和经济国际化迎来了规范竞争环境和行为的要求，竞争政策成为保障贸易自由化效果的重要条件。竞争问题早在筹备国际贸易组织的谈判中就被列入议程，但《哈瓦那宪章》中关于限制性商业行为的规定并未成为GATT专门条款，只是通过关于GATT与《哈瓦那宪章》关系的条款间接地联系起来。② 但WTO条款事实上包含了竞争政策的主要精神，如无歧视原则、公平贸易原则、关税作为唯一贸易调节手段等。从20世纪80年代末开始，越来越多的学者和政策制定者呼吁建立全球性的竞争政策规范，特别是那些针对反竞争行为的多边准则。其原因主要是迄今为止对反竞争行为缺乏国际性的协调，仅有极少数双边或区域性的协定③，不足以保护贸易自由化所要求的自由竞争。

可见，WTO贸易政策规范扩展的领域众多，这里特别提出产业

① 骆正龙等：《中国享受美国普惠制待遇前景展望》，载《国际经济技术研究》2002年第1期，第34—40页。

② See Bernard M. Hoekman, Competition Policy and the Global Trading System: A Developing - Country Perspective, Policy Research Working Paper, No. 1735, The World Bank, 1997.

③ 如欧盟、北美自由贸易协定、澳新贸易协定有关竞争的规定，以及OECD 1976年的《跨国企业指南》和联合国贸发会议1980年的《管制限制性商业惯例的多边协议的原则和规则》等，参见OECD International Trade and Investment Division, Trade and Competition: Frictions After the Uruguay Round, Economics Department Working Paper, No. 165, OECD, 1996, p. 6 注释4。

政策和竞争政策这两个方面是因为它们的特殊重要性。这两方面的扩展涉及 WTO 贸易政策基本框架，由此而来的贸易政策规范与原 GATT 的贸易政策规范相互配合，将适用于所有贸易领域，其他扩展只是在特定领域的一些具体规定，或者说是 WTO 贸易政策基本框架在某一具体领域的应用。

第二节　WTO 贸易政策评审机制的历史演进

贸易政策评审机制（Trade Policy Review Mechanism，TPRM）是世贸组织的三大机制之一（另外两项机制是贸易谈判机制与争端解决机制），它的有效运行，对于改善国际贸易环境，促进成员对多边贸易体制法律、规则、制度的遵守，预防政府间贸易争端，均具有重要意义。对 TPRM 进行研究，提高对它的认识和理解，对于我国在成为世贸组织成员后履行世贸组织成员义务，充分利用这一机制发展我国的对外贸易将大有裨益。作为马拉喀什《建立世界贸易组织协议》的附件三，TPRM 协议是乌拉圭回合达成的第一个协议，足见谈判各方对它的重视程度。早在 1989 年，世贸组织成立之前，TPRM 即已临时适用。经过十几年的运作，它在世贸组织体制中的作用已得到广泛的认同。为了更好地理解 TPRM 的作用和对我国的意义，我们首先有必要了解 TPRM 的形成过程和历史背景。

一、GATT 的相关条款

1947 年成立的关贸总协定（简称总协定）一直强调需要增强贸易体系的透明和稳定性。透明是指缔约方有义务公布任何法律、法规、司法判决和一般援用的行政决定及货物和服务贸易有关的国际协定，缔约方还有义务以合理和公正的方式实施贸易措施。为此 GATT 规定了贸易政策的通知（notification）制度，要求缔约方使用关税而不是配额作为贸易保护的方式，缔约方在实施一项新的贸易措施之前有与利害缔约方协商和阐明该措施的义务。1947 年总协定成立时并没有建立一项约束缔约方贸易行为的一般监督机制①，当时主要通过有关条文来促进各缔约方贸易政策措施的透明从而监督多边贸易规则的实施。GATT 关于促进贸易政策透明的条文主要有第 10 条、第 11 条、第 22 条等。其中，第 10 条规定缔约方有义务公布其贸易规章，第 11 条规定仅允许使用关税作为国内工业的保护手段，第 22 条规定了协商义务。另外，对于实践中业已发生的违反总协定义务的情形，受损的缔约方可依据第 23 条，提出“利益的丧失或损害”的指控，诉求争端解决程序，恢复缔约方之间权利和义务的平衡。

（一）关贸总协定第 10 条“贸易条例的公布与实施”

GATT 1947 年曾规定了许多通知条款②，通知涉及的多是政府机构所制定和采取的适用时限较短的具体贸易措施，或者只是某一特定事项或政策的实施状况。总协定第 10 条关于“贸易条例的公布与实施”的规定，对总协定缔约方经济贸易政策透明作了专门要求，要求公布的内容主要是缔约方所制定和实施的比较重大的法律法规，它们往往有普遍和较长期的适用性和较大的稳定性，如一缔约方的《对外贸易法》、《海关法》以及与其他缔约方的国际协议等。公布

① 根据 Von Hoof 和 K. de Vey Mestdagh 在“Mechanisms of International Supervision”一文中的观点，一般监督机制应具有以下四个特征：第一，根据国际协定设立；第二，经常性；第三，普遍性，即该组织内的各成员必须一视同仁地接受监督；第四，全面性，即对成员的有关行为进行全面监督，而不局限于对某一特定事件的处理。See G. J. H. van Hoof & K. de Vey Mestdagh, Mechanisms of International Supervision, in Supervisory Mechanisms in Int'l Econ. Org, P. van Dijk ed., Kluwer Law Int'l, 1984, pp. 11 – 15.

② 如总协定第 6 条（反倾销与反补贴）第 6 款，第 13 条（数量限制的非歧视管理）第 3 款，第 16 条（补贴）第 1 款，第 17 条（国家专控产品的贸易单位）第 4 款，第 18 条（对经济发展的政府援助）第 7、14、17、21 款，第 19 条（对某些产品进口的紧急行动）第 2 款，第 24 条（区域贸易集团）第 7 款，第 27 条（减让的拒绝与撤回），第 28 条（减让表的修改）第 3、4、5 款，第 37 条（承诺）第 2 款都有关于通知义务的规定。

是透明义务的最为重要的部分，因为这些内容构成了一缔约方有关国际贸易的政策法规的主体。

（二）关贸总协定第 11 条“数量限制的一般取消”

总协定第 11 条规定：“缔约方除征收税捐或其他费用以外，不得设立或维护配额、进出口许可证或其他措施以限制或禁止其他缔约方领土的产品的输入，或向其他缔约方领土输出或销售出口产品。”这表明，总协定缔约方只能利用关税对国内工业提供保护，原则上禁止使用进口数量限制、配额、进出口许可证及其他非关税壁垒来限制或禁止产品的输入。总协定之所以选择关税作为缔约方保护其国内工业的唯一合法手段，是因为关税透明度高，易于比较和监督。

（三）关贸总协定第 22 条“协商”

总协定第 22 条规定：“1. 当一缔约方对影响本协定执行的任何事项向另一方提出要求时，另一缔约方应给予同情的考虑，并应给予适当的机会进行协商；2. 经一缔约方提出请求，缔约方全体对经本条第 1 款协商但未达成圆满结论的任何事项，可与另一缔约方或几个缔约方进行协商。”上述规定表明，总协定缔约方之间有两种协商方式，一种方式是双边协商，即产生矛盾或误会的利害关系的双方直接进行的协商。其目的在于澄清事实、消除误会、增加彼此间的信任，从而使双方之间的争议得到合理解决。另一种方式是多边协商，即在双方协商失败的情况下，缔约方全体，应一缔约方的请求可以与另一个或几个缔约方就上述第 1 款协商未达成满意解决的任何事项进行协商。不论双边协商还是多边协商，都有利于缔约方之间互通信息，增加理解，减少摩擦和矛盾，最终有利于总协定的实施。

（四）关贸总协定第 23 条“利益的丧失或损害”

总协定的另一种监督方式是通过总协定的争端解决机制解决争端。第 23 条是总协定法律框架中争端解决程序，也是争端双方所能采用的最后救济手段，对公正合理地解决贸易争端十分重要。

根据第 23 条规定，争端当事方首先进行争端有关事项的双边磋商，如果有关缔约方在合理期限内不能达成满意的解决办法，则当事方将争端提交给缔约方全体处理。

援引第 23 条的条件是：1. 一缔约方未能实施其对总协定所承担的义务，即违反了总协定的规定；2. 一缔约方实施某一种或几种措施，使另一缔约方按总协定规定可享受的直接或间接利益受到损害，使总协定规定的目标难以实现，则另一缔约方可提出争端解决。

上述两种监督方式表明总协定的实施主要依赖于缔约方之间的相互“盯梢”（peer），这在总协定早期，缔约方数目有限并且各缔约方主要使用关税作为贸易保护手段的情况下，尚可奏效。20 世纪 60 年代，随着大批新独立的国家加入总协定，总协定缔约方数目巨增；70 年代，主要资本主义国家经济陷入滞胀困境之中，市场竞争更加激烈，各国贸易保护主义开始重新抬头。此时，由于经过总协定前七次谈判，关税已大幅削减，关税作为贸易保护手段已失去了昔日的意义，美、欧、日等主要资本主义国家纷纷转向那些透明度较低，不易监督和预测的非关税措施。此外，一些处于总协定边缘之上或之外的“灰色”措施，如“自动数量限制”、“有秩序的销售安排”更是纷至沓来，总协定的通知和公布义务被践踏。由此可见，GATT 虽在关税减让和限制使用配额方面取得了令人瞩目的成就，但是却没有办法防止缔约方通过非关税壁垒、“灰色”措施以及其他非直接的保护方式。① 以上这些情况使得总协定缔约方之间的相互监督变得异常困难，多边贸易体制遭到了严重侵蚀，国际贸易环境日益恶化，缔约方之间的贸易争端骤然增加，国际社会因此对总协定体制的有效性产生了普遍怀疑。在这种情况下，如何增强国际贸易的透明度，加强对总协定实施的监督，避免国际贸易重新回到二三十年代的无政府状态，成为关贸总协定亟待解决的问题。②

---

① Victoria Curzon Prize, GATT's New Trade Policy Review Mechanism, The World Economy, Vol. 14, No. 2, 1991, p. 227.

② 张国平：《略论 WTO 贸易政策评审机制及我国的对策》，载《国际经贸探索》1997 年第 5 期，第 21 页。

二、东京回合的成果

由于 GATT 1947 的通知义务当时并没有得到很好的执行，加之关贸总协定的缔约方从当初的 23 个增加到 100 多个以后，情况更为复杂。1973 年 9 月至 1979 年 4 月举行的关贸总协定第七轮多边贸易谈判即“东京回合”，是在国际社会贸易保护主义压力日益严重危及关贸总协定体制，各国因此要求重新审议总协定的呼声高涨的情况下发起的。因此东京回合一开始就试图在加强对缔约方贸易政策和做法的监督方面有所作为。

这次谈判通过了《关于通知、协商、争端解决和监督问题的谅解》(简称 1979 年东京回合《谅解》)。《谅解》除重申了缔约方承担的贸易法规和措施的公布和通知义务外，还进一步规定各缔约方“尽最大可能将它们采取的影响总协定执行的贸易措施通知缔约方全体”。① 在资料交换方面，《谅解》规定，如果一缔约方有理由相信另一缔约方的贸易措施会扰乱总协定的利益平衡，它可以直接向该缔约方索取更多的资料并要求它作出解释。② 可见，《谅解》在贸易政策透明方面较 1947 年关贸总协定对缔约方的要求更高。在监督问题上，它授权缔约国全体“经常、系统地评审贸易体制的发展情况”。③

1980 年 3 月 26 日，总协定又通过了《总干事关于通知和监督问题的建议书》，使《谅解》中的有关规定进一步具体化。根据建议书的规定，贸易体制的发展情况由理事会每半年召开一次特别会议进行评审。评审前，由总协定秘书处起草一份报告以供理事会特别会议讨论之用；特别会议之后，有关文件报告予以出版。由于秘书处的报告以及理事会的评审多停留在事实描述上，加上这种评审只是针对国际贸易体制一般情况的讨论，而非对各个缔约方的贸易政

① 《关于通知、协商、争端解决和监督的谅解》第 2 条、第 3 条。
② 《关于通知、协商、争端解决和监督的谅解》第 3 条。
③ 《关于通知、协商、争端解决和监督的谅解》第 24 条。

策和做法的全面评估，故作用非常有限。① 东京回合之后，各国的贸易保护主义做法继续蔓延。

三、“七贤报告”

1983年11月，关贸总协定总干事邓克尔邀请7位著名的经济和金融界权威人士组成7人小组对国际贸易制度及其面临的问题进行研究。经过长达两年的考察，1985年7人小组发表了题为《争取较好未来的贸易政策》一书，即著名的“七贤报告”。

报告在分析了目前危及国际贸易的主要问题后，提出了解决这些问题的行动建议。在第8条，专家们倡议总协定加强缔约方贸易政策措施的国际透明度，具体做法就是“应要求各国政府定期说明其总的贸易政策并进行答辩。为此，一个可行的办法就是定期审查，对主要国家每年审查一次，对其余的国家则不必经常审查。每次审查时，应成立一个代表3至5国政府的工作组，审议总协定秘书处对有关国家贸易的政策报告，向该国代表质询并提出建议……”② 在定期审查中，关贸总协定秘书处扮演何种角色呢？对此，专家们认为：“应授权总协定秘书处着手进行国别贸易政策研究、收集、保存和公布贸易政策措施和行动的综合性资料；要求就这些措施和行动提供更多的情况并加以说明；要求讨论这些措施和行动。这样，秘书处作为整个贸易制度的监督者将帮助防止背离这些原则，并加强所有国家（特别是小国和发展中国家）维护其贸易利益的能力。”③

这样，“七贤报告”就正式提出了对关贸总协定缔约方贸易政策进行定期评审的建议，勾画出未来TPRM的轮廓，并为达成这一机

① Victoria Curzon Prize, GATT's New Trade Policy Review Mechanism, The World Economy, Vol. 14, No. 2, 1991, p. 228.

② 弗里茨·洛伊特维勒等著，金星南、任泉等译：《争取较好未来的贸易政策》，载《国际贸易问题》1985年第9期，第27页。

③ 同②。

制提供了广泛坚实的舆论基础。

四、TPRM 的最终确立

1986 年 9 月，在发动乌拉圭回合的《埃斯特拉角部长宣言》中，来自 90 多个国家和地区的 100 多名部长们庄严宣称：“谈判应旨在增加谅解和达成协议，保证关贸总协定的监督机构能够对缔约方的贸易政策和做法及其对多边贸易体制运作的影响进行定期监督。”这样，加强总协定对缔约方贸易政策和措施的监督作用就被确定为乌拉圭回合 15 项谈判议题的一项。① 为此，乌拉圭回合专门确定由关贸总协定体制作用（Function of GATT System, FOGS）谈判小组就上述议题进行谈判。FOGS 谈判小组一方面借鉴了国际货币基金组织（IMF）和经济合作与发展组织（OECD）长期以来对成员国的宏观经济政策进行审议的成功经验，另一方面又吸收了“七贤报告”的研究成果，初步达成了 TPRM 协议草案。1988 年 12 月在蒙特利尔举行的乌拉圭回合中期评审会议上通过了该协议，谈判各方都同意创立 TPRM，并决定从 1989 年 4 月 12 日起临时运行。② 乌拉圭回合谈判结束之际，对关贸总协定 TPRM 进行了一定修改，把中期产生并且已经在 GATT 体系下运行的 TPRM 作为附件 3 列入了乌拉圭回合最后文件之中。内容共分七大部分，包括：A. 目标；B. 国内透明；C. 评审程序；D. 报告；E. 与 GATT 1994 和 GATS 国际收支条款的关系；F. 对机制的评审；G. 国际贸易环境发展情况综述。1995 年 1 月 1 日，伴随着建立 WTO 协议的生效，世贸组织的 TPRM 亦开始正式运作。

TPRM 作为世贸组织三大机制之一，其形成经过了一个漫长的历史过程。可以说，自关贸总协定成立以来的几十年，是 TPRM 孕

① 丁祥高：《贸易政策评审机制考察》，载《株洲工学院学报》2005 年第 3 期，第 38 页。

② TPRM 协议虽然是乌拉圭回合谈判的成果之一，但作为一个 GATT 的机制是可以单独生效运行的，而不是一起等到乌拉圭回合结束时才生效运行。

育、诞生和日趋成熟的几十年。TPRM 经过的不平凡历程，或许可以从某个角度说明它与世贸组织其他协议的差异。归纳出来，这种差异主要体现在以下几个方面：首先，TPRM 协议是乌拉圭回合达成的第一个协议，这个协议可以说是酝酿已久，众望所归，充分说明了各成员对它的重视程度。其次，早在世贸组织成立之前的 1989 年，TPRM 即已进入临时适用，并且在把它纳入世贸组织体系之前，即 1994 年，对该机制进行了一次审议，对其运作进行了一些事务性改革。再次，TPRM 协议的体例也不同于其他协议，整个协议由一条构成，其下七款不以罗马数字或阿拉伯数字表示，而是以英文字母表示。它的设计者或许是为了表明各款之间的并列关系，并不强调各款之间的主次轻重关系。最后，贸易政策评审的结果，"无意作为履行各协定项下具体义务或争端解决程序的基础，也无意向各成员增加新的政策承诺"。①

第三节 WTO 贸易政策与其评审机制的关系

一、TPRM 目标

TPRM 的目标在马拉喀什《建立世界贸易组织协议》附件 3《建立 TPRM 协议》A 段被表述如下：

"通过提高各成员贸易政策和做法的透明度并使之得到更好的理解，有助于所有成员更好地遵守多边贸易协定和适用的诸边贸易协定的规则、纪律和在各协定项下所作的承诺，从而有助于多边贸易体制更加平稳地运行。为此，评审机制可以对各成员的全部贸易政策和做法及其对多边贸易体制运行的影响进行定期的集体评价和评估。但是，该机制无意作为履行各协定项下具体义务或争端解决程序的基础，也无意向各成员增加新的政策承诺。"②

① Annex 3 of Marrakesh Agreement, WTO, 1995, para. A.

② Ibid.

关于 TPRM 的目标从文字上来理解存在一些争议。一派观点以法官出身的 Qureshi 为代表，强调了该机制作为 GATT/WTO 法律义务执行的一部分，另一派观点以经济学家出身的 Blackhurst 为代表，强调透明是好的经济政策能够被采用的关键，是 TPRM 的目标之所在。下面是这些学者有关此争议的主要观点。

Qureshi 认为法律的解释是根据法律文本的特定方面形成的，尤其是词组"更好地遵守……规则、纪律和承诺"。Qureshi 据此认为 TPRM 意在确保对 GATT 义务的遵守。Mavroidis 也是一位法官，承认透明因素的重要性，但对秘书处不愿对各国与 GATT 是否一致的措施发表更强有力的观点而感到失望。在乌拉圭回合 FOGS 谈判小组中，也有一些缔约方支持 Qureshi 的观点。如印度认为监督应该有助于成员更好地遵守 GATT 的纪律和义务。①

另一学者 Sam Laird 认为，从考虑表述在词组"对贸易政策和做法的更好的理解"或"对全部贸易政策和做法及其对多边贸易体制运行的影响进行定期的集体评价和评估"中的目标出发来理解法律文本是重要的。同时马拉喀什文本十分明确地指出，该机制"无意作为履行 WTO 各协定项下具体义务或争端解决程序的基础，也无意向各成员强加新的政策承诺"。可见 Sam 主张 TPRM 的目标是实现各国贸易政策和做法的透明。这一观点也可以从 Blackhurst Richard 那里得到支持。Blackhurst 在国内和国际层面探索了透明的概念。他认为 TPRM 的评审建立在公众所知的资料之上，被看做是透明的实践，而不是评估单个成员是如何遵守 WTO 具体规则的。在国内层面，当选的官员和公务员可能会受既得利益者（寻租者）的影响而作出有助于此类群体而不利于公众总体福利提高的决策。透明可以通过唤起国内公众对潜在代价和政策利益的警惕并揭示出对贸易伙伴潜在的有害的影响，从而有利于作出较好的决策。② 由于这些原因，有

① Sam Laird, The WTO's Trade Policy Review Mechanism – From Through the Looking Glass, The World Economy, Vol. 22, No. 6, 1999, p. 742.

② Ibid, p. 743.

理由对经济政策制定的所有方面提高透明度和加强监督，而 TPRM 有益于使人们了解对世界贸易和贸易制度有重大影响的 WTO 成员的贸易政策，也有益于较小的国家去追寻推动它们自身经济的贸易政策。

FOGS 谈判小组一些代表的观点也反映了这样的理解。美国认为将贸易政策纳入其他经济政策的范畴是重要的。贸易政策评审的过程宽于有限的对 GATT 义务的评审，其目的是增强人们对整个贸易政策的理解并促使缔约方在其经济政策中反映这些贸易政策。瑞士认为评审应该包括财政、金融和货币政策对贸易制度的影响。尽管如此，对于多大范围的政策应该纳入评审之中还存在不同的意见。1993 年欧盟在 TPRM 的主要发言人 Roderick Abbott 认为，TPRM 的用途之一在于其充当了一个论坛，在这个论坛上，政策得以解释和讨论，信息得以获取，观点可以通过非冲突和非法律的方式得以表达。人们可以理解，一个法官可能会对 TPRM 采用狭义的、执行性机制的解释，而具有对公共政策进行辩论背景的经济学家则更关注经济的问题，这正如同在好的国内政策和好的国际公民之间不可能划分出根本性的分割线一样①，我们也很难区分这种不同理解的优劣。

与 TPRM 目标有关的另一个问题是由 Leutwiler et al.（1985）在其所谓的“明智人的报告”（Wise Men's Report）② 中提出的对监督所需分量的问题，监督因素随即在锁定和削减及 GATT 制度的功能等方面被纳入《埃斯特拉角部长宣言》中。在 GATT/WTO 制度中存在并保留了很多其他的监督因素，但很多人感到，监督是不够系统化的，需要加强。

有几位学者关注 TPRM 对改进国内政策的益处和对其他国家及贸易制度的间接影响（Spriggs，1991；Laird 和 Messerlin，1990；Banks，1992）。他们认为，TPRM 是对国内透明的多边补充，认为

① Sam Laird, The WTO's Trade Policy Review Mechanism – From Through the Looking Glass, The World Economy, Vol. 22, No. 6, 1999, p. 743.

② 此处的“明智人的报告”即前面提及的“七贤报告”。

TPRM 可以帮助改进国内政策的制定和国内经济中资源的分配。在满足这些国内目的的过程中，该机制也可以产生与多边贸易制度目的协调一致的国内政策：自由的贸易、国内放松管制等。

国内学者主要的观点是①：TPRM 实际上是各成员对接受评审成员进行讨论和质询的一个论坛，通过报告和讨论以提高透明度，增强对接受评审成员贸易政策和做法的理解。他们认为透明度是 WTO 的目标和基本原则之一，在 WTO 下透明度的实现是通过两种方式，一种是通过定期的通报，另一种是 WTO 对成员的贸易政策进行单个的评审，即贸易政策评审。并且在 TPRM 协议中，WTO 成员一致认可了贸易政策问题上政府决策的内部透明的必要性。尽管如此，目前要在 WTO 体系内建立一种要求成员对其贸易政策和做法进行自查的强制机制尚不成熟。因而 TPRM 协议对成员内部贸易决策透明的规定不是强制性的，成员们只承诺“在它们自己的体制内鼓励和促进更大的透明度”。②

二、TPRM 功能定位：“三位一体”

人们对 TPRM 目标的不同认识，引发了对 TPRM 所具功能的不同认识。主要分歧在于 TPRM 具有透明的功能抑或具有“执行”的

---

① 国内学者主要围绕“WTO 透明度原则”的理论来展开对 TPRM 目标的认识，反映出他们从不同视角对此问题进行的总结和归纳，可以概括为“三说”。其一，“实施说”：TPRM 从全面系统的角度敦促各成员方贯彻实施 WTO 的透明度原则（参见陶忠元：《对 WTO 贸易政策评审机制的重新审视》，载《世界经济与政治论坛》2002 年第 2 期，第 24 页）；其二，“提高说”：TPRM 是通过对各成员贸易政策与实践的理解和提高透明度，更有效地发挥多边贸易体制在世界经济中的作用（参见王新奎：《入世后过渡期 TPRM 对深化中国经济体制改革的影响》，载《世界贸易组织动态与研究》2004 年第 2 期，第 1 页）；其三，“强化说”：TPRM 以全面强化 WTO 的透明度原则为己任（参见阎质杰：《TPRM 理论与实践研究》，载《辽宁行政学院学报》2004 年第 5 期，第 113 页）。

② 王新奎：《入世后过渡期 TPRM 对深化中国经济体制改革的影响》，载《世界贸易组织动态与研究》2004 年第 2 期，第 1—2 页。

功能？人们普遍认为 WTO/GATT 贸易政策评审机制主要是在 WTO/GATT 中提高透明度的一项机制，因为 WTO/GATT 的历史——从第 GATT 第 10 条开始、通过 1979 年东京回合《关于通知、协商、争端解决和监督问题的谅解》到现在的 TPRM——清楚地展示了在多边贸易关系中 WTO/GATT 自身对增强透明度的需要。但在其他国际组织中（如下述的 IMF 和 OECD），监督制度不局限于增强透明度。结合评审的实践，我们认为 TPRM 的基本功能应该是“三位一体”，即贯彻 WTO 的透明原则，落实 WTO 的监督机制和体现执行 WTO 的规则。

（一）贯彻 WTO 的透明原则①

透明是 WTO 的一项内在原则，其含义是：WTO 成员正式实施的有关国际贸易的各项政策措施，以及成员间签订的影响国际贸易的现行协定都必须公布，以使各方政府和贸易商都可以得到并了解这些法律和规章。为确保这一原则得以实现，WTO 建立了一整套透明约束机制。在 WTO 许多协议中都有关于透明的要求和规定，例如，据国内研究 WTO 的著名专家统计，在整个 WTO 多边协议中，有关货物贸易的通知要求达 175 项，加上服务贸易和知识产权领域，共计 215 项通知义务。② 即便这样，WTO 协议中的透明要求往往都存在着特定的倾向性，分别强调某一部门、某一领域的透明义务，而 TPRM 则从全面系统的角度敦促各成员贯彻实施 WTO 的透明原则。TPRM 的目标之一就是“通过提高各成员贸易政策和做法的透明度并使之得到更好的理解”。从 TPRM 的运作上看，成员的定期报告制度；评审过程中各有关成员方之间的质询与答辩，以及评审结

① “透明原则”（transparency principle）中关于“透明”（transparency）一词的翻译有几种，因而学界在谈到 WTO 的这一原则时，有的译为“透明度原则”，有的译为“透明原则”，也有的译为“透明性原则”。本书作者认为将其译为“透明原则”更为适当。

② 赵维田：《世贸组织的法律制度》，吉林人民出版社 2000 年版，第 136 页。

束后各方报告的公布等，均体现了透明的要求。不仅如此，TPRM还倡导成员内部贸易决策的透明。把 TPRM 视为实践 WTO 透明的一项工具无疑具有充分的理由和根据。

（二）落实 WTO 的监督机制①

TPRM 是 GATT/WTO 体制中第一次建立的对每一成员的贸易政策进行审视、编目和讨论的常设性一般监督设计。它通过增强透明度降低监督的成本，并提高遵守义务的程度。② TPRM 是 WTO 的一项监督机制，因为无论是发动乌拉圭回合的《埃斯特拉角部长宣言》，还是建立 WTO 协议附件 3，均把加强对缔约方/成员方贸易政策和做法的监督，确保多边贸易体制更加平稳地运作，视为 TPRM 的最终目标。而各成员执行透明原则不但依赖于自身的自觉行动，而且还受制于各方的法律制度和政治体制。TPRM 就是为了敦促各成员在贸易政策的制定和实施方面尽可能地体现和符合现行多边贸易规则以及各多边、双边协议的要求，减少二者之间的冲突和摩擦，加快经济与贸易自由化的步伐。从 TPRM 的运作上看，评审活动不仅仅只是通报各成员的贸易政策和做法，更为重要的是，各参加方要对接受评审的成员的贸易政策和做法作出集体评估，或批评、或表扬、或敦促改正。可见 TPRM 扮演着 WTO 监督机制的角色，而透明要求则是其中一个不可或缺的前提条件。

（三）执行 WTO 规则

TPRM 既是实现透明的工具，也体现了执行 WTO 规则的功能。因为对“执行”一词有两种可能的理解，狭义上的理解意指强制力，在 WTO 实践中其与争端解决紧密相连。但在国际组织法中，“执行”

① 国内学者张军旗认为，WTO 监督机制的体系由透明程序、行政机构的一般审查程序、贸易政策审议机制和争端解决机制四部分组成。“在性质上，TPRM 是一种在国别基础上对各成员贸易政策进行全面审议的专门监督程序。”（引自张军旗：《WTO 监督机制的法律与实践》，人民法院出版社 2002 年版，第 136 页。）

② Victoria Curzon Prize, GATT's New Trade Policy Review Mechanism, The World Economy, Vol. 14, No. 2, 1991, p. 228.

一词还有更广义的含义，它包括促使遵守协议的所有措施。① TPRM 具有执行的功能，不管 WTO 各成员坚持主张什么，也不管这一看法被很多国家的贸易官员所否认②；并且即使建立 TPRM 的协议专门指出说该机制无意向各成员强加新的政策承诺，也无意作为履行各协定项下具体义务或争端解决程序的基础。已出版的所有贸易政策评审都含有这样的序言性声明，即评审结果无意作为履行 GATT /WTO 特定义务的基础或争端解决程序的基础；一些国家的政府报告也都以声明方式对此进行强调。③

我们对这些声明需要谨慎地加以理解。这看似对 TPRM 执行功能的一种“伪装的否认”（conspiracy of denial）。当然，这一否认有利于信息的发布和更自由的阐述。在现实中，TPRM 的建立仅能靠支持这种“否认”而发起。Roderick Abbott 曾指出：“如果各成员认为他们将无论如何会面对一场审判……那么可能在一开始就不会有贸易政策评审的协议达成。”④ 既然 TPRM 已建立并有效运行了十几年，即使在 WTO 体制的限制范围内，也许该是时候去理解其真正的含义了。无论这在政治上是否可行，否认扮演者在事实上被观察到的行为特性是不恰当的。TPRM 作为一种机制应该被建设性地进行理解，TPRM 可以从两个角度被认为其体现了执行的功能。其一，它本身具有执行的功能；其二，它有助于执行。

TPRM 本身具有执行功能基于如下原因：第一，它是一种强制性的必须做的事情，因为各成员方不能选择脱离该机制。第二，整个评审的程序包含了根据由法律标准和经济标准构成的规范性准则

---

① Asif H. Qureshi, The World Trade Organization: Implementing International Trade Norms, Manchester University Press, 1996, p. 108.

② Roderick Abbott, GATT and the Trade Policy Review Mechanism: Further Reflections on Earlier Reflections, Journal of World Trade, No. 6, 1993, pp. 116 – 119.

③ 比如在 1992 年 7 月召开的总理事会上乌拉圭代表所作的声明。See GATT, Trade Policy Review Mechanism – Uruguay, 1992, p. 93.

④ Roderick Abbott, GATT and the Trade Policy Review Mechanism: Further Reflections on Earlier Reflections, Journal of World Trade, No. 6, 1993, p. 118.

进行赞扬和批评。事实上，受审成员被强烈地建议要参照 WTO 规则并在 WTO 框架内行为。两份报告和 WTO 贸易政策评审机构（Trade Policy Review Body, TPRB）会议的讨论要么以建议的方式，要么以其他方式充分影射出要朝着 WTO 或其指引的方向行动。第三，考虑到由 WTO 秘书处为起草 WTO 秘书处报告而送交的调查问卷是保密的，我们有理由认为，它们有利于对接受评审成员提出自由、坦诚的问题。使成员方的贸易政策和做法遵守 WTO 的规则是 TPRM 所关心的问题，这在建立 TPRM 的协议中也有提及。

我们可以这样认为，TPRM 的执行功能是它具有“矫正性”(corrective)。[①] 此“矫正性”来源于这一事实，即 TPRM 是一种召集 WTO 集体成员对某一成员的贸易政策和做法进行评价和评估的机制。以特定的规范性准则为依据，其具有通过反复灌输从而起到矫正性影响的效果。评审结果尽管缺乏强制性，但通过此安排可以对成员的行为带来一种影响。尤其针对发展中国家，评审实践促成了国内贸易政策和做法的协调，增强了对此领域的意识和对贸易政策的统一思想。评审中所涉成员间相互无伤大雅的“点评”(discourse) 也是一种执行的实践，即使在整个程序中受审成员往往以一种全副武装的姿态进行反应。当然我们也应看到，就特定 WTO 义务在法律意义上进行执行（狭义上的“执行”）而言，TPRM 则不是一种执行机制，它不是一种裁决上的程序，正如 TPRB 声明中所说的那样，就 TPRB 的评审结果而言，它们不能被解释为裁决或具有拘束力的建议。

TPRM 有助于执行基于如下原因：TPRM 影响各成员的事前行为，它是一种具有“条件反射作用的”(conditioning) 机制。它在尽可能早的时候就通过灌输实质性的 WTO 贸易规范倡导的国家政策准则，向各成员反复灌输 WTO 认同的行为模式，这是对贯彻 WTO 所认同的贸易政策所必需的。“条件反射作用”尤其适用于对政策、政

① P. Van Dijk (ed.), Supervisory Mechanisms in International Economic Organizations, Kluwer Law International, 1984, p. 11.

策模式和政策目标的探索。这种“条件反射作用”过程也来源于整个TPRM过程的普遍性心理分析特征。在这一心理分析过程中，TPRB可以被比做心理分析家，受审成员好比患病的病人，贸易政策评审会议好比疾病观察台，病人的病灶不得不在此进行诊断。如果这种比喻可以接受的话，心理分析疗法就好比用一种理念，即某种特定的贸易政策方法来诊断受审成员的行为。评审时对各国的贸易政策目标、政策实施的过程、国内贸易立法和国际协议以及它们各自的目的、现存的贸易自由化安排和在贸易政策方面可能的变化等方面的描述，不能理解为仅仅是叙述性的描述而离开对受审成员的这些方面在WTO已设规范中的表现情况如何进行描述。这一描述过程所涉的绝非仅仅倾泻其意，而必然以某种方式引导受审成员，事先引导其沿着WTO规则的准则行为，这是基于对某一受审对象具有某种特定的期望，也依赖于TPRM模式所固有的预先的指示性影响。因此成员评审的过程不仅有助于透明，它更具有潜在的后果，促使各成员领悟WTO规则的精髓。掩盖起来了的TPRM的这种条件反射作用应该被揭示出来。

虽然TPRM协议已明确排除了评审的结果作为争端解决活动的基础，也并不打算以此向受审成员施加任何政策性义务，但TPRM程序可以引导，或者形成执行WTO特定义务或争端解决的基础，或者对成员方强加新的义务。① 因为在双边或多边的贸易谈判和协商中，其他成员仍可以运用评审中的有关事实、资料和评论作为资证。评审中检查出来的问题可能会导致或促使一些成员将有关问题或争端提交争端解决机构（Dispute Settlement Body，DSB）去解决。在TPRM实践中所披露的信息可以被其他成员用做WTO争端解决程序的基础。TPRM不可能旨在充当程序作用，当披露受审成员的“小错”时，受审成员可以对此免予执行。但TPRM没有赋予成员解除

① Asif H. Qureshi, The New GATT Trade Policy Review Mechanism: An Exercise in Transparency or "Enforcement"? Journal of World Trade, Vol. 24, No. 3, 1990, p. 149.

不当贸易行为的豁免权。事实上，参加评审的其他成员可以表示，他们保留权利，或根据情况而通过争端解决程序采取措施。这对受审成员也可能带来事前的压力，使受审成员在 TPRM 过程中提出单边的承诺义务。因为并没有什么可以阻止成员随后依据其代表在评审中的陈述采取行动，也没有什么可以阻止受审成员自我采取单边承诺承担约束性义务。

评审有助于执行，这也符合人们对国际法效力来源的分析。如学者蔡斯（Chayes）认为，在新的管理式国际制度模式下，国家主权不再意味着排除外在干预的自由，而是一种决定以成员身份加入国际制度的自由。国家遵守国际法的动力在很大程度上已不是来自于对报复的恐惧，而是对失去"名誉"（reputation）从而导致自己在国际制度中地位降低的担心。在这种情况下，处在一个条约制度中的国家间重复性的"辩解性对话"（justificatory discourse）是推动国家自觉遵守制度准则的重要方法。当然，能够带来这一对话过程的前提条件是一个条约制度的存在，它修正国家的偏好，提供国家新的选择并说服国家朝着遵守规则的方向前进，它主导着国家间的辩解、对话和说服的重复过程。①

尽管如此，TPRM 的这一执行功能依赖于评审和透明的充分程度，以便足以辨清受审成员方的所有违规行为。目前为止，一些成员的政府报告是全面性的，并不深入，并不必然导向人们关注的可能的违规行为，即使遵守 WTO 规则正如遵守透明原则一样是 TPRM 所表述的目标。就秘书处报告而言，也存在同样的问题，也许这在某种程度上是由于 WTO 秘书处贸易政策评审司成员主要是由非法律人士任职的。

三、TPRM 应用价值

TPRM 的确立是 WTO 对 GATT 多边贸易体制的一项重大发展，

① Harold Hongju Koh, Why Nations Obey International Law?, Yale Law Journal, Vol. 106, 1997, pp. 2637 - 2639.

它弥补了 GATT 多年来在监督缔约方贸易行为方面缺乏专门机制的缺陷，也为 WTO 继续推动经济与贸易自由化进程提供了一个新的“驱动轮”。[①] TPRM 被认为是 WTO 多边贸易体制中有价值的，甚至是独特的组成部分，其价值主要体现在以下几个方面：

第一，TPRM 是 WTO 全体成员对贸易政策的所有方面进行评审的唯一场所，包括对成员贸易政策和经济形势的客观和独立的评估和外部审计。它也是各成员对贸易和与贸易有关的政策进行解释和讨论的场所，可以在此获取信息，表达对其他成员贸易政策的关切、关注。实践中，评审不仅检查规则以内的行为，而且检查规则以外的行为。这种广泛的评审方式比较容易发现国际贸易活动中出现的新问题，它对多边贸易体制的健康发展和不断完善具有积极的推动作用。国际贸易法律规则与其他国际经济法规则一样，是国际社会各成员间合作的产物；对规则以外的行为保持关注并评估其影响，将对新的法律规则的发展提供基础和依据。

第二，评审实践对接受评审的各个成员是有益的。首先，接受评审的成员可以向外界介绍和解释自己的贸易政策和做法，以获得其他成员的理解。在这样一种相对宽松的气氛中（相对于争端解决程序），接受评审的成员与其他成员对前者的贸易政策和做法进行讨论，易于各方面的沟通，有利于维护良好的合作关系。其次，评审对贸易政策和做法提供了一个独立、客观的分析，帮助决策者更好地理解不同贸易政策措施的影响。[②] 尤其是秘书处报告，都是由秘书处具有独立身份的资深经济学家起草的，其经济分析具有相当权威性。研读一些评审会议的备忘录也会发现，评审会议的评论人也往往能敏锐地提出问题，供与会各成员代表讨论。这些具有一定权威性的分析有利于接受评审成员对其国内政策的检查和修正。最后，

① 阎质杰：《TPRM 理论与实践研究》，载《辽宁行政学院学报》2004 年第 5 期，第 113 页。

② WTO Doc., Report of the Trade Policy Review Body for 1988, WT/TPR/59, 27 November, 1998.

参与 TPRM 对发展中国家尤其是最不发达国家来说还是在 WTO 中发展信心和积累经验的重要途径。①

第三，贸易体制从整体上可在这一评审过程中受益。因为这一过程能够帮助政府推行理想的贸易政策改革。通过评审可以缓解成员政府在履行 WTO 各项义务时所面临的来自保护主义力量的种种压力，制约保护主义势力对政府政策的扭曲，其广泛的社会影响力往往在成员政府的决策层产生重要的积极作用，有利于培植成员内自由市场经济的力量，从而从整体上推动全球贸易体制向自由化方向迈进。同时，TPRM 也可以不断阐明至今未受足够重视的 WTO 义务，因而有助于保证这些义务得到重视和履行。

第四，评审涉及的两个报告及评审会议的备忘录是有关接受评审成员的贸易政策的重要资料，对进行国际贸易和国际投资活动的企业具有极为重要的参考价值。同时，对于有关国际贸易和国际投资的学术研究也有重要的资料价值。在 1996 年关于改进评审程序的会议上，就有一种观点认为，TPRM 作为一种资源的价值可能被低估了。建议鼓励增强人们对这一机制的认识，尤其是在商业和学术界。②

第四节　小　结

在经济全球化的推动下，自由贸易有利于世界总体福利增长的理念日益成为各国的共识，国际贸易日益自由化发展，逐步形成了规范、有序的世界市场。规范国际贸易秩序的 WTO 所选择的贸易政策是自由贸易化政策。为此，WTO 制定了一系列以市场经济为基础

---

① WTO Doc., Trade Policy Review Mechanism - Report to the Singapore Ministerial Conference, WT/TPR/27, 22 October, 1996.

② WTO Doc., Trade Policy Review Mechanism - Procedural Improvements to the Trade Policy Review Mechanism - Note by the Chairperson, WT/TPR/20, 19 July, 1996.

的贸易准则和贸易行为规范，以期建立和发展一个开放持久的多边自由贸易体制。该体制的建立对国际贸易活动起到了宏观的调整和推动作用，对各国贸易政策的制定也产生了深远的影响。在具有规则层面约束的同时，为促进成员对多边贸易体制法律、规则、制度的遵守，WTO 中有一项很特别的监督机制——贸易政策评审机制，该机制是 WTO 全体成员对贸易政策的所有方面进行综合评审的唯一场所。该机制包括对成员贸易政策和经济形势的客观和独立的评估和外部审计，也是可以对贸易和与贸易有关的政策进行解释和讨论的场所。但该机制绝不只是一个登记成员方贸易政策发展情况的机制，它专门融合了“评审”（review）、“评定”（assessment）、“评价”（evaluation）的综合含义。通过实践，该机制的功能体现为“三位一体”，即贯彻 WTO 的透明原则，落实 WTO 的监督机制和体现执行 WTO 的规则。该机制具有事实上的“矫正性”，它召集 WTO 集体成员对某一成员的贸易政策和做法进行评价和评估，以特定的规范性准则为依据，通过反复灌输这些规范性准则从而起到矫正性影响的效果；该机制具有“条件反射作用”，评审的过程所涉的绝非仅仅是各相关成员沟通信息，评审必然要以某种方式引导受审成员，事先引导其沿着 WTO 规则的准则行为，这是基于对某一受审对象具有某种特定的期望，也依赖于评审机制模式所固有的预先指示性影响。因此成员评审的过程不仅有助于透明，它更具有潜在的后果，促使各成员领悟 WTO 规则的精髓，有益于人们了解对世界贸易和贸易制度有重大影响的 WTO 成员的贸易政策，也有益于各成员追寻推动他们自身经济发展的贸易政策。然而，贸易政策评审机制的这种“矫正性”、“条件反射作用”常常被掩盖起来，使人们仅将其作为一种透明的工具。我们应当将该机制的潜在功能予以充分的揭示，使该机制的价值最大化地予以实现。

第二章 WTO贸易政策评审机制的地位

第一节 WTO监督机制体系

对于很多追随目前贸易政策发展的专家们来说，在国内层面和国际层面有效政策监督的需要似乎是如此的明显，以致对此类行为很少给出概念上或认识上的支持。事实上，在过去几十年期间经济学和政治学的发展对政策的监督提供了强有力的理论依据。在对这一问题的研究众多有贡献的人中，尤其值得一提的是 Anthony Downs，James Buchanan，Gordon Tullock，Mancur Olson，George Stigler，Anne Krueger 和 David Henderson。① 他们的著作对消除认为目前加强监督的兴趣是一种过时的想法这一观念，以及对帮助当选的官员们、非政府团体和个人作出更多的努力去为强化对政策的监督进行积极的支持都是重要的。②

贸易领域强化监督的需要在 1985 年递交给 GATT 总理事会的报告即《争取较好未来的贸易政策》中被“七贤人”（the Leutwiler Group）给予了充分的肯定。在 1986 年 9 月部长们起草发起乌拉圭回合的《埃斯特拉角部长宣言》时这一观点也深入人心。为了充分认识 WTO 监督机制的体系，我们首先有必要加深对“监督”的认识。

---

① 这些作者提出的很多概念被引用来分析贸易政策。

② Blackhurst Richard, Strengthening GATT Surveillance of Trade - related Policies, in Meinharf Hilf and Ernst - Ulrich Petersman (eds.), The New GATT Round of Multilateral Trade Negotiations: Legal and Economic Aspects, Kluwer Law and Taxation Publishers, Deventer (The Netherlands), 1988, p. 124.

一、对“监督”的认识

监督即监察督促①。当“监督”这一术语与经济政策的多边监督相连时有很多的解释。在一个特定的政策监督活动中，可能会包含如下四个步骤中的一个或几个，这四个步骤是：收集、评估、信息传播和讨论/行动。②

1. 收集。国际经济组织对任何政策监督所作的努力至少含有对政策信息的收集，这包含要求知道应该收集哪些信息。

2. 评估。在 WTO 下，各种程度的评估都是可能的。总的说来，WTO 至今的监督工作（见本节第二部分）仅包含了有限的评估，主要是对贸易政策的总体趋势予以关注。在具体行为的合法性方面，只有全体成员才有权解释 WTO 协议，但这并未妨碍秘书处指出某一成员各种类型的措施不具有 WTO 的理由或与该成员的 WTO 义务不相符合。

3. 信息传播。清楚的是，一项监督活动必然包括对收集到的（并且可能是已评估的）与贸易有关政策的信息的传播。尽管如此，可能对于谁应该收到信息，尤其是信息是否应该受到限制，仅传播给各成员政府（甚至是各成员的下属部门），或信息是否也应该使公众获悉，对此存在不同的意见。即便如此，对这一问题的回答是重要的，尤其是因为这一问题可以影响监督活动的内容和性质、可以影响代表们的态度，包括监督会议期间他们愿意坦诚的程度，还可以影响政策行为活动的方式。

收集加上信息传播（不含评估）可以被认为满足了透明的要求。尽管如此，以这一狭义的方式定义的仅限于透明的多边贸易监督活

① 《辞海》，上海辞书出版社 1999 年版，第 4543 页。

② Blackhurst Richard, Strengthening GATT Surveillance of Trade - related Policies, in Meinharf Hilf and Ernst - Ulrich Petersman (eds.), The New GATT Round of Multilateral Trade Negotiations: Legal and Economic Aspects, Kluwer Law and Taxation Publishers, Deventer (The Netherlands), 1988, p. 127.

动可能比包含评估的多边贸易监督活动效果要差得多。①

4. 讨论/行动。有理由认为，一项有效的监督活动必然要包含对此有兴趣的成员对收集到的（或已评估的）信息进行讨论。由于对一项监督活动来说，区分某成员与 WTO 协议的"不一致"（discrepancies）和揭示其可能需要纠正的地方都是可能的，讨论的步骤可以导向"行动"阶段。根据一系列规则（比如 WTO 协议）或根据一组国家认为是正确的政策而达成的共识，结合某一成员的承诺，讨论可能发现该成员"不一致"的情况存在。在这种情况下，"行动"将使监督活动超越纯信息过程阶段。

在此方面还值得一提的是，WTO 现存监督机制和行动之间的联系还相对较弱，在大多数情况下，正式的纠正过程只能通过一成员明示的要求（如申诉）行动才能得到解决。换句话说，根据现行安排，通常的情况是，一成员没有自动遵守的一条 WTO 规则只有在另一成员提出正式的申诉时才可能得到遵守。

那么监督如何促进贸易政策呢？对于国家政策而言，对行为的监督被认为会导致较好的政策。在 WTO 下，较好的政策至少被定义为那些与国家的 WTO 承诺相符合而不是与其不相符合的政策。② 在评估某一成员与贸易有关政策时，是否有其他标准可以引入 WTO 中是一件需要考虑的事情（本书第三章第三节将详述评审的标准问题）。

同时，期望导致较好政策的某一特定监督活动所采用的方法依其设计而有所不同，那即是，其方法根据包括四个步骤（收集、评估、信息传播和讨论/行动）中的哪些步骤而定，也根据所采用步骤

---

① Blackhurst Richard, Strengthening GATT Surveillance of Trade - related Policies, in Meinharf Hilf and Ernst - Ulrich Petersman (eds.), The New GATT Round of Multilateral Trade Negotiations: Legal and Economic Aspects, Kluwer Law and Taxation Publishers, Deventer (The Netherlands), 1988, p. 129.

② "承诺"这一术语此时可广义地定义为包括根据 WTO 协议条款所作的明示的承诺，根据复边贸易协定（针对签字方）所作的各种承诺，加上临时的承诺——例如，在乌拉圭回合中承担的锁定和削减承诺。

的详略情况而定。通常，监督要使人们“更充分意识到正在发生的事情”（being more aware of what is going on），通过警示国内公民和贸易伙伴注意政策的趋势，而且可能要注意那些政策带给社会的影响/成本，这样可以有助于形成较好的政策，否则，人们可能会忽视本国或他国的贸易政策。并且，一定的监督活动甚至对政策受到审查的政府都具有教育作用。① 贸易政策的制定过程中，在目前要求透明和公开的情况下，人们对用监督的方法取得较好政策的信心是明显的。

综合性的监督活动不仅对民主决策至关重要，而且是与保护主义作斗争的有效工具。我们可以相信，没有哪个国家的行政部门是百分之百地支持保护的。事实上，很多保护主义政策的制定是依据相当平衡的内部辩论的结果。再者，很多明确支持保护主义政策的官员之所以这样做是因为他们自己所设想的政治压力，而不是对高度贸易壁垒的理智的允诺。在此情况下，有力的监督可以有助于在国内和国际层面提供辩论，并对赞成自由主义的团体和政府官员提供支持，以防止或彻底改变赞同保护的多数意见。情况常常是，当主权国家同意让它们的政策在多边环境下接受审查时，它们就认可了这一事实，即更大的透明度可以对贸易政策的势均力敌的国内辩论起到作用。

二、WTO 的监督机制体系

《建立世界贸易组织协议》第 16 条第 1 款规定：“除本协议或多边贸易协议项下另有规定外，WTO 应以 GATT1947 缔约方全体和在 GATT1947 范围内设立的机构所遵循的决定、程序和惯例为指导。”这一规定，明确了 WTO 与 GATT 在法律上的联系，相应地，也明确

① Blackhurst Richard, Strengthening GATT Surveillance of Trade - related Policies, in Meinharf Hilf and Ernst - Ulrich Petersman (eds.), The New GATT Round of Multilateral Trade Negotiations: Legal and Economic Aspects, Kluwer Law and Taxation Publishers, Deventer (The Netherlands), 1988, p. 131.

了 WTO 监督机制与 GATT 监督机制在法律上的联系。因此，GATT 监督机制中各种切实可行的原则、规则和程序及乌拉圭回合在监督机制方面的新发展共同形成了 WTO 的监督体系。

（一）透明程序

透明程序经过了从 GATT 到 WTO 的发展和演变。GATT1947 所规定的透明方式主要是公布和通知。在 1979 年东京回合《谅解》中，重申对总协定有公布和通知的现有义务的承诺，并强调通知应尽量在实施有关措施前作出，另外，还规定可以通过双边途径进行贸易政策查询。在东京回合个别守则中出现了“反向通知”（counter - notification）程序。乌拉圭回合进一步完善和强化透明程序，主要举措有：规定设立“通知登记中心”；完善贸易政策查询，规定广泛建立咨询点；在诸多协议中推广使用反向通知程序；建立贸易政策评审机制，尤其是其中包含的贸易政策报告制度；在其他各协议中也规定了报告义务和程序。总体上来说，从 GATT 到 WTO，透明方式和程序不断完善。①

1. 公布

GATT1994 第 10 条（贸易法规的公布和实施）是货物贸易领域透明义务和透明程序的核心条款，该条第 1 款规定：“任何缔约方实施的关于下列内容的普遍适用的法律、法规、司法判决和行政裁定应迅速公布，使各国政府和贸易商能够知晓：产品的海关归类或海关估价；关税税率、国内税税率和其他费用；有关进出口产品或其支付转账，或影响其销售、分销、运输、保险、仓储检验、展览、加工、混合或其他用途的要求、限制或禁止。任何缔约方政府或政府机构与另一缔约方政府或政府机构之间实施的影响国际贸易政策的协议也应予以公布。”从该款要求公布的内容的法律形式来看，有关的法律、规章、普遍适用的司法判例与行政裁决及国际协议都在要求公布之列。

① 张军旗：《WTO 监督机制的法律与实践》，人民法院出版社 2002 年版，第 72 页。

第 2 款进一步规定："任何缔约方不得在产生以下结果的普遍适用的措施正式公布之前采用此类措施：根据既定和统一做法提高进口产品的关税税率或其他费用，或对进口产品或进口产品的支付转账实施新的或更难于负担的要求、限制或禁止。"

GATS 第 3 条和 TRIPS 第 63 条也作了与 GATT1994 第 10 条类似的规定，即与各该协议有关的法律、规章、普遍适用的司法判例与行政裁决及国际协议都必须公布。

GATT 第 10 条和 GATS 第 3 条为政策法规的公布规定了时限，都要求"迅速"或"立即"公布，至迟以生效为限。GATT 第 10 条第 2 款更是进一步规定，对现有政策法规的修改和制定的新规章，如其可能对国际贸易造成更大障碍者，未经公布，不得执行。对国际条约则没有提出"立即"或"迅速"公布的严格要求。

GATT 第 10 条、GATS 第 3 条和 TRIPS 第 63 条规定了透明义务在原则上相同的例外，即并不要求各成员披露那些会妨碍法律执行，或违反公共利益，或会损害公私企业合法商业利益的机密资料。应该说，这些规定是笼统的，对于哪些内容符合上述机密要求只能结合具体情况去分析。同时，是否属于机密资料，其判断的权力在于各个成员。这可能会引起成员之间的争议，也可能多少会对透明义务的履行产生一些消极影响。

2. 通知

如本书第一章第三节所示，GATT1947 曾规定有许多通知条款，即各缔约方有义务将本国政策变动、新规定、新措施统统通知缔约方全体。WTO 各协议对通知的使用更加广泛，遍布于 WTO 各协议。这些协议条款要求成员在事先或事后必须将其所采取的贸易措施通知 WTO 秘书处，或相关的理事会或委员会，或其他成员。例如，总协定第 16 条第 1 款规定："如任何缔约方给予或维持任何补贴，包括任何形势的收入或价格支持，以直接或间接增加自其领土出口的任何产品或减少向其领土进口的任何产品的方式实施，则该缔约方应将该补贴的范围和性质、该补贴对自其领土出口、向其领土进口的受影响产品的数量所产生的预计影响以及使该补贴成为必要的情况向缔约方全体作出书面通知。在确定任何此类补贴对其他任何缔约方的利益造成威胁或造成严重侵害的任何情况下，应请求，给予有关补贴的缔约方应与其他有关缔约方或缔约方全体讨论限制该补贴的可能性。”

1979 年东京回合《谅解》对通知义务的履行提出了进一步的要求，“各缔约方保证尽最大可能将其所采取的影响总协定执行的贸易措施通知缔约方全体，并且，各缔约方一致认为，这种通知本身无碍于各缔约方对其所通知的措施是否符合总协定的规定的看法。各缔约方应尽量在实施这些措施前作出通知。在其他情况下，如果事先通知不可能，则应在事后立即作出通知。有理由相信另一缔约方已经采取了这种贸易措施的缔约方可以通过双边途径向该有关缔约方寻求这种措施的资料”。①

乌拉圭回合所通过的《关于通知程序的决定》列出了须通知的贸易措施的目录，计 20 大项。② 各成员的通知须以此为纲。但这个目录过于简单，所以没有多大实用性。该决定还规定建立一个“通知登记中心”，由秘书处负责。该中心的任务是：接受各成员的通知；每年告知每一成员下年必须履行的定期通知义务；就成员尚未履行的通知义务提请其注意。任何有资格的成员可以请求该中心提供有关某成员通知的信息。

3. 报告

乌拉圭回合协议中还规定了不少报告条款。根据《关于解释 1994 年关税与贸易总协定第 24 条的谅解》第 11 条的规定，关税同盟和自由贸易区的成员应定期向货物贸易理事会报告有关协定的运行情况。协定中任何重大变更和/或进展一俟发生即应报告。又如，GATS 第 5 条第 7 款（b）项规定，在一时限基础上实施的任何服务

---

① 参见 1979 年东京回合《关于通知、协商、争端解决和监督的谅解》第 3 条。

② See Indicative List of Notifiable Measures, Annex of Decision on Notification Procedures.

贸易自由化协定参加方的成员，应定期就协定的实施情况向服务贸易理事会提出报告。理事会如认为必要，可设立工作组，以审查此类报告。在 GATT1947 及东京回合各守则中，报告条款非常少，但在乌拉圭回合各协议中，此等条款已大为增加。报告有定期的，也有不定期的。而最重要的报告程序规定在 TPRM 中，本书随后将对之作较具体的说明。

相对于通知和公布来说，报告多用于一成员在某一阶段或某一专题上的贸易政策的综合性通报。当然，这也是一种相对的区分，尤其是报告与通知有时在其适用范围上难以截然区分开来，因为通知所涉及的透明内容有时也具有一定程度的阶段性和综合性。报告也是一种有特定对象的透明方式，但只针对有关的组织机构，有别于公布程序的无特定对象和通知程序的多种特定对象。报告程序的优点是，有利于获取各成员贸易政策的阶段性或专项性的综合信息。

4. 贸易政策查询和设立咨询点

1979 年东京回合《谅解》要求，一成员应其他成员的请求，应及时向其他成员提供有关的政策和法规。乌拉圭回合一些协议也对此作了要求，如 TRIPS 第 63 条第 3 款规定，每一成员应准备就另一个成员的书面请求提供其有效实施的、有关本协定主题（知识产权的效力、范围、取得、实施和防止滥用）的法律和法规及普遍适用的司法终局裁决和行政裁定等信息。一成员如有理由认为属知识产权领域的一特定司法裁决、行政裁决或双边协定影响其在本协定项下的权利，也可书面请求为其提供或向其告知此类具体司法裁决、行政裁定或双边协定的足够细节。不少协议还规定每一成员应为此建立一个或多个查询点①，以答复其他成员的问询。查询点的设立无疑为贸易政策查询提供了一个制度上的保障和便利。但需注意的是，由于 WTO 各协议主要规定的是成员间的权利和义务，所以只有各成员政府有这种查询请求权，成员方国内的组织、公司和个人没有这种权利。后者如需查询，只能通过本国政府向其他成员提出

① 如 GATS 协议第 3 条，《技术性贸易壁垒协议》第 10 条。

请求。

5. 反向通知

“反向通知”程序始自东京回合各守则的实践，是指一参加方如发现或认为另一参加方存在应通知而未通知的政策法规或措施，它可以请求后者作出通知或自己直接向有关的理事会或委员会就此等情况作出通知。① 不过，此等程序在东京回合各守则中为数较少。总协定中则没有此等规则。到乌拉圭回合时，WTO 各协议中的反向通知程序已大大增加。②

反向通知程序与上述公布、通知和报告有很大的不同，它本身并不含有透明义务，而只是对履行通知义务的一种补救措施，是给予成员在双边监督的基础上对不履行通知义务的行为进行“检举”的权利。比如，一成员的经营者在参与与另一成员的管理有关的经营活动时，会遭遇和发现该另一成员没有根据协议作出通知的政策或措施。虽然通过这种方式发现一成员没有履行通知义务，多少有些滞后，起初遭遇此等措施的经营者的利益可能已受到损害，但由此发现问题并进一步解决问题，至少对后来的经营者有重要意义，所以也不失为一种“亡羊补牢”的办法。③

以上这些透明义务和透明程序存在的不同规定，使它们具有各自的“比较优势”，往往可以起到相互补充的作用。

(二) 行政机构的一般审查

审查是国际组织的一项特殊的权力并以此来判断其成员行为对国际法规则的遵守情况。④ WTO 或其机构的审查可以监督和评估各

① 参见东京回合《反补贴守则》第 7 条第 3 款。

② 如 GATS 第 3 条第 5 款、《保障措施协议》第 12 条第 8 款、《关于解释 GATT1994 第 17 条的谅解》第 4 条、《进口许可证协议》第 5 条第 5 款等。

③ 张军旗：《WTO 监督机制的法律与实践》，人民法院出版社 2002 年版，第 80 页。

④ G. J. H. van Hoof & K. de Vey Mestdagh, Mechanisms of International Supervision, in Supervisory Mechanisms in Int'l Econ. Org, P. van Dijk ed., Kluwer Law Int'l, 1984, p. 11.

成员实施 WTO 协议的情况（起到确保遵守协议的监督作用）。审查的结果能够显示各成员通过审查而体现出来的现存的问题，因而可以引导成员以 WTO 建议或指导的方式行为（防止或纠正不遵守协议的监督作用）。其他成员也可以提起磋商甚至根据审查过程中披露的信息，针对接受审查成员与 WTO 不一致的措施而发起争端解决程序。

在 WTO 体制中有三种类型的审查：第一，由 WTO 专业机构在它们被指定的与贸易有关的领域进行的有规律性或定期的审查（即行政机构的一般审查）；第二，根据 WTO 协议建立、作为对成员贸易政策和做法进行全面评审的 TPRM；第三，适用于中国的综合性特殊年度评审，被称为“过渡性评审机制”。在此部分，我们论及的是三种审查中的行政机构的一般审查，下一部分再论及 TPRM 和针对中国的“过渡性评审机制”。

WTO 各专业委员会的主要任务之一是评审和评估来自各成员的信息。各成员有义务向负责特定领域的专业委员会提供信息（通过通知或报告）。这种规律性的评审服务于一个重要的目的，即对于 WTO 协议纸面上的承诺是如何由各成员实施以及现实中它们在多大范围内被实施了，希望通过审查能够对这些问题获得一些共识。在某一领域负责的委员会发现某一成员存在不遵守协议的情况时，该委员会可以建议其纠正。再者，当审查的结果在各成员中分发时，关注受审成员的其他成员将对其施加极大的压力以使其遵守协议的履行并防止其任意地制定国内贸易政策从而走得太远。①

WTO 协议中所规定的专业委员会的审查可以分类为日常评审和规律性/周期性评审。在日常评审程序下，各负其责的委员会可以审查各成员的具体问题，提出建议或评论，这是 WTO 机构的总的任务，WTO 各机构负责根据各成员的通知进行信息的审查，对来自各成员的具体问题进行审查并提出建议，研究相关的贸易领域并准备

① John Croome, Reshaping the World Trade System: A History of the Uruguay Round, 1995, p. 334.

报告。各委员会除了作为被动的信息接受单位外，在海关估价、补贴和反倾销领域，相关的委员会还有权在征得成员同意的情况下，在各成员的管辖范围内寻求信息。在 TRIPS 协议中，同意的要求似乎也不需要。① 毫无疑问的是，寻求真实信息的委员会能够以更有效的方式履行它们的监督职能。

在规律性/周期性审查程序下，WTO 或其专业机构将审查 WTO 相关协议的实施和运作情况，这不仅要涉及某一特定的协议的全部履行情况，还要涉及各成员实施协议中遇到的问题。总的看来，有三种规律性审查：每年审查②，两年一次审查③和三年一次审查④。审查的结果可以揭示出需要澄清的协议文本中的模糊之处，可能这会涉及为协议中的语言应如何解释而寻求多方的共识。

（三）贸易政策评审机构专门审查

1. TPRM

TPRM 是在 1989 年以同样的名字创设在 GATT 中的评审机制的继承者。该机制的创设主要是各成员越来越认可了政府在制定贸易政策时的国内透明的内在价值。贸易政策评审被认为是对"相关成员宏观的经济和发展需求背景、政策和目标"的客观的评价。自从 1989 年以来，从总体上看，TPRM 充当了对每一缔约方的贸易政策进行审查、分类和讨论的常设监督工具。

根据 TPRM 协议 A 段所示的目标，TPRM 具有两项基本的任务：第一，审查各成员贸易政策和做法对多边贸易体制的影响；第二，

---

① See Agreement on Trade - Related Aspects of Intellectual Property Rights, Marrakesh Agreement Establishing the World Trade Organization, Annex 1C, Legal Instruments - Results of the Uruguay Round, 1994, art. 68.

② 例如，参见《原产地规则协议》第 6 条第 1 款、《反倾销协议》第 16 条第 1 款、《保障措施协议》第 13 条第 1 款第 a 项。

③ 例如，参见《装运前检验协议》第 6 条、《进口许可证程序协议》第 7 条第 1 款。

④ 例如，参见《实施卫生与植物卫生措施协议》第 12 条第 7 款、《补贴与反补贴措施协议》第 26 条第 1 款。

增强各成员贸易政策和做法及相关决策程序的透明，从而直接和间接地对 WTO 的监督功能发挥作用。① 虽然评审本身不是 WTO 具体义务在法律框架下进行实施的强制性实施机制，但它在某种意义上有助于实施，在 TPRM 中披露的信息可以作为成员督促其他成员实施协议的基础。② 再者，评审的过程包含了贸易政策评审机构及其他成员的提问和批评，这也可以对受审成员施加压力或给予公开的谴责以使其纠正与 WTO 不相符合的贸易政策和做法。

每一个成员在接受评审时要提供一份成员的政府报告，政府报告将根据规定的格式描述成员追寻的贸易政策和做法。

除了受审成员政府报告之外，WTO 秘书处将拟定一份关于受审成员贸易政策和做法的秘书处报告。该报告由 WTO 秘书处贸易政策评审司根据所获信息及成员方提供的信息而制作。秘书处旨在澄清相关成员方的贸易政策和做法。③

WTO 秘书处内负责 TPRM 职责的是贸易政策评审司。WTO 秘书处报告根据贸易政策评审司起草的两份调查表而制作。第一份是基本的调查问卷，第二份是更详细的，包括根据第一份问卷所得结论而得到的信息。除了调查表，WTO 秘书处的职员也拜访受审成员的首都以便收集信息。秘书处报告没有固定的格式，尽管如此，评审前期，该报告通常由六章和一个总结构成。④ 而后期经过一定的发

---

① 参见 TPRM 协议 A 段第（ⅱ）项。

② Asif H. Qureshi, The World Trade Organization: Implementing International Trade Norms, Manchester University Press, 1996, p. 494.

③ 参见 TPRM 协议 C 段第（ⅴ）项。

④ 这些章节处理如下问题：（1）经济环境；（2）贸易政策体制、框架和目的；（3）与贸易有关的外汇兑换制度；（4）各种措施的贸易政策和做法；（5）各部门的贸易政策和做法；（6）贸易争端和磋商。引自：Asif H. Qureshi, The World Trade Organization Implementing International Trade Norms, Manchester University Press, 1996, p. 112。

展，该报告通常由四章和一个总结构成。①

每一成员都将成为受审的对象，但评审的频率在成员之间有所不同。评审的频率根据成员贸易对“多边贸易体制”运作的影响而定，其影响根据最近一个具有代表时期成员的世界贸易份额而定，而不是潜在的份额。② 实践中，秘书处使用动态的三年平均法③，简言之，“最近一个具有代表性时期”就是动态的最近三年。根据这一“影响”（impact）标准，前四位贸易实体（欧共体作为一个）每两年接受评审一次，后十六位每四年接受评审一次，其余的除最不发达国家外每六年接受评审一次；最不发达国家可以考虑更长的期限。④ 例外的情况还有，当某一成员的贸易政策对其他成员产生重大影响的变化时，TPRB 可要求该成员接受非固定期间的评审。对于具有共同对外贸易政策（比如关税同盟）的成员来说，评审集中在共同贸易政策和做法的所有方面，包括个体成员的相关的贸易政策和做法。

贸易政策评审是 TPRB 的职责。TPRB 根据受审成员提供的全面的报告和 WTO 秘书处提供的报告进行评审。两份报告的内容限制在

---

① 这些章节处理如下问题：（1）经济环境；（2）贸易体制；（3）各种措施的贸易政策和做法；（4）各部门的贸易政策。引自：Trade Policy Review - European Union, Report by Secretariat, http://docsonline. wto. org - WT/TPR/S/136, 26 Ocotober, 2004。

② Blackhurst Richard, Strengthening GATT Surveillance of Trade - related Policies, in Meinharf Hilf and Ernst - Ulrich Petersman (eds.), The New GATT Round of Multilateral Trade Negotiations: Legal and Economic Aspects, Kluwer Law and Taxation Publishers, Deventer (The Netherlands), 1988, p. 151. 在该篇文章中，作者认为，“在缔约方全体总的贸易额内一缔约方的份额可能异乎寻常地少，因为该缔约方具有极度的贸易保护主义——在这种情况下，人们可能争议认为，需要对该缔约方进行比单根据其贸易份额而进行更频繁的评审。一个更根本的缺陷在于，通常，贸易份额标准不能考虑一国国内产出所占的世界贸易份额”。

③ Jai S. Mah, Reflection on the Trade Policy Review Mechanism in the World Trade Organization, Journal of World Trade, Vol. 31, No. 5, 1997, p. 51.

④ 参见 TPRM 协议 C 段第（ⅱ）项。

与受审成员外贸体制有关的相关信息。每一次评审要指定两名讨论人，由讨论人来引导 TPRB 会议的讨论。讨论人由贸易评审委员会主席经商受审成员方后任命。① 讨论人通常是贸易代表，但根据个人能力参加会议。各成员邀请其在受审成员的代表去评判 WTO 秘书处报告和受审成员政府报告，然后这些代表经过观察和思考后所发表的评论在发送至日内瓦的该国代表团之前先发回至代表本国。对其他成员贸易政策和做法进行评价的本质是国家权力表现，因此出席评审的成员有时也较少。

在 TPRB 完成评审之后，受审成员方提交的报告和 WTO 秘书处报告，连同 TPRB 评审过程中所作的摘要记录将公开出版并送交下一次部长级会议的常规会议。②

2. 特殊的年度评审③

根据《中国加入议定书》（简称加入议定书）第 18 条设置了“过渡性评审机制”。该机制要求有权根据 WTO 协议或加入议定书审查中国承诺义务的 WTO 附属机构在中国加入 WTO 一年内评审中国对涵盖协议和议定书条款的实施情况。④ 总理事会也将在中国“入世”一年内评审中国的实施情况。⑤ 对中国实施进展和实施状况的年度评审将在中国“入世”后的八年里每年进行，然后在中国“入世”第十年或总理事会认为更早的时候进行最后一次年度评审。⑥

根据这一过渡性评审机制，中国将提前向评审的各附属机构提供规定在加入议定书附件 1A 中的相关信息，每一附属机构将迅速就评审结果汇报给相关的委员会或适当时汇报给总理事会。⑦ 加入议定书附件 1A 中所要求的信息十分广泛，实际上几乎包含了中国经济

① 参见 TPRM 协议 C 段第（iv）项。
② 同①，C 段第（vi）项和第（vii）项。
③ 对特殊的年度评审，作者将在本书的第六章进行详细的论述。
④ 参见《中华人民共和国加入议定书》，WT/L/432，第 18 条第 1 款。
⑤ 同④，第 18 条第 2 款。
⑥ 同④，第 18 条第 4 款。
⑦ 同④，第 18 条第 1 款。

和贸易政策及做法的所有重要方面，信息包括经济数据、经济政策、制定和实施政策的框架、影响货物贸易的政策、影响服务贸易的政策、与贸易有关的知识产权体制和在过渡评审机制范围内任何具体的问题（这些问题由其他成员提供给总理事会或相关附属机构）。①

总理事会的年度评审是根据加入议定书附件 1B 所设定的框架而进行，并依据各附属机构进行的任何评审所得的结论而得出。根据加入议定书附件 1B，总理事会将评审各附属机构的报告和提出的问题、中国贸易与 WTO 成员和其他贸易伙伴的发展情况（包括贸易流量、贸易流向和贸易构成）及有关中国贸易制度最近的发展和跨部门的问题等。中国有义务在不迟于评审日前的 30 天内提交与评审相关的任何信息和文件。② 在评审所涉方面，总理事会可以向中国和其他成员提出建议。③

（四）争端解决机制（DSM）

WTO 监督机制中的透明程序、一般常规监督和贸易政策评审机制，通过提高透明度及对各成员的贸易政策进行讨论，其本身就可以在一定程度上起到促使成员履行义务的作用。但是，那些通过上述程序尚不能解决的问题，就要借助于 DSM 来解决。而 DSM 在法律上的决断性和一定程度的强制性使得 DSM 成为“为多边贸易体制提供保障和可预见性的中心环节”④，它也因此成为整个 WTO 监督机制的重要组成部分。当然，DSM 的存在本身还具有预防争端发生的作用。

世贸组织的 DSM 起源于 GATT1947 第 22 条、第 23 条规定的贸易争端解决制度。GATT 第 22 条、第 23 条与其他一些重要条款一样，源于第二次世界大战前的双边贸易协议，并经参加国际贸易组

① 参见《中华人民共和国加入议定书》，WT/L/432，附件 1A。

② 同①，附件 1B。

③ 同①，第 18 条第 2 款。

④ 参见《关于争端解决规则与程序的谅解》第 3 条第 2 款。

织宪章和 GATT 起草工作的各国代表艰苦谈判而最后拟定。[①]

GATT 的解决争端机制经过不断法典化和法院化，终于瓜熟蒂落，在乌拉圭回合谈判中结出了硕果。[②] 随着《建立世界贸易组织协议》的完成，乌拉圭回合谈判代表们完成了一项《关于争端解决规则与程序的谅解》（以下简称《谅解》），并把它作为《建立世界贸易组织协议》的附件 2。该谅解中所规定的规则和程序，便是世界贸易组织 DSM 的主要内容。它与 GATT 第 22 条、第 23 条、《关于关税与贸易总协定第 22 条的规定》、《关于补充总协定第 23 条的决定》、《就争端解决程序采取全体行动的决议》、《关税与贸易总协定争端机制规则和程序改进的决议》、《关于通知、磋商、解决争端和监督的谅解》、《关于〈服务贸易总协定〉中部分争端解决程序的决定》以及某些部长会议的决定与宣言中有关争端解决程序部分的文件一起，形成了比较完整的世贸组织争端解决的法律制度。

由于 DSM 的内容相当复杂，本部分仅简单叙述其基本程序。《谅解》规定的争端解决程序主要分为：磋商、斡旋和调解、专家小组、上诉机构审议和执行程序。

1. 磋商

磋商是争端解决的第一个程序阶段。自收到磋商请求之后的 60 日内，争端各当事方未能达成解决争端的一致意见，则申诉方可在 60 日期限届满时要求设立一个专家小组。如果在 60 日期限内各当事方一致认为磋商无法解决他们之间的争端，则申诉方可在 60 日期限内提出设立专家小组的请求。[③] 这一阶段是争端解决的必经阶段，也是世贸组织所提供的争端解决方式。

---

① See Robert E. Hudec, The GATT Legal System and World Trade Diplomacy, New York: Praeger, 1975, pp. 5 – 59.

② 赵维田：《世贸组织的法律制度》，吉林人民出版社 2000 年版，第 464 页。

③ 参见《关于争端解决规则与程序的谅解》第 4 条第 7 款。

2. 斡旋、调解和调停

斡旋、调解和调停是争端当事方自愿采取的程序，任何一方均有权在任何时候提出，获有关方同意后可随时开始随时结束，一旦结束，申诉方可提出设立专家小组。

该程序通常是在接到磋商请求之日起 60 天内进行，如果争端当事方共同认为该程序不能解决争端，申诉方则可在 60 天内要求设立专家小组。①

3. 专家小组程序

第一，专家小组的成立。专家小组不是一个常设机构，它是在某一具体争端中应当事方的请求而专门设立的。凡具有如下资格的人士，经秘书处举荐均可成为专家小组专家：曾在专家小组办理过案件的人士；当过各成员方代表或 GATT1947 缔约方代表或任一涵盖协议或原协议的理事会或委员会代表的人士；曾在秘书处任职的人士；曾教授或发表过国际贸易法律或政策（论著）的人士；任过成员方高级贸易政策官员的人士。②

第二，专家小组工作程序。专家小组审理案件的期限，自其成立之日起至向争端各方发送最终报告时止一般不超过 6 个月，紧急情况下，则应在 3 个月内完成。专家小组如果认为在以上期限内不能完成，则应通知争端解决机构并说明理由，但无论如何从专家小组成立至向各争端双方发送最终报告时止，不得超过 9 个月。③

第三，专家小组报告的通过。《谅解》第 16 条规定，争端解决机构在将专家小组报告分发给各成员方 20 天后，才能考虑通过报告。如果一成员方对报告有异议，应在争端解决机构审议该报告的会议召开前 10 天以书面形式提出异议及理由。争端解决机构应在报告分发给各成员方后的 60 天内通过报告，但下述两种情况的出现可阻止报告的通过：一是某一成员方向争端解决机构正式提出其上诉

① 参见《关于争端解决规则与程序的谅解》第 5 条第 4 款。

② 同①，第 8 条第 1 款。

③ 同①，第 12 条第 8 款、第 9 款。

的决定；二是争端解决机构一致决定不予通过该报告。①

4. 上诉审议程序

第一，上诉机构的组成。上诉机构是由 DSB 设立的常设机构，由 7 人组成，其中 3 人负责复审任何上诉的案件。上诉机构成员由 DSB 任命，任期 4 年，可连任 1 次。上诉机构一般由具有公认的权威并在法律、国际贸易及各有关协议所涉及的专门领域内具有专业知识的人员组成。②

第二，上诉复审程序。上诉只能由争端当事方提起，上诉事由仅限于专家小组报告中的法律问题和专家小组所作的法律解释，上诉机构也仅就这两方面的问题进行复审，并有权确认、修改或推翻专家小组的调查结果和结论。上诉程序的期限一般为 60 天，如果上诉机构认为在 60 天内不能提交其报告，应将延迟的理由及预计将提交报告的期限以书面形式通报争端解决机构。该程序最长不得超过 90 天。上诉机构的报告应在向各成员方发布后的 30 天内由争端解决机构通过，除非争端解决机构一致决定不通过该报告。报告一经通过即产生约束力，争端各当事方应无条件地接受。③

5. 裁决的实施

第一，争端当事方对裁决的执行。在专家小组报告或上诉机构报告通过后的 30 天内，有关成员应向争端解决机构通报执行该报告的意向。如在该期限内不可能执行，则必须在合理的期限内执行。从专家小组设立之日起，至确定履行裁决的合理期限之日止，这段时间不得超过 15 个月。成员方对有关当事方提出的为执行裁决将采取的措施有不同意见时，可将此分歧意见提交原来的专家小组加以解决。专家小组应在此事提交给它处理后的 90 天内公布其决定。④

第二，争端解决机构的监督。争端解决机构应保持对批准的专

① 参见《关于争端解决规则与程序的谅解》第 16 条。
② 同①，第 17 条第 1 款、第 2 款。
③ 同①，第 17 条第 5 款。
④ 同①，第 21 条第 3 款。

家小组裁决报告或复审报告的执行进行监督。任何成员方对执行中出现的问题可随时向 DSB 提出。在按上述规定确定合理履行期限后的 6 个月内，如果争端问题仍未得到解决，有关裁决的执行问题将列入 DSB 会议的议事日程，并在问题得到解决之前一直保留在 DSB 的议事日程之内。应履行裁决的成员方应在每次此类 DSB 会议召开前 10 天向 DSB 提交一份关于执行情况的书面报告。①

第三，裁决未得到执行时当事方可采取的措施。如果被诉方未在合理期限内执行，当事方可以采取以下方式保护自己的利益不受损害：一是赔偿。赔偿指由当事方通过磋商达成切实可行的赔偿方案。二是减让或其他义务的中止。在已确定的履行期限到期之后的 20 天内，争端各当事方未能履行裁决，并且也未能达成各方满意的赔偿协议，则任何当事方可请求争端解决机构授权其中止对有关成员方继续履行其承诺的减让义务或其他义务。②

第四，报复措施的终止。中止减让或其他义务在以下情况下应当终止：一是败诉方已经取消违反有关协定的措施；二是有关成员方提出了解决利益丧失或损害问题的措施；三是双方对争端解决已达成满意的协议。③

6. 仲裁

仲裁在世贸组织 DSM 中，可用于不同目的和不同争端解决阶段。根据《谅解》第 25 条第 1 款的规定，仲裁已被确认为一种可供选择的争端解决方法，专门用于解决双方对某些界定了的问题的争端，只要双方当事人达成一致的仲裁协议，在争端发生后的任何阶段，均可直接提交仲裁，并将仲裁裁决通知 DSB 和有关理事会或委员会。值得注意的是，根据《谅解》第 21 条、第 22 条的有关规定，对执行争端解决机构通过的建议和裁决的“合理期限”达不成协议时，应由仲裁予以确定；在有关成员对减让程度提出异议，或指控

---

① 参见《关于争端解决规则与程序的谅解》第 6 款。

② 同①，第 22 条第 2 款。

③ 同①，第 22 条第 8 款。

实施中止减让方未遵守有关原则和程序时，该事项也应提交仲裁。如各方不能在10天内就仲裁员达成一致意见，则由原专家小组或总干事指定仲裁员进行仲裁。①

第二节 TPRM 在 WTO 监督机制中的地位

乌拉圭回合除了在实体法规范方面达成了广泛一致以外，在监督机制方面也取得了很大的成果。而且，相对于实体法规范协议的达成来说，有关监督机制谈判的进展要顺利得多。在 WTO 的监督体系内，各个层面的监督职能和监督程序具有很强的互补互济性，形成了较为完善的监督机制体系。那么，贸易政策评审这一监督方式在 WTO 的整个监督机制中具有什么样的地位呢？我们试从以下三个方面进行探讨。

一、TPRM 与透明程序的关系

透明是 WTO 的目标和基本原则之一，在许多协议中都有这方面的要求和规定，但往往都存在着特定的倾向性，TPRM 则从全面系统的角度敦促各成员方贯彻实施 WTO 的透明原则。从 TPRM 协议所确定的评审范围来看，对各成员方贸易政策的评审以其经济背景、发展需要、政策和目标以及外部环境为立足点和出发点，通过全面评审各方的贸易政策及其实施，使所有的成员都能了解其他每一成员的贸易政策及其实施情况。而且，为了尽最大可能提高透明度，要求各成员方在评审周期内经常性地向 TPRB 递交报告，全面描述有关贸易政策及其实施情况。显然，TPRM 的整体透明要求较之于多边或单边协议中的单项透明要求更能符合 WTO 的透明原则，也更有利于 WTO 透明目标的实现。②

---

① 参见《关于争端解决规则与程序的谅解》第 25 条。

② 陶忠元：《对 WTO 贸易政策评审机制的重新审视》，载《世界经济与政治论坛》2002 年第 2 期，第 24 页。

上面所述的透明要求是在国际层面展开的，属于国际透明。增强国际透明是 TPRM 的一个重要方面，接受评审成员的报告、秘书处的报告及评审会议上的讨论，都能起到使贸易政策更加透明的作用。更为关键的是，TPRM 开始注意到国内透明的重要性。“各成员认识到政府在贸易政策事项上的国内透明对于各成员的经济和多边贸易体制都具有内在的价值，同意在它们各自的贸易体制中鼓励和促进更大的透明度。同时，承认国内透明的实施必须以自愿为基础，并且要考虑每一成员的法律和政治体制。”① 因此，TPRM 在增强国际透明的同时，还能有效地促进国内透明的发展。

在多边贸易体制中提出国内透明，其根本原因在于成员间的贸易冲突和争端往往是成员国内利益冲突的外在表现，实现国内透明可以加强国内支持贸易自由化、对抗贸易保护主义的力量，从而惠及以自由化为宗旨的多边贸易体制。这也是国内透明的重要性之所在。

自由贸易在国家之间创造财富。至少自 19 世纪初大卫·李嘉图（David Ricardo）第一次明确阐述了比较优势理论（comparative advantage theory）之时，这一命题已牢固建立起来。② 根据这个大概为当代经济学所普遍接受的理论，各国应该致力于其能够最有效地生产和提供的货物及服务的专业化。③ 通过生产和提供这类货物、服务，并以此交换其他货物和服务，国家能对其所拥有的各种生产要

---

① See Annex 3 of Marrakesh Agreement, para. B.

② Douglas A. Irwin, Against the Tide: An Intellectual History of Free Trade, 1996, pp. 91-93. 转引自：［美］约翰·O. 麦金尼斯、马克·L. 莫维塞西恩著，张保生、满运龙译：《世界贸易宪法》，中国人民大学出版社 2004 年版，第 17 页注释 47。

③ 国家只需拥有专业化的比较优势即可获取利益。因此，即使一个国家在生产所有货物和服务方面都是全世界最好的，也依然能通过最大限度地将最有效的生产领域专业化而获益。

素进行最佳配置。[①] 贸易还通过允许进口货物而促进增长；这些进口货物本身就鼓励改革和提高生产力。经验和理论均证明了比较优势的力量：国际贸易的增加已成为自第二次世界大战以来刺激世界经济蓬勃增长的一个关键因素。[②]

实际上，贸易所带来的好处并不限于发达世界。[③] 在发展中国家的生活标准普遍落后于发达世界的生活标准的同时，一些发展中国家——那些向贸易开放的国家——正在急起直追。的确，发展中国家的贸易越是开放，其生活标准与发达世界的生活标准接近的速度就越快。举例来说，30年前，韩国和加纳一样贫困；而今天，在很大程度上由于贸易自由化，韩国和葡萄牙一样富有。像尼加拉瓜、波兰和新西兰这些差异很多的国家，也分别从贸易自由化中获得了巨大收益。[④]

毋庸置疑，至少在短时间内，自由贸易并不会使一个国家中每一个人的状况都有改善。在那些比较优势在国外的产业中，自由贸易冲击到工人和企业主的生计，因为对国家来说进口货物比在国内

---

① Peter H. Lindert, International Economics, 1991, pp. 15 – 39. 转引自：[美] 约翰·O. 麦金尼斯、马克·L. 莫维塞西恩著，张保生、满运龙译：《世界贸易宪法》，中国人民大学出版社2004年版，第17页注释49。

② See Jagdish Bhagwati, Protectionism, 1988, pp. 5 – 9.; Anne O. Krueger, Perspectives in Trade and Development, 1990, pp. 206 – 212. 转引自：[美] 约翰·O. 麦金尼斯、马克·L. 莫维塞西恩著，张保生、满运龙译：《世界贸易宪法》，中国人民大学出版社2004年版，第17页注释50。

③ See L. Alan Winter, Trade and Poverty: Is There a Connection?, Special Stduies 5: Trade, Income Disparity and Poverty, World Trade Org. ed., 1999, p. 43.; David Dollar & Aart Kraay, Growth Is Good for the Poor, 2000, http://www.worldbank.org/research/growth/pdfiles/growthgoolforpoor.pdf.

④ See Press Release, World Trade Org., Nicaragua: October 1999, http://www.wto.org/english/tratop_e/tpr_e/tp118_e.htm; Press Release, World Trade Org., Poland: June 2000, http://www.wto.org.english/tratop_e/tpr_e/tp136_e.htm; Press Release, World Trade Org., New Zealand: October 1996, http://www.wto.org/english/tratop_e/tpr_e? tp43_e.htm.

生产更为廉价。[1] 工人由于只拥有不可跨行业使用的技能，往往无法轻易变换行业。同时，企业主已将资本投入特定产业生产，其资本无法流动。结果，那些缺乏比较优势的产业中的工人和企业主都会丧失一大部分收益。[2]

从长远来看，通过开放国境而创造更高收入的工作机会，使资本得到更高的回报，自由贸易可以使这些工人和企业主中的许多人的状况有所改善。[3] 但这些工人和企业主们对预期前景不会全值对待。根据人类的心理特征，人们很难计算未来收益的现值。所以，即使在未来收益打过折扣之后仍然大于某个眼前利益的情况下，许多人也会拒绝为了未来收益而放弃眼前利益。因此，对自由贸易之不利影响心怀恐惧的工人不太会想到未来有得到更好工作的可能，企业主也不太会考虑自己具有在另一个产业多挣利润的机会。

由于实实在在的金钱损失和人类心理特定模式的作用，受到自由贸易负面冲击的产业的工人和企业主，会试图说服政府设立贸易保护屏障。[4] 利益集团可采取多种方式参与和影响政治过程。第一，它们可以监控在政治过程中发生的事件，如正在考虑哪些立法，以及这些立法将如何影响它们的利益。第二，由于拥有强大的资源，

---

① Peter H. Lindert, International Economics, 1991, pp. 69 – 73. 转引自：[美] 约翰 · O. 麦金尼斯、马克 · L. 莫维塞西恩著，张保生、满运龙译：《世界贸易宪法》，中国人民大学出版社 2004 年版，第 17 页注释 49。

② Peter H. Lindert, International Economics, 1991, pp. 70 – 71. 转引自：[美] 约翰 · O. 麦金尼斯、马克 · L. 莫维塞西恩著，张保生、满运龙译：《世界贸易宪法》，中国人民大学出版社 2004 年版，第 17 页注释 49。

③ Tobert W. McGee, An Economic Analysis of Protectionism in the United States with Implications for international Trade in Europe, Geo. Wash. J. Int'l L. &Ecom. Vol. 26, 1993, p. 539.

④ See Dennis C. Mueller, Public Choice Ⅱ, 1989, pp. 238 – 242. ; Robert Z. Lawrence & Rovert E. Litan, Saving Free Trade: A Pragmatic Approach, 1986, pp. 23 – 24. 转引自：[美] 约翰 · O. 麦金尼斯、马克 · L. 莫维塞西恩著，张保生、满运龙译：《世界贸易宪法》，中国人民大学出版社 2004 年版，第 21 页注释 58。

利益集团可以通过媒体，发动协同一致的运动来宣扬它们的立场。第三，利益集团通过竞选捐款或独立的政治支出，可以对立法者施加巨大的影响作用。利益集团政治的现实，暗示了他们会取得可观的成功。① 聚结式集团的工人和企业主可以从政府行为中获得巨大好处。② 因而，这些群体有强烈的动机来提供竞选捐款和选举支持，以换取贸易保护政策。

与此相比，受益于自由贸易的群体（如消费者）却处于分散状态。他们的获利，虽然总量巨大，但就每一个人计算却微不足道。③ 相对来说这些群体没有多大动力去花费时间和金钱来游说支持自由贸易政策。而且，他们要付出昂贵的代理成本，才能监督立法者，并判定他们的代表是否在损害社会整体利益的情况下屈从于利益集团。④ 由于这些原因，民众会选择对几乎所有的贸易政策问题都保

---

① See Michael A. Andrew, Tax Simplification, SMU L. Rev., Vol. 47, No. 37, 1993, p. 42; J. Skelly Wright, Money and the Pollution of Politics: Is the First Amendment an Obstacle to Political Equality?, Colum. L. Rev., Vol. 82, No. 609, 1982, p. 623; Daniel H. Lowenstein, Political Bribery and the Intermediate Theory of Politics, UCLA L. Rev., Vol. 32, No. 784, 1985, pp. 826 - 828.

② Mancur Olson, The Rise and Decline of Nations: Economic Growth, Stagflation, and social Rigidities, 1982, pp. 77 - 79. 转引自：[美] 约翰 · O. 麦金尼斯、马克 · L. 莫维塞西恩著，张保生、满运龙译：《世界贸易宪法》，中国人民大学出版社 2004 年版，第 21 页注释 60。

③ Mancur Olson, Jr., The Logic of Collective Action: Public Goods and the Theory of Groups, 1965, p. 145. 转引自：[美] 约翰 · O. 麦金尼斯、马克 · L. 莫维塞西恩著，张保生、满运龙译：《世界贸易宪法》，中国人民大学出版社 2004 年版，第 22 页注释 61。

④ A. C. Pritchard & Todd J. Zywicke, Finding the Constitution: An Economic Analysis of Tradition's Role in Constitutional Interpretation, N. C. L. Rev., Vol. 77, No. 409, 1999, pp. 447 - 448.

持“有意不闻”（rationally ignorant）的态度。[1]

除此之外，贸易保护主义集团还拥有一种额外的优势：它们能够利用民族主义情感。这些常常深深根植于一个国家的文化和传统的情感，能够通过鼓励公共货物的生产而对政治产生积极影响。例如，就像在“冷战”结束后的东欧所看到的，这些情感能促进公共防御并有助于集结反极权主义压迫的势力。[2] 不幸的是，这些情感也可以被用作设计各种各样有利于利益集团却有损于公众利益的贸易保护主义措施的掩护，例如“购买美国货”（buy american）和有关国内成分的立法等。

而 TPRM 的一个显著特点正是在于其有效地要求各成员在与贸易政策有关的立法方面增强透明度。通过上面的分析我们可知，政治家们具有不顾处于分散状态的公众利益而试图满足聚结的利益集团的要求的倾向。在当代民主制度下，透明是遏制利益集团的关键。[3] 如果国内透明的目标得以实现，将使公众群体能更为方便地获取有关贸易政策对其利益是否存在损害及损害程度的可靠信息，降低公众竞选组织活动的成本，促使公众更积极参与和影响政府的决策程序，对抗和抵消少数利益集团以政治选举或其他方式对政府的胁迫和压力，从而更加有力地支持政府的贸易自由化努力。

TPRM 协议为各成员提出了国内透明这个原则目标，但承认国内透明的实施必须基于自愿。因为实践中的具体情况及其程度是复杂的，各国的情况也不尽相同。保持贸易政策国内透明从根本上来说是国内经济民主化的问题，更为根本的是政治民主化的问题，而国内经济民主化的水平直接决定着公众群体对贸易政策决策程序的

---

① Mark L. Movsesian, Are Statutes Really “Legislative Bargains”? The Failure of the Contract Analogy in Statutory Interpretation, N. C. L. Rev., Vol. 76, No. 1145, 1998, p. 1179.

② Mark L. Movsesian, The Persistent Nation State and the Foreign Sovereign Immunities Act, Cardozo L. Rev., Vol. 18, No. 1083, 1996, p. 1085.

③ John O. McGinnis, Mark L. Movsesian, The World Trade Constitution, Hafu L. Rev., Vol. 10, No. 2, 2000, p. 547.

参与程度。正因如此，TPRM 协议没有为各成员实现国内透明规定任何具体的程序要求，实现国内透明的具体制度和措施由各成员结合国内的法律和政治体制自行决定。

二、TPRM 与行政机构一般审查的关系

首先，行政机构的一般审查在一定程度上类似于 TPRM 评审。在行政机构的一般审查程序中，讨论成员的某一措施是否符合 WTO 协议的要求，但这种判断并不等同于司法意义上的裁决。在审查会议上讨论某一措施的合法性，其性质属于一种政治性的讨论，而不是一种具有法律拘束力的裁决。各成员在各专业委员会会议上的主要活动是讨论，讨论结束后并不由各专业委员会作出某一政策或措施是否合法的结论性判断。因此，各专业委员会进行的一般审查，主要只是在保持政策透明的基础上对各成员在各该领域的贸易政策进行讨论而已，只是为各成员提供了一个讨论和协商的机会，往往并没有一个结论性的判断，更谈不上法律拘束力，这是各专业委员会的一般审查与 DSM 中的审查的重要区别，也是在一定程度上类似于 TPRM 评审的地方，但 TPRM 评审又与之不尽相同。TPRM 的评审会议讨论结束后，要由会议主席作总结性评论，虽然这种总结性评审只是对评审会议讨论情况的归纳和概括，但至少秘书处报告会对受审成员的贸易政策作出评论和分析，在实践中，秘书处报告的分析性成分还越来越多。而秘书处为各专业委员会的一般审查所准备的报告主要是事实性的背景报告。

其次，TPRM 评审程序和行政机构一般审查程序中的讨论虽然均不具有法律拘束力，但这种政治性讨论本身就形成一种压力，促进各成员履行其所承担的义务。从一般审查的实践来看，在各专业委员会的讨论中，在绝大多数情况下，受质询的成员都能以积极的态度向提出质询的成员作出口头或书面答复，或提供有关的信息资料。[①] 实际上，不少问题都在这种不具有法律拘束力的讨论中得以

① See Examples in WTO Doc. G/AG/R/20, 22 October, 1999.

解决。如从 WTO 农产品委员会成立以来历次会议的记录看，几乎在每次会议上都会有 20—40 起成员间就农产品贸易承诺的执行情况进行对话。大部分问题都能通过对话和协商予以解决。[①] 同样，TPRM 为贸易上有利害关系的各方保持经常性的对话与磋商提供了便利，有利于增加 WTO 成员对彼此贸易政策和做法的理解和相互信任，有利于及时化解贸易关系中的矛盾，对预防和减少贸易争端的发生，起到了防微杜渐的作用。只有在通过这些程序不能解决问题时，有关当事方才会进一步诉诸争端解决程序。

最后，TPRM 评审和行政机构一般审查都是对各成员履行 WTO 义务情况的全面和经常性的审查，通过审查并对之进行讨论，以期发现问题，从而促进各成员履行其国际义务。这两种审查都主要是在“面”上进行的，是一个从一般到具体的过程，这正好与 DSM 形成了鲜明的对比，因为后者是一个从具体到一般的过程，是在成员贸易政策的“点”上进行的。[②]

三、TPRM 与 DSM 的关系

（一）TPRM 与 DSM 在理论上的互动

首先，TPRM 与 DSM 都属于《建立世界贸易组织协议》的附件，TPRM 属于附件 3，《关于争端解决规则与程序的谅解》（DSU）属于附件 2，并且，争端解决机构（DSB）和贸易政策评审机构（TPRB）是总理事会的同“一套班子，不同牌子”，是理事会在行使不同职责时的不同称呼而已。也说明了 TPRB 和 DSB 与总理事会在地位上是平等的，都是 WTO 的主要机关（principal organ），分别担负着 WTO 的不同职能。

其次，TPRM 与 DSM 相互配合、相互补充。TPRM 也可以说是

---

① 张静河：《WTO 农产品协议：规范与承诺》，黄山书社 2000 年版，第 170—171 页。

② 张军旗：《WTO 监督机制的法律与实践》，人民法院出版社 2002 年版，第 122 页。

解决矛盾与摩擦的一种方式，只不过它是一种非强制性、非司法性的解决方式。TPRM 与 DSM 密切相连，以至于在 TPRM 的产生过程中，已有学者认为 TPRM 是执行成员义务的一种方式。它们的相互补充、相互配合表现在两个方面：第一，TPRM 提高了国际贸易的可预见性，预防和减少了贸易争端。TPRM 所确立的定期报告制度和定期集体评审制度，大大提高了国际贸易政策的可预见性，减小了成员方的贸易政策对立和冲突，也减少了成员方对某些贸易政策的争执。WTO 设计了 TPRM 和 DSM，兼采了外交与司法手段，是用两条腿走路。① 这样，WTO 为实现它的目的就具有了坚实的基础。GATT 在其近半个世纪解决争端实践中，对外交与司法手段兼施并用，互为补充，相辅相成，积累了丰富的经验，也为 WTO 所充分吸收。这体现了现代解决争端的国际法的一种趋势：从解决争端到预防与管理争端；强制手段与和平方法的互补结合；政治方法与法律方法的对立统一；传统的国家间方法与国际组织协调联合；国际争端机制的有效性和多样性与世界统一适用的国际法制度与规范所要求的和谐一致与系统性之间的良性动态平衡。② TPRM 与 DSM 的对立统一关系，恰恰体现了国际组织在其职能上的不断完善和创新的过程，有力地推动了国际法的发展。第二，DSM 起着最后的解决手段的作用，为 WTO 多边贸易体制的法律义务或规则得以遵守、条文得以正确解释乃至整个贸易体制得以有效运转提供了有力保证。我们应该看到，贸易政策评审结果较之争端解决结果缺乏必要的强制约束力。根据 TPRM 协议 A 段“目标”的第一款规定，成员方经评审后的最终结果——TPRB 发布的报告只是有关该成员方贸易政策信息的发布及对其实施情况的评价，对接受评审一方并不具有约束性和强制性，它既不能被引申至各协议或争端调解程序并作为对成员

① 赵维田：《世贸组织的法律制度》，吉林人民出版社 2000 年版，第 430—436 页。

② Jonathan I. Chamey, Third Party Dispute Settlement and International Law, Columbia Journal of Transnational Law, Vol. 36, 1997, pp. 64 - 89.

方施加强制性约束的基础，也不能据此对成员方添加新的承诺。而且，在B段“国内透明”规定中，TPRM 承认了“对国内透明的执行必须建立在自觉的基础上，并应考虑到每一成员方的法律和政治体制”，这可能会使 TPRM 对各成员贸易政策及其实施情况的监督被局限于一种事后“盯梢”，评审结果对各成员方的影响完全建立在它们自律的基础上，TPRB 应该具有的功能尚不能充分发挥。这样，也就无法避免各方的贸易政策实践与 TPRM 的贸易政策评审各行其道甚至是背道而驰的局面，使贸易政策的评审有可能演变成一种仅在 WTO 各成员之间进行贸易政策信息传递的媒介。由于现行机制还不能对一些成员在贸易政策评审中所暴露出来的问题和不足施加足够的压力，在某成员缺乏自我约束力的情况下，必然导致这些贸易政策长时期地背离或偏离 WTO 多边贸易规则，由此造成成员方之间报复与反报复不断升级的连锁反应。而 DSM 在法律上的决断性和一定程度的强制性使得 DSM 成为“为多边贸易体制提供保障和可预见性的中心环节”。① 强制管辖权的确立实际上授予专家组和上诉机构在争端当事方协商不成时以裁决者身份解决案件的全权，更有利于维护 WTO 法律制度的权威，也有利于维护国际贸易秩序。强制管辖权的确立，辅之以对争端解决程序进程的严格时限，大大提高了解决争端的效率和力度，使争端解决程序下监督的效果大为加强。从这个意义上讲，DSM 就是 WTO 的最后监督机制。

（二）TPRM 与 DSM 在实践中的互动

我们分别以发展中成员的巴西和发达成员的美国为例来分析 TPRM 与 DSM 在实践中的互动。

1. 巴西的贸易政策评审与国际贸易争端

我们分别以 1996 年、2000 年和 2004 年三次对巴西的贸易政策评审为例进行分析。② 第一次评审对巴西在 WTO 成立前的经济状况

① 参见《关于争端解决规则与程序的谅解》第 3 条第 2 款。

② 参见 1996 年 10 月 4 日的 WTO 秘书处报告 WT/TPR/S/21，2000 年 9 月 27 日的 WTO 秘书处报告 WT/TPR/S/75 和 2004 年 11 月 1 日的 WTO 秘书处报告 WT/TPR/S/140。

进行了述评，后两次评审集中对巴西因承担 WTO 义务而从事的改革进行评审。在 1996 年，巴西的经济十分封闭，评审建议改革应在一系列领域进行，如对国内出口商的支持措施和国内农业部门，与 TRIPS 协议相符合的规定和增强透明度等。另外，巴西的进口体制也相当僵化，并以频繁的临时措施为特色，还有对纺织品保障配额的运用、保护性的关税结构和机动车行业的数量限制等，这些措施被用来将贸易从非南锥体共同市场[①]（Non - Southern Common Market, MERCOSUR）转移至南锥体共同市场。除了初级产品和制造业外，巴西服务部门的自由化程度也备受质疑。鉴于此，在 20 世纪 90 年代的 DSB 中，巴西面临对其一系列支持计划的指控、在机动车行业有关贸易和投资体制的指控和对初级产品规定的指控。而巴西在对其有关初级产品的指控中胜诉了一个案件，在对其补贴的指控中败诉了一个案件。在其败诉的案件中，它对飞机的出口补贴计划被加拿大提出了申诉。[②] 由于巴西通过随后对国家垄断和价格控制解除管制从而朝更开放的贸易和投资体制迈进，在有关巴西机动车行业的几个案件最终都以和解方式结案。其进口程序通过实施一种清关的自动化体系而大大得以简化。再者，在 2000 年的评审中，巴西在电信和金融服务领域的自由化得到了称道。尽管如此，2004 年的评审认为，巴西必须继续进行改革，撤销其保留的对关税的限制和投资壁垒、撤销其不断增加的临时措施的使用及程序上的障碍。由于 TPRM 与 DSM 的互动使用，巴西的政策正逐渐变得与 WTO 协议规定相符合。

---

① 1991 年 3 月 26 日，阿根廷、巴西、乌拉圭和巴拉圭总统和外长在巴拉圭首都签署《亚松森条约》，条约规定，将于 1994 年 12 月 31 日建成南锥体共同市场。南锥体一体化的目标是建立一个广阔的市场、鼓励联合投资、实现技术现代化和提供成员国企业的竞争能力。因其地理形状似一把锥子，故而得名。引自王雨本：《WTO 之外的国际经济组织》，人民法院出版社 2002 年版，第 408 页。

② 关于该案的具体情况可参见案件编号为 WT/DS/46 的文件资料。

2. 美国的贸易政策评审与国际贸易争端

我们分别以 1996 年、1999 年、2001 年、2003 年和 2006 年五次对美国的贸易评审为例加以分析。① 1996 年，美国的几项贸易政策，如原产地规则、严格的与标准相关（standard - related）的贸易壁垒、纺织品配额制度和不断增加的临时措施在评审中被提了出来。1999 年，评审中主要关注的是关税壁垒、与标准相关的技术性壁垒、农业支持和略有保护（slightly - protected）的服务行业。前四次评审关注的主要问题是：不断增加的反倾销的使用、对国内产业的关税保护、技术标准、政府采购、单边贸易制裁的使用和持续的出口补贴等，但这些需要改革的在广泛领域实施的做法并没有太多的改变，服务行业和竞争法上的改革也不足以抵消上述政策已经带来的贸易扭曲。总之，美国的市场准入进程还有待进一步完成。在 2006 年对美国的评审中，关注点集中在了临时措施的广泛使用和与标准有关的要求上。

美国存在的与 WTO 不相符合的贸易政策实际上可以通过另一层面进行反映，即通过考察美国在 DSB 中被指控的贸易政策范围、数量进行反映。自 WTO 形成以来截至 2006 年，美国被诉 95 起案件，败诉 38 起胜诉 9 起。② 其他案件以另外的方式结案。美国败诉的主要案件包括与标准有关的案件（如委内瑞拉和巴西与美国关于汽油标准的纠纷③，印度、马来西亚、巴基斯坦和泰国与美国关于禁止虾及虾制品进口的纠纷④）、各种反倾销和与补贴有关的措施案（如日本、欧共体与美国关于 1916 年反倾销法的纠纷⑤，欧共体、加拿

① 参见 1996 年 10 月 21 日 WTO 秘书处报告 WT/TPR/S/16，1999 年 6 月 1 日 WTO 秘书处报告 WT/TPR/S/56，2001 年 8 月 15 日 WTO 秘书处报告 WT/TPR/S/88，2003 年 12 月 17 日 WTO 秘书处报告 WT/TPR/S/126 和 2006 年 2 月 15 日 WTO 秘书处报告 WT/TPR/S/160。

② 作者根据网上资料整理而成。

③ 案件编号分别为 WT/DS/2 和 WT/DS/4。

④ 案件编号为 WT/DS/58。

⑤ 案件编号分别为 WT/DS/162、WT/DS/136。

大、澳大利亚等与美国关于 2000 年持续倾销和补贴抵消法的纠纷①)、保障措施案件和对外国销售公司的税收削减等。巴西诉美国的高地棉补贴案②使成员方对美国补贴的关注成为焦点。在该案中，专家组裁决认为，美国的农业计划构成了 WTO《补贴与反补贴措施协议》、《农产品协议》和 GATT1994 第 16 条项下所称的非法的补贴。③

由此可见，考虑到 WTO 的贸易政策评审是实施其纪律的一种武器，贸易政策评审可以对受审的成员方政府施加压力以使其履行 WTO 协议项下的义务。它是争端解决机制的又一翅膀。④ 尽管如此，在贸易实践中，贸易政策评审机制缺乏与多边贸易谈判机制和争端解决机制的紧密联系和协作。贸易政策评审机制、多边谈判机制、争端解决机制是 WTO 下设的三大运作机制，多边贸易自由化以及 WTO 在现行多边贸易体制中的制衡作用就是依赖这三大机制来实现的。然而，WTO 的三大机制目前所采用的是一种平行运作方式，各自都有相对独立的工作领域和重心。由于三大机制间缺少了紧密的内在联系，除了自身的运作效率不能得到更为充分发挥之外，更为重要的是 WTO 的整体运作效率也很难有更大的突破。尤其是 TPRM 在多边贸易体制的维护和制衡作用方面本身就明显逊色于其他两个机制，在缺乏多边谈判机制和争端调解机制支持的情况下，现行 TPRM 在协调和纠正各成员方贸易政策与多边规则的偏差方面的作用显得极其有限。

正是由于 TPRM 的这些不足，这一机制在贸易实践中的作用和效率难以充分发挥，对 WTO 组织协调能力的提高缺乏有力的支撑，

---

① 案件编号分别为 WT/DS/217、WT/DS/234。

② 参见 2004 年 9 月 8 日的专家组报告，案件编号为 WT/DS/267；2005 年 3 月 3 日的上诉机构报告，案件编号为 WT/DS/267/AB/R。

③ See Eliza Patterson, The WTO Decision on U. S. Cotton Subsidies, ASIF Insight, March 2005, http://www.asil.org/insights/2005/03/insights050323.html.

④ Kumar Ratnesh, WTO: Structure, Functions, Tasks, and Challenges, 2002, p. 42.

突出地表现为一些发达成员方背离或偏离 WTO 原则和规则的贸易政策及做法并没有因为对其贸易政策进行评审而得到根本的改善。在这些贸易政策的支配下，这些成员对 WTO 多边和单项协议中规定的义务也没能完全按期如数履行，从而阻碍了国际经济贸易的进一步发展及其自由化的不断前行。以美国为例，自 1989 年 GATT 首次实行贸易政策评审至 2006 年，美国共接受了 8 次评审，是接受贸易政策评审次数最多的成员之一，但是，从其目前的贸易政策构成来看，一些单边性、歧视性的贸易保护、贸易制裁政策和立法（如“301 条款”等）并没有因为贸易政策的评审甚至其他成员方的严厉谴责、批评而有所动摇，有时还变得愈加肆无忌惮。可见，TPRM 在实践中的制衡效力较之 DSM 还存在着明显不足。

第三节　TPRM 在 WTO 中的地位

TPRM 是世界贸易组织体系中适用于所有国家各个领域的一套宏观机制，目的既在于促进世贸组织所有成员遵守多边协议下的规则、纪律和承诺，也在于促进成员方增强国内经济政策的透明度。如前所述，与世贸组织 DSM 相比，评审机制具有事先协调的作用，它促进成员之间的相互了解，减少摩擦。探讨 TPRM 在世贸组织中的位置，有利于我们更好地认识和运用它。

一、TPRM 与 WTO 职能的关系

《建立世界贸易组织协议》第 3 条规定了 WTO 的五项职能：(1) 促进 WTO 协议和每一多边协议的执行、管理和运作；(2) 为各成员方的多边贸易关系谈判提供场所；(3) 对争端解决机制进行管理；(4) 对贸易政策评审机制进行管理；(5) 与其他国际组织进行合作。

显然在 WTO 成立时，TPRM 作为 WTO 这个国际组织的基本职能就被纳入 WTO 的法律体系，TPRM 成了马拉喀什协议的附件 3。反过来说，管理政策评审也成了 WTO 的一项职责、一项必须履行的

义务。WTO 为了实施贸易政策评审，设立了贸易政策评审机构（TPRB）。TPRB 由全部成员派代表组成，负责召集贸易政策评审会议。由所有成员组成的 TPRB 来组织贸易政策评审，大大增加了评审的权威性。这样做的好处在于所有成员都能充分了解接受评审成员的贸易政策，也能向受审成员方反馈意见，提高各成员参与政策评审的积极性，也表现了 TPRM 在 WTO 中的重要地位。并且只有总理事会才能将有关成员方的政策目标与相关的更广泛的经济和发展需要的背景以及其外部的环境结合起来评审。

另外，《建立世界贸易组织协议》的第 3 条第 1 款规定“WTO 要促使本协议及多边贸易协议的执行、实施与运作并促使其目标的实现，并要为诸边贸易协议的执行、实施、管理和运作提供框架”。这一款规定的职能，实际上正是 TPRM 所要达到的目的。我们知道，GATT 缺乏对成员义务总体上进行监督的一般机制，而 TPRM 的产生正是基于改善该缺陷的需要。所以，为更好地实施 WTO 体系下各协议，促进多边贸易体制更加平稳运行，世界贸易组织在总结 GATT 四十多年经验教训的基础上，创设出一项系统监督成员方贸易政策的机制——TPRM。① 因此，WTO 当然把促进各协议的实施的功能交给了 TPRM，这不仅有助于世贸组织加强对各成员履行义务与承诺的监督，以及对国际贸易整体环境的监督，而且有助于各成员之间监督。② 并且，TPRM 又为 WTO 所有成员提供了一个不产生新义务的贸易政策论坛，这与 WTO 的第二项职能相呼应。

TPRM 是实施 WTO 职能的一项有组织的专门机制，是 WTO 职能的体现。我们对 TPRM 的认识不能仅仅停留于透明的功能上，还要把它放到 WTO 体系中，才能充分认识其重要作用，把它看做 WTO 的一项监督机制，这样才能理解它促进增强透明度的目的之

---

① C. Fred Bergsten, Fifty years of Trade Policy: The Policy Lessons, The World Economy, Vol. 24, No. 1, 2001, p. 1.

② 曹建明、贺小勇：《世界贸易组织法》，法律出版社 1999 年版，第 359 页。

所在。

二、TPRM 与国际收支条款的关系

TPRM 第 E 段规定了评审安排要与《1994 年关贸总协定》和《服务贸易总协定》中收支条款的义务相互协调，这是一个技术性条款。由于国际收支状况对于一个国家的经济贸易改革有着重大的影响，如果某个成员国同时面临国际收支严重失衡局面而要与国际收支限制委员会磋商，又要接受贸易政策评审的安排，这时候成员政府因同时面临着两个安排且相互冲突，将承受较重的负担。因此该条款规定“各成员方承认减轻政府负担之需要还取决于《1994 年关贸总协定》和《服务贸易总协定》中收支平衡条款下的全面磋商”。因此，TPRB 的主席和世贸组织的收支平衡限制委员会的主席以及接受评审成员方共同磋商，设计出一个行政安排，使贸易政策评审的评审频率和收支平衡问题的磋商在时间上能协调起来。

时间的安排对 TPRB 的工作进展非常重要，因为随着 WTO 成员数的增加，每年评审的国家或地区现在越来越多，例如在 2005 年就有 15 个成员接受评审。① TPRB 在组织一次评审的时候，要不断地召开会议，与成员方预先进行磋商，确保评审的顺利进行。另一方面，由于 TPRB 本身就是总理事会，它还有很多自己的职责，要履行自己管理 WTO 的日常工作。所以协调好它的工作相当不容易。在每年的评审年度报告中，TPRB 总是不断地强调各成员遵守评审安排期限的重要性。一旦某一成员的国际收支出现紧急情况时，如果影响到贸易政策评审的如期举行，就需要 TPRB 和国际收支限制委员会及该成员三方协商，对评审事项重新作出安排。但评审时间的推迟不能超出 1 年，因为根据 TPRM 规定的评审周期，每年都有还未接受评审的成员首次被评审，加上 WTO 的新成员也即将参加评审，而一些已经参加过评审的成员按照周期也要再次接受评审，导致每

① Chronological list of TPRs, http://www.wto.org/english/tratop_e/tpr_e/tp_rep_e.htm#chronologically.

年的评审任务越来越重。即使是出现国际收支的异常导致某一成员评审不能如期进行时，推迟也不能超过一定期限，以免影响下一年的评审计划，否则就会造成一个连锁反应，即每年 TPRB 都完成不了如期的任务。以此看来，TPRM 协议 E 段就是一个协调 TPRB 和其他机构工作安排的技术性条款，但至于如何协调以及协调结果如何，TPRM 没有做进一步的规定，需要具体情况具体分析。该段规定的作用就在于当某成员在国际收支平衡出现问题时，让 TPRB 主动进行协调，以避免工作的相互冲突，减轻成员的负担；另一方面也确保 TPRB 评审工作的安排和评审的顺利进行。

三、TPRM 与对国际贸易环境发展总评的关系

TPRM 的最后一条还规定了 TPRB 也要针对正在对多边贸易体制产生影响的国际贸易环境的发展进行年度总评。[①] 这样，TPRB 在评审贸易政策时就担负两项职能，一项是组织对部分成员单独的评审，另一项就是对于整个的国际贸易环境的发展进行宏观的评估。国际贸易环境的发展与各成员的贸易政策是密切相关的，反过来也成为各成员制订贸易政策的气候和所考虑的外部因素。TPRB 在通过对各成员进行评审的过程中，会对整个国际贸易环境的发展以及其影响因素有比较深刻和内在的把握，TPRB 每年也要对该年的贸易政策评审情况作出一个总结评价，制成一个报告予以公布。由 TPRB 同时对国际贸易环境的发展进行年度总评是比较合适的。同时，TPRB 在进行年度评估的时候，还应该得到 WTO 的总干事所作的关于世贸组织的主要活动和影响多边贸易体制重大决策的问题的年度报告的支持。

---

① Annex 3 of Marrakesh Agreement, para. G.

第四节　TPRM 与 IMF、OECD 的监督制度

一、将 IMF、OECD 的监督制度与 TPRM 进行比较的原因

由于 IMF 和 WTO/GATT 可以说是姊妹关系的国际机构，它们都是国际经济多边制度的支柱，因此将 IMF 的监督制度与 TPRM 进行比较是有用的。将 OECD 的监督制度与 TPRM 进行比较也是有用的，因为 OECD 发挥着与 WTO/GATT 类似的作用，即影响成员的贸易政策。

IMF、OECD 与 WTO/GATT 的不同很明显。IMF 和 WTO/GATT 最主要的不同在于二者处理的事务不同：IMF 处理国际货币政策而 WTO/GATT 处理国际贸易政策，尽管货币政策与贸易政策具有紧密的关联性。OECD 与 WTO/GATT 的不同在于，OECD 除了涉及更广泛的领域外，OECD 只是发达国家的一个论坛，而 WTO/GATT 成员中大多数却是发展中国家。① 有人可能要争辩说，IMF 成员对 IMF 的巨大依赖性以及 OECD 成员之间不断增强的同质性使将二者的监督制度与 TPRM 相比不太恰当。我们认为，这些不同之处只能解释将 TPRM 纳入到 WTO/GATT 之中太迟。另外，由于 TPRM 的监督毫无疑问会受到其他国际组织监督制度的影响，因此将 TPRM 与其他国际组织的监督制度进行比较是有益的，并且，TPRM 可以从其他国际组织的监督制度中吸取到有益的经验或教训，从而不断地进行改革，以便更好地发挥其监督作用。鉴于本章的前面部分已对 TPRM 作了较多的阐述，本节后两部分主要阐明 IMF 和 OECD 的监督制度。

---

① 如 Jackson 所说："OECD 是一个供讨论和未来谈判的论坛。"参见 John H. Jackson, Reflections on Restructuring the GATT, in Completing the Uruguay Round: A Results - oriented Approach to the GATT Trade Negotiations, Jeffrey J. Schott ed., 1990, p. 210。

二、IMF 的监督制度

IMF 协定第 4 条构成了 IMF 监督制度的主要法律支柱。① IMF 条款在 1971 年美国决定废除固定兑换率制度后进行了修改。前述的第 4 条是在 1978 年 4 月 1 日生效的。② 新的第 4 条规定，“每一成员承担与基金组织合作以推动汇率稳定的义务”。③ 该条的措辞对其法律含义没有留下丝毫的争论空间：“承担”（undertakes）一词对 IMF 所有成员创设了与基金组织协商以推动 IMF 目标实现的义务。简言之，合作是义务。④

为什么这样的规定是必要的呢？为什么成员国有义务与其加入的国际组织的相应权力机构进行合作呢？毕竟，成员国是自愿加入国际组织的，顺理成章的是，该国际组织的目标与成员国国内目标应该相互协调一致。因此，成员国与其加入的国际组织合作的问题不应该成其为问题。然而现代历史显示，的确需要成员有义务与其加入的国际组织合作以使该组织有效地运作。这样的义务在 WTO/GATT 中尤为需要，因为在 WTO/GATT 中现实地存在着成员方与该组织背道而驰的情况。在比 WTO/GATT 更加一体化的国际组织如欧盟中，合作的要求也是一项严格的法律义务。⑤

---

① 对于 IFM 监督制度的总体论述，可参见 R. Barents, Supervision with the International Monetary Fund, in Supervisory Mechanisms in International Economic Organizations, P. van Dijk et al. eds., 1984, pp. 351, 370。

② 关于第四条及其后续草案的历史可参见 Joseph Gold, Strengthening the Soft International Law of Exchange Arrangements, AM. J. INT'L. L. Vol. 77, 1983, p. 452。

③ 参见 IMF 协定第 4 条。

④ Joseph Gold, The Second Amendment of the Fund's Articles of Agreement, IMF Pamphlet Series No. 25, 1978, p. 26.

⑤ 根据欧盟条约，欧盟成员国有义务通过积极行为（采取相应的措施）和消极行为（不采取阻碍欧盟协议目标实现的行为）与欧盟进行合作。参见 John T. Lang, Community Constitutional Law: Article 5 EEC Treaty, Common Mkt. L. Rev. Vol. 27, 1990, p. 645。

IMF 协定第 4 条第 1 款进一步阐释了合作的义务："各成员国尤其应该：

（1）努力引导其经济和金融政策有利于实现有秩序的经济发展和价格的全面稳定；

（2）创造有秩序的和基本的经济金融条件并保持汇率不经常变动的货币制度，努力促进外汇制度的稳定；

（3）避免通过操纵外汇汇率和国际金融制度，妨碍国际收支的有效调整或取得不公平的竞争优势；

（4）执行与保持与汇率稳定相符合的外汇政策。"①

因此，合作的义务被划定为 IMF 全体成员必须遵守的特定法律义务。根据 IMF 协定第 4 条第 2 款、第 3 款的规定，基金组织利用成员国提供的信息进行"针对成员国汇率政策的严格的监督，并……对成员国的政策用具体的原则进行指导"。②

为了便于监督，IMF 定期审查成员的国内政策。根据监督汇率政策执行董事会的一项决定，成员国应当每年向基金组织提供必要的信息并与基金组织进行磋商。③ 实践中，由于不断增加的 IMF 成员国的数目，基金组织每年只能进行 90—100 次磋商。④ 这意味着每个成员大致每间隔 18 个月接受一次汇率政策的评审。

严格的条件决定了 IMF 成员申请和使用资金的资格，尤其是使用 IMF 资金的严格条件性。⑤ 在备用安排方面⑥，根据 IMF 第 30 条

---

① 参见 IMF 协定第 4 条。

② 同①，第 4 条第 3 款。

③ 该项决定是《关于汇率政策监督的决定》，No. 5329，1977 年 4 月 29 日发布，转引自：Andreas F. Lowenfeld，The International Monetary System，Int'l Econ. L. Vol. 4，2d ed.，1984，p. 511。

④ The Wolf at the Door，Economist，Agu. 3，1991，p. 63.

⑤ 参见 A. W. Hooke，The IMF，its Evolution，Organization and Activities，IMF Pamphlet Series No. 37，2d ed. 1982，pp. 33－40。

⑥ 备用安排是 IMF 和某成员就成员遵从某些特定履行标准而由 IMF 提供贷款资金的一项协定。

B 款，IMF 遵循一种严格的程序：寻求资金支持的成员必须向 IMF 提交一份意向书，在其中描述其国内追寻的政策和哪些资金用于支持这些政策。① 为了提取资金，IMF 成员必须遵循特定的履行要求。在情况显示履行要求有可能不能被满足时，成员国和 IMF 之间要在中途通过备用安排进行磋商，以讨论成员与履行要求的相符性。此时，成员国被允许提供解释。基金组织是否扩充资金的最终确定也主要根据成员的意向书和成员是否可能满足履行要求的规定。

总的说来，IMF 的成员遵守其义务。各成员几乎不会在没有与 IMF 相应的权力机关进行磋商前就从事操纵汇率从而违背 IMF 条款的行为。总而言之，用曾任 IMF 执行董事的 H. Johammes Witeveen 的话来说："IMF 成员有选择的自由但没有行为的自由。"② 因此上述的分析可以显示，IMF 在两个方面具有相对严格的监督制度，一是监督汇率政策和控制资金使用的程序，二是对成员国与 IMF 机构合作的严格的正式的义务规定。

三、OECD 的监督制度

正如前文所说，审视 OECD 的监督制度是十分有用的，因为 OECD 和 WTO/GATT 一样都会评审其成员的贸易政策。再者，OECD 采用了一种软（soft）的方式去评审成员的经济政策，这一方式似乎对 WTO/GATT 的 TPRM 具有一定的影响。

OECD 取代欧洲经济合作组织（European Economic Cooperation，OEEC）而成立，OEEC 仅包括欧洲的一些国家。③ 而今 OECD 除了欧共体成员、欧洲自由贸易联盟（the European Free Trade Association，EFTA）成员国、土耳其外，还包括了美国、加拿大、澳大利

---

① 参见 IMF 协定第 4 条和第 30 条（B）款。

② Stephan Haggard，The Politics of Adjustment：Lessons from the IMF's Extended Fund Facility，Int'l Org，Vol. 39，1985，p. 505.

③ 关于 OECD 的历史可参见 A. H. Robertson，European Institutions：Cooperation，Intergration，Unification，3d ed.，1973，pp. 27－29。

亚、日本、新西兰等国。不像 IMF 和 WTO/GATT 那样，OECD 成员国形成了相对同质化的群体，尤其是它是由全球经济富裕的国家组成的“俱乐部”（club）。这一“俱乐部”的目标之一是推动世界贸易。OECD 公约第 1 条（C）款规定了该组织的意图是“有助于在多边、非歧视的基础上与以国际义务相符的方式推动世界贸易”。尽管如此，OECD 对 WTO/GATT 起着补偿而非替代的作用。较 WTO/GATT 而言，OECD 更类似一个“交流有关政策问题不同观点的论坛”，一个“永久性的国际经济大会”。①

根据 OECD 公约第 5 条，OECD 可以作出对其成员有约束力的决定，也可以作出对其成员没有约束力的建议。就其监督制度而言，OECD 只是作出建议。换言之，OECD 在评审某一成员的国内政策之后不将作出要求该成员实施与 OECD 指令相符的决定，相反，它只建议该成员为了达到 OECD 的目标而采取相应的政策或对国内政策进行修改，OECD 对于不遵循其建议的成员也并没有施以强制性的制裁。② 因此，OECD 的评审在 OECD 官员与其受审的成员国之间是一种非具约束性的磋商。然而，如同一位资深学者所说的那样，OECD 的工作体制是有效率的和非正式的，因而鼓励了有效性。③

OECD 监督成功的原因主要有两个。第一，OECD 出版发行的经济调查被认为是十分有效的，因而 OECD 的预测被与其有相关利益的成员国高度重视。第二，充分意识到 OECD 调查在世界金融圈内的可接受性，接受评审的成员国为了吸引投资而尽力遵循 OECD 的建议。

OECD 监督制度评审的某一成员的国内政策包括其经济政策、

① Organization for Economic Cooperation and Development, OECD at Work, Vol. 6, 1964, p. 42.

② Ibid, p. 525.

③ H. A. H. Audretsch, Supervision Within the Organization for Economic Cooperation and Development, in Supervisory Mechanisms in International Economic Organizations, P. van Dijk et al. eds., 1984, p. 590.

贸易政策、财政和社会事务的大量领域。[1] 本节将关注 OECD 的贸易政策评审，因为其与 TPRM 的实质要素相同。根据 OECD 公约第 3 条（a）款，成员国有义务“向该组织提供完成其任务所必需的信息”。相应地，它们不能拒绝接受评审，拒绝会违背其国际法义务。OECD 的这一条款与 IMF 协定的第 4 条具有可比性。当然，成员国对于披露的信息具有某种自由裁量权——这一披露必须是“为完成 OECD 任务所必需的”。实践中，OECD 常常单边地决定哪些信息是完成其任务所必需的，因而很自然地，OECD 往往通过问卷的方式要求受审成员提供比实际上准备其评审报告在技术上所需的更多的信息。

OECD 的贸易政策评审由一个被称为贸易委员会（the Trade Committee）的专门机构进行。贸易委员会位于处理贸易政策评审的工作组和专家组的最高层。贸易政策评审的目的是辨清受审成员在国际贸易中的主要问题和出现的趋势，并为成员国提供解决问题的方案。[2] 评审的最终目的是促进成员间某种形式政策的协调。OECD 贸易政策的评审每年都将进行，评审报告将出版作为年度成员国经济调查的一部分。当成员国国内的经济政策成为关注的焦点时，这些调查成为揭示其国内贸易政策的特殊篇章。尽管如此，调查采用了谨慎的语言，大多数对国内政策的尖锐批评都是在私下进行的。[3]

由此我们可以认为，OECD 的贸易政策评审制度是一种“软”形式的评审。尽管如此，无论该评审是如何的“软”，成员国都有义

---

① 关于 OECD 监督活动的全部目录单可参见上注第 540 页。

② 提供解决方案的一个例子是 OECD 就生产者接受补贴的等同计算（the Producer Subsidy Equivalent，PSE）而进行的工作，PSE 是一种用来衡量补贴和在农业领域的其他支持的方法。PSE 曾在乌拉圭回合的农业谈判组中被采用。参见 OECD Farmers and Agricultural Policies，The OECD Observer，Aug. - Sept.，1987，pp. 5 - 9。

③ H. A. H. Audretsch，Supervision Within the Organization for Economic Co-operation and Development，in Supervisory Mechanisms in International Economic Organizations，P. van Dijk et al. eds.，1984，p. 531.

务接受评审。

另外，IMF 和 OECD 的监督制度都采用了相同的模式。评审机构根据它们获取的信息进行事实的调查，有时还利用一些新的调查问卷。在此信息基础上，评审机构的官员与成员国进行磋商并作出决定或建议。两种评审制度除了程序相同外，共同之处还在于成员国受法律约束必须接受评审。实践中的这一要求导致了成员国和特定组织之间的信任关系。再者，成员国受益于它们接受的高质量的评审。接受评审并在其过程中变得逐渐强大是与在国际关系中增强相互的依赖性相一致的。当然，国内政策的透明是国际关系中政策协调、和谐和有序的前提条件。

四、对 TPRM 的评价

GATT 规则的大量例外破坏了 GATT 的可适用性，在某种程度上，阻碍了缔约方应当从世界范围内的最佳劳动力分配中取得的成果。强化 GATT 体制的企图应该关注这一问题。① 因此，TPRM 对 GATT 的贡献必须根据这一标准进行评判。

评审功能的体现是将国内政策措施与国际标准进行比较进而对是否该政策措施与国际标准相符合作出评判。② 当然，这一评判应如何具体则是另外一个问题。那即是，是否这一评判应该将国内政策点对点，或部门对部门地与国际规则相比较。尽管如此，就本节审视的三种评审而言，IMF 最严格，OECD 和 TPRM 次之。

如第一章所述，TPRM 应该具有“三位一体”的功能，尽管 TPRM 在不尽完善地发挥着这些功能。TPRM 尤其不太愿意宣布受审

① Roessler 指出，GATT 作为谈判机构作用的进一步发挥是使缔约方捍卫其国家经济利益，但这不是以对抗其他国家的方式实现，而是以对抗其国内自身的和其他国家的部门利益来实现。参见 Frieder Roessler, The Scope, Limits and Functions of the GATT Legal System, World Econ., Vol. 8, 1985, pp. 287, 297。

② Petros C. Mavroidis, Surveillance Schemes: The GATT'S New Trade Policy Review Mechanism, Michigan Journal of International Law, Vol. 13, 1992, p. 408.

成员方国内政策与 WTO/GATT 规则的可比性，或者向成员方建议其在 WTO/GATT 目标范围内的恰当的政策。因此，基于评审的这一“软性”（softness），TPRM 似乎更多地受到了 OECD 评审制度的影响。即使从理论上讲，就对 WTO/GATT 的影响而言，OECD 应该比 IMF 要小，因为 OECD 和 WTO/GATT 在形式和实质上的不同要比 IMF 和 WTO/GATT 的差别要大。与 OECD 不同的是，WTO/GATT 不只是一个谈判的论坛而逐渐以某种方式协调特定领域的国内政策，相反，WTO/GATT 是被委任（entrusted）以世界贸易自由化的一个国际组织。① 由于 WTO/GATT 的规则是具体的，它应该寻求成员方与其规则的相符，尽管在 WTO/GATT 中现实主义对这一观点带来了阻碍。TPRM 在现实中功能的发挥可能是人们认为其具有弱质性的另一个原因。

如果我们从法律上去探究 TPRM 总的实施情况则会令人失望。由于 WTO/GATT 报告没有对受审成员方的国内立法与 WTO/GATT 规则的相符性作出清楚的陈述，因而评审的评判功能并未充分发挥；由于 WTO/GATT 报告没有直接建议受审成员方废除其国内与 WTO/GATT 规则不相符的贸易政策，因而评审体现的纠错功能也没能很好地发挥。②

尽管 TPRM 总的实施情况不令人满意，但它仍具有一定的影响，因为在报告中批评某一成员的国内贸易政策使得其他成员的批评具有了法律属性。例如第五章中所述的 GATT 对欧共体（EC）的评审

① WTO 作为国际组织的身份毋庸置疑。从技术上讲，GATT 不是一个国际组织，只是一个临时适用的议定书。尽管如此，由于国际贸易组织（ITO）的流产，GATT 在事实上发展成为世界贸易自由化的国际组织。它的组织缺陷似乎并没有阻碍其显著的发展。参见 Jackson & Davey, Legal Problems in International Economic Relations, 2d ed., 1986, pp. 292 – 296。

② 纠错的功能是指当某一国内政策措施被认为是与受审成员的国际法律义务相违背时建议该成员修改其国内政策。参见 Petros C. Mavroidis, Surveillance Schemes: The GATT'S New Trade Policy Review Mechanism, Michigan Journal of International Law, Vol. 13, 1992, p. 374。

报告总结认为，EC 的共同农业政策对农产品世界贸易的自由化形成了障碍，这样的评价使得各缔约方针对欧共体农业政策的批评变得具有法律属性，对欧共体农业政策的批评不再只是某一缔约方的简单的批评，相反，该批评成为 GATT 的观点。另外，如果在 GATT 发布 EC 报告之后的某个时候成立了 GATT 的专家小组去审查 EC 共同农业政策与 GATT 规则的相符性，此时，专家小组很可能就要受 GATT 报告的影响了。再者，某一要求欧共体废除其共同农业政策的缔约方也可能借助 GATT 的批评再一次强调其声明并对欧共体施以更大的压力。因此 GATT 报告对 GATT 其后的实践行为可以具有一种诱导式的影响。①

目前，TPRM 主要担负贯彻 WTO 透明原则的功能，而 WTO/GATT 的争端解决机制是裁决成员方国内政策与 WTO/GATT 规则是否相符的唯一途径。② 用曾任 GATT 总干事邓克尔先生的一句话说，“TPRM 是一个项长期的事业”。③ 正因如此，如果 TPRM 不断发展成为一个更完善的机制，透明和法律评价之间的界限就会变得越来越模糊，最终也许后者胜过前者。在将来，TPRM 应该成为政策评审和法律评价的嫁接体（hybrid），成为使成员方“国内政策与所设想的集体利益吻合”的基础，④ 至此，以规则为导向的路径也许才真正开始。

---

① Jackson & Davey, Legal Problems in International Economic Relations, 2d ed., 1986, p. 90.

② Asif H. Qureshi, The New GATT Trade Policy Review Mechanism: An Exercise in Transparency or “Enforcement”?, J. World Trade, June 1990, p. 159.

③ 见 GATT 总干事邓克尔在 1990 年对澳大利亚进行贸易政策评审时发表的讲话稿第 3 页。

④ Jacques H. J. Bourgeois, GATT Surveillance of Trade Related Policies, in the New GATT Round of Multilateral Trade Negotiations, in Transnat'l Econ. L., Vol. 5 Stud., 1998, p. 159.

第五节　小　结

WTO 监督机制体系包括 WTO 的透明程序、行政机构的一般审查、贸易政策评审机构的专门审查以及争端解决机制。在一个特定的政策监督活动中，可能会包含如下四个步骤中的一个或几个，这四个步骤是：收集、评估、信息传播和讨论/行动。贸易政策评审机制作为 WTO 的监督机制之一，其监督方法包含了上述整个步骤。对于国家政策而言，对行为的监督被认为会导致较好的政策。在 WTO 下，较好的政策至少被定义为那些与国家的 WTO 承诺相符合而不是与其不相符合的政策。监督使人们更充分地意识到正在发生的事情，通过警示国内公民和贸易伙伴注意政策的趋势，注意政策带给社会的影响/成本，从而有助于形成较好的政策。贸易政策评审从全面系统的角度敦促各成员贯彻实施 WTO 的透明原则，评审过程不仅可以提高成员贸易政策制定与实施的可预见性、透明度和稳定性，还可以缓解成员政府在履行 WTO 各项义务时所面临的来自保护主义力量的种种压力，制约保护主义势力对政府政策的扭曲，其广泛的社会影响力往往在成员政府的决策层产生重要的积极作用，有利于培植成员内自由市场经济的力量。通过评审，可以帮助成员政府推行理性的贸易政策改革，也可以不断阐明至今未受到足够重视的 WTO 义务，因而有助于保证这些义务得到重视和履行，贸易体制从整体上则在这一评审过程中受益。同时，贸易政策评审机制所确立的定期报告制度和定期集体评审制度，大大提高了国际贸易政策的可预见性，减小了各成员贸易政策的对立和冲突，减少了各成员对某些贸易政策的争执，从而预防和减少了贸易争端，实际上起到了国际贸易的润滑剂作用。另外，贸易政策评审机制是实施 WTO 职能的一项有组织的专门机制，是 WTO 职能的体现。我们对该机制的认识不能仅仅停留于将其视为实施透明的工具，还要把它放到 WTO 体系中，把它作为 WTO 的一项监督机制来认识，并且，贸易政策评审机制在 WTO 整个监督体系中乃至在 WTO 中均占有重要的地位。通过对

IMF、OECD 监督制度与 TPRM 的比较可知，IMF 最严格，OECD 和 TPRM 次之。如果 TPRM 不断发展成为一个更完善的机制，其增强透明度和法律评价之间的界限就会变得越来越模糊，最终也许后者胜过前者。

第三章　WTO贸易政策评审机制实体规范

第一节　贸易政策评审的主体

对成员方进行单独的政策评审，是贸易政策评审机构（TPRB）最主要的任务和工作。到2004年年底，TPRB总共进行了197次评审，对148个成员中的114个成员（欧洲联盟计为15个成员）进行了评审，覆盖了世界贸易额的88%①以及WTO成员个数比例的77%。并且，对最不发达国家（Least Developed Countries，LDC）的评审越来越受重视，自1989年以来已有20多个最不发达国家接受了评审。越来越多的成员参与评审实践。

一、参加评审活动的主体

参加贸易政策评审的主体，当然不仅是局限于TPRB和被评审的成员方，在整个过程中，承担着重要工作的还有WTO秘书处，在评审会议召开时具有特色的两名会议参加者——讨论人（discussant），以及与评审密切相关和对此关注的其他成员方，这些都是贸易政策评审中的参加主体，每一次评审都离不开他们的积极合作。在此我们尝试着分析一下参加评审活动的主要主体。

（一）TPRB

TPRB是主持贸易政策评审的WTO机关，从前文已知，它是总

---

① 周汉民、邱一川：《WTO成立十年来的十大特征》，载《世界贸易组织动态与研究》2006年第2期，第7页。

理事会行使贸易政策评审职能时的称呼，负责管理贸易政策评审机制（TPRM），按照国别对各成员的贸易政策和做法定期进行全面评审。独立于行政机构，使得 TPRB 在监督活动中处于一种独特的地位，成为 WTO 重要的监督机构。

TPRB 由全体成员方的代表组成，有自己的主席，主席从成员驻 WTO 日内瓦代表中选出，也可以再选一名副主席。主席和副主席任期一年，每年在该年召开的第一次会议时选出，他们主持 TPRB 的工作直到下一年的第一次会议结束。根据 TPRM 协议 C 段的规定，在前一日历年的中期，TPRB 要为下年制订一个评审计划，并讨论和关注各成员方的最新报告。TPRB 应与直接有关的成员方磋商确定每年的评审安排。主席还与受审成员方协商，选择在评审会议中的讨论人。①

（二）各成员

WTO 各成员是接受评审的主体，因为它们是 WTO 法律关系的参加者，独立地享受 WTO 协议下的权利，承担 WTO 协议下的义务。TPRM 要对各成员方的所有贸易政策和做法及其对多边贸易体制运作的影响进行集体评审，作为 WTO 成员的各个自主权关税区也要接受单独评审，而不是与其从属的主权国家合并在一起接受评审，如中国的香港和澳门特别行政区。在所有成员中，比较特殊的是欧洲联盟。根据《建立世界贸易组织协议》第 10 条，欧共体（后来的欧洲联盟）不仅取得世贸组织的成员资格，而且还是它的创始成员。这不仅意味着欧洲联盟将以一种与世界贸易组织成员完全平等的身份参加这一新型组织的各项活动，而且标志着现代国际组织理论与实践的一种新的发展趋向。② 在贸易政策评审中，欧洲联盟是作为一个贸易实体（trade entity）接受评审，而不再分别对欧洲联盟各成员国进行单独的评审。从 1989 年到 2004 年，欧洲联盟共接受了七

① Annex 3 of Marrakesh Agreement, para. C.

② 曾令良：《世界贸易法》，武汉大学出版社 1996 年版，第 60 页。

次评审（包括欧洲共同体）。① TPRM协议C段规定，对于由一个以上成员方组成的具有共同对外政策的实体的评审，应包括影响贸易的所有政策因素，也包括其单个成员方的有关政策和做法。这条规定实际上是针对欧洲联盟的，它要求在对欧洲联盟进行贸易政策评审时，既要对欧洲联盟整体进行评审，也要考虑单个成员方的有关贸易政策和做法。② 所以对欧洲联盟的评审最为复杂，工作量非常大。

（三）WTO秘书处

为了服务和配合TPRB的评审工作，WTO秘书处设立了贸易政策评审司（Trade Policy Review Division，TPRD），具体负责贸易政策评审的行政事务。秘书处要为贸易政策评审以及相关的活动提供下列的工作和服务：（1）就每一个受审成员向TPRB提供一个全面的秘书处报告。秘书处根据各种渠道收集的资料以及调查访问受审成员方后作出报告。（2）秘书处为会议提供支持。秘书处要把成员方的政府报告和秘书处自己的报告翻译成三种WTO的工作语言，提前分发给各成员方，负责会议上的书面提问表和答复表的转发，会议有关事项的安排和通知。（3）秘书处在评审会议后还要对会议作出一个备忘录和负责整理评审会议中的有关文件并公布出版。（4）秘书处的TPRD要为WTO收支限制委员会的会议准备报告和提供支持，负责WTO年度报告中“贸易政策发展”这一章的撰写，以及为WTO的更好管理提供受审成员方的简要备忘录。

TPRD目前有17个专业经济学家的职位：包括13个专业人员加上1个主席和3个副主席。TPRD在各层面共有27个职位。其预算只占WTO整个预算的6%，其职员数占WTO职员人数的大致10%。

① Find TPRs by Country, http://www.wto.org/english/tratop_e/tpr_e/tp_rep_e.htm#bycountry.

② 在统计上，对欧洲联盟的一次评审是算一次评审的，但在对接受评审的成员方的数目进行统计时，有时又是以欧洲联盟的所有成员方的数目计算的，有必要予以注意区分。

再者，由于不断的人员流失，在某些时候并非所有的位置都是满员的。①

根据任何合理的标准来看，TPRD 目前的成绩都是低支出、高产出。理论上，评审目前的频率应该为大约每年 30 个②，相当于每年每一经济学家评审两个，实际的评审率可能有些出入。而每一次评审即使加上来自秘书处职员的协助，也存在相对少的人员投入。③

相比而言，同样范围和同样复杂程度的世界银行报告一直以来几乎都要由一组专家作出，并且可能需要高级职员 20—30 个月的时间，有时还会耗时更长以完成涉及其准备过程中所有的协调、标准化、评审、编辑和认同等。国际货币基金组织也基本是如此操作的。贸易政策评审的工作效率比大学研究的效率还要高。在贸易政策评审中，比如 TPRD 的工作典型地就是由个人进行而不是由一组人进行。在大学进行的研究每年每个教授很少有超过一卷书的工作产出，除非有研究辅助人员的广泛参与。

与此类似的是世界银行集团的附属机构国际金融公司（IFC），大多数的项目由单一的投资官员管理，该投资官员单独工作或同一位专业工程师共同工作。典型的国际金融公司各部门每一人员在其每年的任职期间完成不超过一个项目。虽然与这些项目相关的文件通常加起来少于贸易政策评审中的文件，但 IFC 投资官员还必须花时间寻找项目、谈判和对专家的结论进行协调。当然，根据相关的规章制度，还涉及高级官员和专家对项目的评审和认同程序。但即使如此，以世界银行集团的标准来看，IFC 已是一个高效运作的机

① Keesing, D. B., Improving Trade Policy Reviews in the World Trade Organization, Policy Analyses in International Economics, Washington DC, Institute for International Economics, 1998, p. 42.

② 作者根据 150 个成员按照各自评审周期接受评审计算得出。

③ Keesing, D. B., Improving Trade Policy Reviews in the World Trade Organization, Policy Analyses in International Economics, Washington DC, Institute for International Economics, 1998, p. 42.

构了。

值得一提的是，贸易政策评审的进行还需要 TPRD 专职人员具有多方面的才能。在 TPRD 中每一经济学家都必须精通评审中涵盖的所有多边问题。他或她也需要花费时间与 WTO 的法律和外界专家们沟通以听取他们对受审成员法律、法规、协议和义务等的解释，即使这些内容不是秘书处报告的主要关注点时也需要这样做。比如 TPRD 专职人员还要考虑不同人士提到的对评审进行改进的建议，单这点就增加了对 TPRD 职员多方面才能的要求。

相对而言，世界银行很少要求其职员要像 TPRD 的经济学家那样具有多方面的才能。大多数世界银行关于其成员国的报告具有专项性，并且负责充当某成员国别经济学家角色的职员可以获得很多的帮助，几乎总是有一个成员国的官员负责与该国相关的非经济方面的问题，为世界银行职员提供帮助。

TPRD 重负的压力鸣响了警钟：职员的更换频繁。导致更换率高的原因也是由于对于一个国际组织来说薪金偏低这一事实。支付报酬升高和职级的提升都十分严格。职员快速的更换和缺编的位置对于负责 TPRM 的人来说在训练新职员方面产生了更多格外的工作，使得现存的职员更加感到工作的重负。不可避免，随着时间的推移，流失了很多很好的职员，包括负责人。

简而言之，以目前的产出水平——该水平就产出而言与类似的国际组织相比是发挥较好的——TPRD 的潜力已被充分挖掘。如果不考虑人们提议的对其进行改进的问题，TPRD 的义务也可能在随后的几年不断地增加。为满足马拉喀什协议建议的要求，TPRD 每年要对 4 个主要贸易大国中的 2 个和评审频率为 4 年一次的 16 个贸易成员中的 4 个进行重复的评审。另外，对 2001—2003 年接受过评审的 6 年一次评审安排成员的重复评审将在 2007—2009 年进行新的评审，因此，每年进行重复评审的成员数目已有不少，考虑到目前的评审能力，所有的重复性评审仅为每年进行新评审提供了不多的空间。即使提高评审的次数，也将至少花多年的时间才能为还没进行评审的其他成员进行评审。

在 TPRM 早期的实践中，完成的评审的大多数是受审成员方接受的第一次评审。随着时间的推移，如果根据马拉喀什议定书定下的评审周期得以维持的话，秘书处目前工作量的相当大一部分必须用于进行重复性评审。只为了完成其工作任务，秘书处的工作量就将大量增加，即使以现在的评审频率，也存在积压的成员需要接受评审的问题。同时，还有很多其他国家或地区在寻求加入 WTO，这些国家或地区中将有一部分是可以划到 4 年评审一次的那些评审成员中的。还有中国，根据其加入议定书，在其“入世”后的 10 年内将每年接受一次评审。这些国家加入 TPRM 的议程逐渐就会导致减少目前每年评审的成员的数目。但对新评审频率的减少将远不能满足需要，尤其是如果大量的成员能够获取技术援助以满足评审程序的需要。在任何情况下，一些小的申请者，尤其是那些来自中欧和东欧的成员，具有足够的技术能力能够立即胜任评审过程，并且，即使没有援助，也有证据表明它们实际上有能力接受评审。

缓和迫在眉睫的人员短缺的一个方法可能是增加评审的间隔。在此方面，美国提议将四大贸易国的评审间隔从 2 年增加到 3 年。尽管如此，该建议立即遭到了其他成员的反对，其他成员认为，它们无意从此角度解决这一问题。

扩大 TPRD 内部资源的另一个选择可能是雇用外界的专家或研究机构作为顾问。WTO 可以将一些贸易政策评审的准备工作交由这些个人或组织去做，或者要求他们帮助分析主要由机构内部进行评审的受审成员的评审报告、国别背景或历史方面的因素。除了潜在地减轻已经负重工作的职员的压力外，聘请外界人士参与评审还提供了另外的益处，那就是，在某一领域最好的专家或对特定成员最精通的专家可以被聘请来帮助贸易政策的评审。

各成员已经注意到了 TPRM 中所需资源的扩大，并在此方面进行了尝试。如 1998 年的贸易政策评审，当时 20 个秘书处报告中的 13 个报告完全由 WTO 职员准备，而另外 7 个报告是在顾问的协同下准备的。这些顾问的资金由澳大利亚、丹麦和英国资助的一个项目或者说信托基金提供。① 但这并没有使秘书处的负荷完全卸下，因为他们有责任确保报告的质量和一致性，这对于外部的顾问来说比较难以做到。对于管理者来说则更增添了负担。并且，随着报告数量的增加，即使有经济学家作为外部的顾问，技术支持工作、翻译和文件的制作都大量增多了。

另外，对外界人士的使用也有其弊端。首先，对任何一个国际组织来说，要在 WTO 框架内完成贸易政策评审这一核心任务而做到顾问利用的有效，这是相当困难的。外界人士可能对所期望的要求并非熟悉，这会导致出现其他高的花费。对像贸易政策这样的报告本来就难以具体形成，顾问们得出的材料在形式方面和实质方面可能与所期望的明显不同，甚至会造成材料的不可用。在某一特定领域是专家的顾问可能倾向于强调他们所具专长的部门而以牺牲报告的平衡和综合性为代价。即使在进行了有效的工作安排以后，管理和协调顾问的关系也必定会占据秘书处常任职员的相当一部分时间。外界人士有时对时间期限的要求也不如机构内部职员那样严肃对待。其次，从 WTO 外交环境外抽出的顾问可能在其作出的判断中比秘书处或各成员的态度更强硬和坦诚。最近几年的实践表明，TPRM 似乎朝着更公开批评贸易壁垒的方向在迈进，但顾问的使用可能会加快这一进程，而这可能超过了贸易评审机构可以自行选择其评审策略的初衷。最后，顾问的使用当然也将增加评审过程的花费，但这对增强 WTO 永久性的内政服务几乎没有多少帮助。

考虑到这些原因，WTO 应该避免经常性地依赖外界的顾问，至少在对评审报告的撰写方面。如果未来的顾问是 TPRD 的前任职员并因此对贸易政策评审报告的撰写从开始到结束都有经验，对整个程序的内容都有经验，当然可以允许例外。一种更有效地对顾问的使用可以是将其作为 TPRM 指导委员会的参与者。

到现在，是否最大限度地依靠顾问将有利于贸易评审过程这一

① Sam Laird, The WTO's Trade Policy Review Mechanism – From Through the Looking Glass, The World Economy, Vol. 22, No. 6, 1999, p. 762.

问题引起了大家的讨论，也存在抵制将外界人士引入 TPRM 中充当任何角色的情况。例如，虽然一些成员建议对受审成员增雇外界的专家，或者至少是前任而不是现今的贸易协议谈判者，以在评审会议中充当专家评论者，这一建议也被轻易地否决了。[①] 曾有一位著名的外界人士（《商业杂志》的一位记者）竭力要求成为外界专家以及外界讨论人。考虑到目前成员的偏好，这更不太可能。即使这样，贸易政策评审正朝着人们所期望的方向在迈进，这主要是由于来自贸易代表集体的压力，他们希望任命好的主席和讨论人并提高评审报告分析性质量，而 TPRD 本身也逐渐进一步涉入到有争议的领域，发表的评论也更强有力。

即使目前的贸易政策评审没有极大的变化，假设仍由训练有素的 TPRD 职员而不是外界顾问继续作为对新增加的评审进行评审的最有效的方式，为满足实际需要和潜在需求，每年不断增加的贸易政策评审数量对该组织来说也呈现出巨大的挑战。如果秘书处和 TPRD 意欲改进贸易政策评审的质量和扩大贸易政策评审的范围，这一挑战将会更大。TPRD 人员的数量和调查贸易政策及做法的预算将不得不增加，并且这应以一种系统和协调、渐进的方式进行。

因此，现在的问题并不是这些资源是否将被提供而是什么时候提供和如何提供。不提供更多的资源将导致 TPRM 为完成马拉喀什议定书设定的任务的能力的崩溃，各成员必须考虑，要么选择针对 TPRD 进行有序、稳步但迅速的扩充，要么选择仅在压力迫在眉睫时增加 TPRD 资源，并且，如果增加对其他一些大的区域协定进行评审的建议被采纳，以后增加的预算将更多。

TPRD 对更多资源的需要使 WTO 陷入两难的境地。如果 WTO 总的资源没有得到相应的增加，任何对 TPRD 投入的增加都将以 WTO 其他机构资源减少为代价。相反，WTO 可以要求其成员增加总的投

① Keesing, D. B., Improving Trade Policy Reviews in the World Trade Organization, Policy Analyses in International Economics, Washington DC, Institute for International Economics, 1998, p. 45.

入以满足需要扩增的TPRD的预算。但是，这最终可归结为WTO秘书处和其成员对WTO机构最佳大小及其独立性程度的政治性决策。为完成目前的任务，实践中呈现出的问题是工作人员较少而预算费用太低，主要贸易大国不愿意增加投入揭示了它们对这一组织的极大的不信任。也许问题呈循环式发展，在这些问题中，TPRD，总的来看就是WTO，必须证明其值得各成员进行投入，然而，手中没有足够的资源就不能充分展示其价值。但无论如何，TRPD需要更多资源的问题不能从WTO总的问题中分离出去，并且不能与从总体上增加WTO资金这一问题相分离。该组织似乎对其目前的任务来说，普遍存在资金不足和人员不足。各成员应当认识到TPRM的价值并且应当认识到，通过调拨服务于其他功能的WTO分支机构人员从而迫使该组织来维系TPRM并非上策，尽管这种人力的再分配将成为次佳的一种选择。对这一问题的解决可能必须等待更多成员的加入和/或通过贸易政策评审给最不发达成员进行技术援助而获得的大量的外部预算投入。这些外部资金以技术援助的形式用于最不发达成员，以帮助它们承担评审过程中自己的任务。不仅对接受援助的成员来说，而且对WTO自身和给予援助的成员来说，来自这些援助的效果都逐渐显现了出来，在发展中成员方中增强了其对贸易政策更充分的理解并提供了更多改革的机会。

人们越来越认识到，对于发展中成员或转型经济的成员来说，贸易政策评审是一种极佳的技术援助形式。希望看到其技术援助资金得到建设性使用的潜在的赞助者可能会发现，对TPRM的援助使相关的每一成员都将获利。WTO其他成员迫切希望获得TPRB还未进行评审，或美国对各国贸易评估（US National Trade Estimates）还没有进行评估的那些国家的贸易政策的更多、更好的信息。① 因此，来自WTO之外的技术援助至少可以解决资源问题的一部分。

① TPRM是在多边层面对WTO各成员进行的贸易政策评审，而美国的“国别贸易评估”是在其国内层面对其他国家的贸易政策进行的评估。

（四）讨论人

按照TPRM 协议C 段的规定，为了活跃（stimulate）贸易政策评审会议的气氛，主席可与受审成员方协商，选择会议的讨论人。讨论人以个人的身份参加评审讨论，并不代表他们的政府，每次会议前从各成员驻日内瓦代表中选出。讨论人的选择要体现发达成员和发展中成员之间的平衡并同时考虑地区利益的平衡。讨论人至少要在会议前一周，把他们准备在会议上提出的主要议题大纲提交给其他成员方，作为会议讨论的主题。这样做的目的是为与其他成员就他们的提问进行协商，让他们精心准备好书面提问并在会议上积极发言。

二、对发展中成员的技术援助

WTO 作为一个国际性组织，具有某种程度规范、公平的一面：其决策采取一个成员一票方式，且对发展中成员权利义务的规定有特殊待遇。但因经济实力的差距，发展中成员享受权利乏力，小的发展中成员情况更是如此。如因财力有限，30 多个 WTO 发展中成员无力在 WTO 总部派驻使团。[①] 经济实力是 WTO 成员参与 WTO 活动、享受权利与履行义务的基础。WTO 中的27 个发达成员贸易额一直约占世界贸易额的67%—68%。近年来，国际发展署（DFID）和其他双边和多边的赞助机构，包括联合国贸发会议（UNCTAD）、世界银行（WB）、WTO 和 ITC（国际贸易委员会）都提供了与贸易有关的技术援助（TRTA）以支持发展中成员参与日内瓦的 WTO 进程及其部长级会议，并帮助 WTO 协议在其国内得到实施，这当然也包括支持发展中成员参与贸易政策评审。非政府组织、OECD 赞助者和南方政府普遍认为，贸易政策的能力建设应该使南方政府能更有效地参与 WTO，并帮助穷国的私人部门享有利用市场的机会（UNCTAD，2001）。我们认为，如果 WTO 的大多数成员（主要是发

① 陈良运、巢宏：《WTO 贸易政策评审机制的运行状况及其存在的问题探讨》，载《国际商务研究》2002 年第 3 期，第 33 页。

展中成员尤其是最不发达成员）由于缺乏相应的能力而不能实施 WTO 协议、不能参与对各成员贸易政策的评审，那么 WTO 和多边贸易体制的功能就将受到根本性的破坏。

我们知道，建立 WTO 的乌拉圭回合采用了一揽子接受协议的谈判方式。此方式的好处在于可以促成成员接受某一领域对其具有非最佳利益的规则，如果它们可以在其他对其具有最佳利益的领域得到补偿。① 在此方式下，发展中成员被要求承担和远高于其经济发展水平的工业化国家（发达成员）类似的义务，当然发展中成员也享有“特殊和差别待遇”（special and differential treatment，简称“S&D 待遇”）。对发展中成员的“S&D 待遇”主要包含 5 个方面：较低水平的义务、更灵活的实施时间表（如特定年限的过渡期）、由发达成员承诺充分考虑发展中成员的利益、对最不发达成员的更优惠待遇和技术援助及培训的允诺。② 尽管如此，WTO 协议中对发展中成员“S&D 待遇”的 97 项规定中大多数都是“最佳努力”（best endeavor）的承诺而并非对发达成员有约束力。③ 在大多数 WTO 协议中对发展中成员唯一有形的减让（tangible concession）就是其实施 WTO 协议可以有稍长的期限。

从发展中成员实施 WTO 协议的经历来看主要存在三个方面的问题。第一方面是发展中成员在过渡期满之前实施大量 WTO 协议的能力问题。实施 WTO 协议需要必要的立法和行政能力、健全的法律和

① Kym Anderson, The Future Agenda of the WTO, in The WTO Secretariat, from GATT to the WTO: The Multilateral Trading System in the New Millennium, Kluwer Law International, 2000, pp. 158 – 159.

② Alice Alexandra Kipel, Special and Differential Treatment for Developing Countries, in The World Trade Organization: The Multilateral Trade Framework for the 21st Century and U. S. Implementing Legislation, Terence P. Stewart ed., 1996, pp. 617 – 694.

③ Bernard M. Hoekman & Michel M. Kostecki, The Political Economy of the World Trading System: the WTO and Beyond, Oxford Univ. Press, 2001, pp. 392 – 393.

体制机构、财政资源和专业技术。发展中成员尤其是小的发展中成员和最不发达成员，它们通常缺乏充分适用 WTO 协议或有效地参与 WTO 的持续工作的能力，这些缺陷的潜在后果不仅有损它们对其义务的履行而且有损其充分享受 WTO 的成员资格利益。① 第二方面是鼓励发达成员根据“最佳努力”义务履行其对发展中成员的承诺。很多“S&D 待遇”以泛泛的用词规定了发达成员应该在特定领域（如在保护知识产权前提下的技术转移）给予发展中成员以帮助，但并未规定应采取的具体行动。实践中，发达成员比预期的更少地显示出对发展中成员利益的考虑，尤其在那些有利于发展中成员利益的领域（如纺织品、服装和农产品的出口）。② 发展中成员需要更多的技术援助去提高其享受“S&D 待遇”的能力，而发达成员似乎不太愿意向 WTO 抑或向单个成员转移这样的资源。第三方面是是否或在何种程度上 WTO 协议的实体规则与发展中成员国内优先发展的贸易政策相吻合。发展中成员希望多边贸易体制能促使其实施提高经济增长和减少贫穷所需的贸易政策。WTO 早在 1996 年就注意到：“一些成员对特定领域的实施问题表示了不满。”③ 多哈发展回合也承认了发展问题是一个主要的问题，认为发展问题可以通过“加深的市场准入、平衡的规则和目标明确、持续的有财力支持的技术援助和能力建设”加以实现。④

由此可见，要使发展中成员有效地实施 WTO 协议，对发展中成员的技术援助和能力建设至关重要。技术援助和能力建设关系到发

---

① Jone Croome, Reshaping the World Trade System: A History of the Uruguay Round, 1995, p. 336.

② Asoke Mukerji, Developing Countries and the WTO: Issues of Implementation, Journal of World Trade, Vol. 34, 2000, pp. 33, 39 – 51.

③ WTO Secretariat, Singapore Ministerial Declaration, WT/MIN (96) /DEC, Dec. 18, 1996, p. 10.

④ WTO Secretariat, Implementation – Related Issues and Concerns, Draft Ministerial Declaration, Ministerail Conference, Fourth Session, WT/MIN (01) /DEC/W/1, Nov. 14, 2001, p. 10.

展中成员在允许的期限内实施 WTO 协议的能力、关系到发展中成员持续地遵循 WTO 义务的能力、关系到发展中成员融入世界贸易体制的能力、关系到发展中成员将其贸易政策与广泛的发展目标相结合的能力。能力建设的重要性在《多哈发展议程》中被明确宣称："我们坚信，技术合作和能力建设是多边贸易体制发展方向的核心要素，因此我们欢迎并签署了 WTO 为能力建设、增长和一体化而开展技术合作的新战略（the New Strategy for WTO Technical Cooperation for Capacity Building, Growth and Integration）。WTO 的技术援助将用来帮助发展中成员和最不发达成员及转型中的低收入国家根据 WTO 规则和纪律调整国内政策、履行其义务和享受其成员的权利，使发展中成员充分享有开放的、以规则为导向的多边贸易体制带给它们的利益。"①《多哈发展议程》中的陈述明确表示了能力建设在帮助发展中成员履行 WTO 协议中的地位和作用。多边贸易谈判的目的就是要对所有成员找到"双赢"的途径，而不是通过利用一些不具经验的参与者而技术性地达成贸易协议、而从长远看有损人们对贸易体制的信心。

鉴于此，自从 2001 年多哈部长级会议以来，在国内政策制定和与贸易有关的技术援助项目方面均再次强调了将贸易与帮助发展中成员积极参与 WTO 活动、包括参与贸易政策评审相结合。下面以两个旨在增强国内透明度、帮助弱小发展中成员实施 WTO 协议，进而在理论上可以增进国际贸易并有助于弱小发展中成员的多边计划②为例进行说明。第一个是对最不发达和其他非洲成员的联合技术援助计划（Joint Integrated Technical Assistance Programme to Selected

① John H. Jackson, The Great 1994 Sovereignty Debate: United States Acceptance and Implementation of the Uruguay Round Result, J. Transnat'l L., Colum 36, 1997, pp. 157, 157 - 188.

② Barbara Evers, Linking Trade and Poverty: Reinventing the Trade Policy Review Mechanism, Development Studies Programme, University of Manchester, June, 2003, pp. 16 - 18.

Least Developed and Other African Countries, JITAP)，该计划主要是有关帮助这些成员遵守 WTO 协议并在不同利益群体中增强国内透明度。第二个是联合框架计划（the Integrated Framework, IF)，该计划更明确地关注将贫穷问题融入与贸易有关的能力建设之中。我们认为，对发展中成员的技术援助可以包括支持当地组织建立一套以参与 WTO 贸易政策评审为导向的国内贸易政策评审程序，而这些与贸易有关的能力建设项目正为这样的技术援助提供了一个有用的切入点。

JITAP 是一项与贸易有关的能力建设计划，它总的目的是减轻非洲国家在国际贸易中的边缘化（marginalization)。[①] 它主要致力于增强国内透明度并帮助政府和私人部门实施 WTO 协议的条款。它由国际贸易委员会（ITC)、UNCTAD 和 WTO 共同领导。国内方面的活动由“促使三个主要层面利益群体高级代表之间磋商的协调委员会(Coordinating Committee) 组织。这三个主要层面是：政府的高级代表、企业和像贸易工会及消费者、保护环境和社会公平的非政府组织这样的市民社会机构”（OECD, 2001)。该计划的目的是在国内发展更多、更广泛基础的群体网络，进而增强贸易政策在这些群体网络中的透明度。

IF 比 JITAP 更明确地关注贫穷，其渊源来自于 WTO 的新加坡部长级会议（1996 年 12 月)。在新加坡部长级会议上，各成员作出了承诺要帮助最不发达成员融入到世界贸易体制之中。[②] 在 2001 年 WTO 多哈部长级会议之后，IF 计划最终明确的目标是在与贸易有关技术援助计划中融入贸易与贫穷的问题。IF 由联合国发展计划(United Nations Development Programme, UNDP)、IMF 和 WB 联合管

---

① 该能力建设项目曾涉及的成员包括 Benin, Burkina Faso, Cote d'Ivoire, Ghana, Kenya, Tanzania, Tunisia 和 Uganda 等。

② 最不发达成员主要包括非洲的 49 个国家及东亚的 8 个国家；南亚的 4 个国家；中部东/北非洲地区的也门和拉丁美洲的海地。在 2002 年 2 月，有资格获取 IF 资金的成员扩展到了非最不发达国家但仍属于低收入国家的成员。

理，WB 作为管理的主要机构（WTO，2002）。UNDP 管理信托基金，该基金在 2002 年 7 月达到了 18.1 亿美元。[①] 其目的是帮助成员方“将贸易转为国家发展战略的主要方面”（OECD，2001）。其政策文件是《WB/IMF 减轻贫穷战略白皮书》（*Poverty Reduction Strategy Papers*，PRSPs）和《联合国发展援助框架》（*United Nations Development Assistance Framework*，UNDAF）。其所谓的“贸易发展努力”意图在减轻贫穷战略、良好的宏观政策、调解机制和推动私人企业的政策中将其纳入或使其成为主要方面的内容（OECD，2001）。

我们在这里无意评价 IF 和 JITAP 计划以及这些计划如今所取得的进展，而是在贸易政策和做法方面，将它们视为一种重要的活动和正在进行的活动，这些活动实际上与更广泛、更有效地增强国内透明具有直接或潜在的联系。随着这些活动在参与成员中的开展，在增强各成员贸易政策国内透明度的同时，这些活动可以有助于发展中成员，特别是小的发展中成员更有效地享受 WTO 的权利，使它们不但有能力承担接受贸易政策评审的义务，而且有能力享受参与其他成员贸易政策评审的权利。

TPRM 面临的另一个挑战是如何担负技术援助的角色，尤其是针对弱小的发展中国家。为了做到这一点，TPRM 需要对各成员贸易政策进行更明确的说明、分析性评审。从某种程度讲，在全球层面弥补贸易政策之间的差异是必需的。WB 在过去充当了这样的角色，现在逐渐从贸易政策工作中脱离出来而更重视社会计划。[②] 担负起调整贸易政策的使命将成为 WTO 的一个显著变化。WTO 意在为各成员设置界限，超出此界限，各成员不得追随不良的贸易政策，以此与 WTO 为国际经济关系提供主要的法律框架这一功能相吻合。尽管如此，在这一框架之外，GATT 和 WTO 均难以评判“好”的贸易政策的性质。如何迎接提供好的贸易政策指导的挑战标志着多边

---

① 这些基金由 17 个双边和多边组织赞助。

② Sam Laird, The WTO's Trade Policy Review Mechanism – From Through the Looking Glass, The World Economy, Vol. 22, No. 6, 1999, p. 763.

贸易体制的成熟，这不但对受审成员方自身有益，而且对其贸易伙伴也是有益的。

第二节 贸易政策评审的内容

一、评审内容阐释

顾名思义，TPRM 的评审内容应该就是贸易政策，而贸易政策是 WTO 成员方就有关商品流动、技术转让以及服务贸易而制定的一套市场开放和承诺的政策、法律、法规以及它们的实施。但 TPRM 法律文本的 A 段关于 TPRM 的目标规定，评审机制应能定期对各成员方的所有贸易政策和做法①（trade policies and practices）以及其对多边贸易体制运作的影响进行集体鉴评，显然评审机制已经不仅局限对于成员国内的贸易政策和做法进行评审，还要对其贸易政策和做法对多边贸易体制所造成的影响进行集体的评估。应该说，后者才是该机制“醉翁之意”之所在。制定国内的贸易政策，本属一国主权范围内的事，他国无权过问，但实际上，现在的世界是个开放的世界，各国国内的政策都有一定的“溢出效应”，尤其是该国的对外贸易政策和做法，会直接影响到其贸易伙伴和国际收支的平衡，如果没有溢出的效应，那倒是没有评审的必要了，所以对多边贸易体制运作的影响是评审的关键内容，贸易政策评审的焦点也是放在那些会对其他成员方产生影响的贸易政策和做法上。当单个国家的行为开始对其他国家产生外部效应（external effects）时，就需要建立一种国际经济秩序，所有的国家都有必要在产业化的过程中约定同意什么领域是属于一国保护内的范围和什么领域需要由一系列共同的规则进行管理并划定它们之间的界限，以此减少擅自根据各自

① 这里的做法是指政策的实施，贸易政策和做法就是指贸易政策和贸易政策的实施活动以及它的实施效果。

的意图对彼此的行为进行干涉。①

加入世贸组织，就必须接受 WTO 体制下共同规则的管理。对成员方的贸易政策和做法进行详尽的评审，目的也是在于了解和判断其对多边贸易体制的影响，关系到成员方是否遵守多边贸易的规则、纪律和承诺。所以在 TPRM 文本的 A 段的第 2 款里特意补充说明了“评审机制的作用是审查成员方的贸易政策和做法对多边贸易体制的影响”。

此外，为了提供充分的评审信息资料，更好地理解成员方的贸易政策和做法，在评审的时候，既要以有关成员的外部环境为背景，也要以其广泛的经济和发展需要、政策和目标为背景。② 这样，实际上使得评审的相关范围又扩大了，要涉及各成员国内和国外的环境，例如国内的经济改革、外部的国际贸易气候，这些都成为在评审时考察的内容。在 1996 年对美国的贸易政策评审中，主要涉及四个议题：（1）经济状况和区域贸易安排；（2）美国实施贸易政策的策略；（3）贸易政策措施；（4）部门问题。③ 2002 年10 月在对日本的评审中，则主要围绕三方面展开：（1）宏观经济和结构改革；（2）贸易政策；（3）行业状况。④ 2003 年11 月对土耳其贸易政策评审中，主要的内容包括四部分：（1）经济背景；（2）贸易和投资政策；（3）具体的贸易措施；（4）行业问题。⑤ 由此可见，评审的内容都比较广泛和宏观，一般仅其中一部分是专门围绕贸易政策和做法，还有一部分是针对行业的发展状况，其他的则是关于经济背景

① Victoria Curzon Prize, GATT's New Trade Policy Review Mechanism, The World Economy, Vol. 14, No. 2, 1991, pp. 228 - 229.

② Annex 3 of Marrakesh Agreement, para. G.

③ 陈良运、巢宏：《WTO 贸易政策审议机制的运行状况及其存在问题探讨》，载《国际商务研究》2002 年第 3 期，第 31 页。

④ Trade Policy Review - Japan, Report by Secretariat, WT/TPR/S/107, 9 October, 2002.

⑤ Trade Policy Review - Turkey, Report by Secretariat, WT/TPR/S/125, 19 November, 2003.

和改革状况的。

如果从贸易的对象来看，在 GATT 下，评审的内容仅针对货物贸易政策和做法。随着 TPRM 延伸到 WTO 继续生效，评审的领域自然扩展到 WTO 的其他两个重要组成部分：服务贸易和知识产权贸易。实际上，与 WTO 附件各协议相关的内容和措施都可以成为评审的对象，如与贸易相关的投资措施，甚至是区域贸易协定。如在 1998 年对欧盟的评审中，成员方对欧盟的书面提问即集中在欧盟的区域化与多边贸易体制的关系上，其中主要的五个问题是：(1) 经济一体化不能妨碍贸易自由化；(2) 扩大了的欧盟内部成员贸易优惠问题；(3) 对世贸组织协议的履行；(4) 部分产业的贸易问题；(5) 欧盟与未来的多边贸易体制。①

评审不仅涉及传统贸易政策，包括关税和其他与国界相关的措施，而且还对下列方面进行审查：国有工业、服务业和销售机构等领域的私有化和反垄断行为，政府采购中的竞争条件，国内商品和服务的税收结构，出口或投资激励。评审还常常表明为保证贸易和投资更加稳定，需要有效地进行管理，例如在金融服务部门。在其他一些评审中，TPRB 努力强调了稳定的宏观经济政策、贸易自由化、经济增长与贸易自由化和放松管制在结构改革中的角色之间的关系。②

可见，理论上评审虽不作为各个协议具体义务的执行和争端解决程序的依据，也不对成员方施加新的政策义务，但评审却包含了丰富的内容。它不仅涉及贸易政策和做法而且还涉及与这些贸易政策和做法相关的经济和发展背景、经济改革和结构调整措施。它不仅包含了货物、服务和知识产权贸易的政策和措施，而且还覆盖与贸易相关的措施。从具体的贸易政策措施来看，不仅涉及传统的贸

① 戴常明译：《欧盟贸易政策评审》，载《世界贸易组织动态与研究》1998 年第 4 期，第 1 页。

② 景巧妮译：《贸易政策的发展》，载《世界贸易组织动态与研究》1999 年第 9 期，第 25—26 页。

易政策，还包括能对贸易流动产生影响的投资金融措施以及它们之间的相互关系。

二、评审内容述评

贸易政策评审已经涵盖了广泛的、各种各样的贸易政策措施，包括所有乌拉圭回合期间纳入多边贸易谈判范围的所有领域：服务贸易、对外投资、政府采购、知识产权保护和竞争（反垄断）政策。尽管如此，对这些新的议题，评审倾向于保持描述性并且通常是肤浅的。再者，评审对贸易政策的有些方面仍保持了沉默，或至少在所有评审中没有持续地涵盖它们。有些方面也没有像其他方面那样进行深入或探索性的分析。贸易政策评审还面临着与后乌拉圭回合保持同步的挑战，因为后乌拉圭回合对信息技术、电信、金融服务和运输等领域进行了谈判，这一部分内容在贸易政策评审报告的分析中可能就不全面、相对弱化或者是缺乏的。由于评审内容的广泛，我们在此拟从以下几个角度，以评审中的部分内容为线索进行分析。

（一）临时和非常规的类似关税的措施

虽然每次贸易政策评审基本能够对关税进行彻底、系统的分析，但评审通常忽视通过设置临时税或改变税目结构而导致的对进口产品的附加税。这些类似关税的措施通常构成进口产品整个税收负担的很大的一部分。例如在1996年对摩洛哥的贸易政策评审中，1996年报告简要地提到了适用于实际上所有进口的15%的税收。我们可以发现，1995年征收的15%的税率由一系列名义关税构成①，不包括各种各样的非关税措施和一些不透明的农业壁垒，这些壁垒如果关税化将是天文数字的税率。相比而言，根据1989年的贸易政策评审，摩洛哥的关税仅在2.5%到最多为45%之间（最高关税45%是从1984年的100%和1982年的400%急剧下降的）。1989年的报告没有报道平均关税，但报告表明了1988年实际征收的关税总计仅为进口值的9%，这明显低于1996年报告平均的名义关税。再者，复

① 1996年报告的进口税率为1995年实际征收的税率。

合平均关税从1989年的25%增加到1996年的超过38.8%。简单的算数告诉我们，这逆转了80年代关税下降的趋势。① 而1996年对摩洛哥的评审只提到了对进口征收的15%的关税而忽视了其他的进口产品附加税。

（二）反倾销

贸易政策评审通常十分关注反倾销政策，但评审很少报告部门或成员的反倾销行为发生率或它们使用反倾销的最近趋势。在呈现不同成员反倾销行为信息方面还需要更多的一致性。Pelkmans 和 Cazaniga 指出，1995年的欧盟贸易政策评审没有提供欧盟反倾销行为的发生率。1994年对美国的贸易政策评审，Krueger 也提出了类似的批评。这一评论可以发展成对贸易政策评审的一种总的批评，那就是，评审不够彻底，或者说对反倾销行为的处理不是强有力的。令人遗憾的是，这一现象一直持续到现在。

既然美国和欧盟达成了一种“攻守同盟”（unholy alliance），相互在其公开发言中不对彼此贸易政策体制中的反倾销行为进行批评，评审中的这一缺陷可能会变得更为严重。人们普遍认为，反倾销已转变为“自愿”出口限制和其他数量限制的替代物，并且目前在全球层面是贸易政策中的一个主要问题。很多专家认为，反倾销在美国保护性措施中最为严重，在欧盟，反倾销也位于保护性措施前列。如果美国和欧盟保持它们的攻守同盟，继续不对各自的反倾销行为进行批评，那么贸易政策评审中对反倾销问题的全面、充分评审就变得尤为重要了。

（三）地区和双边安排

在贸易政策评审中值得仔细审查的另一个问题是不少成员纷纷融入地区和双边的贸易安排。到目前为止，根据世贸组织的统计，标志着地区经济一体化开始运作，并已通知关贸总协定和世贸组织

① Keesing, D. B., Improving Trade Policy Reviews in the World Trade Organization, Policy Analyses in International Economics, Washington DC, Institute for International Economics, 1998, p. 31.

的区域贸易协议（Regional Trade Agreements，RTAs）有 250 个。其中的 130 个是于 1995 年 1 月后通知世贸组织；170 多个于最近生效；另外约有 70 个未通知世贸组织，但已运作。2002 年以来，进入谈判阶段的区域安排已超过 20 个。① 在地区经济一体化的参与者中，既有发达国家，也有发展中国家。很多安排还正在进行，在那些已经存在的安排中，很多都同时在扩大其成员范围并加深成员间的联系。

根据双边和地区框架而作的承诺可能与参加方所作的多边承诺并非一致。例如，针对北美自由贸易协议（NAFTA），国内立法（如美国）要求本国的地区承诺优于其多边承诺。② 在全球贸易自由中所面临的挑战之一就是要使这些双边和地区安排不将发展成为对外提高新的壁垒、扰乱通过 WTO 而实现贸易自由化的历史进程。

TPRM 已经对世界地区经济集团中合作程度最深、最大的欧盟进行了有规律的评审。欧盟这一逐渐加深的经济同盟的很多方面不但赋予了其成员特殊的待遇，而且对地中海和东欧的同盟国以及其前殖民地国均给予了特殊的待遇。像其他一些工业化国家一样，欧盟有适当的贸易优惠制度给予世界上最穷和最不发达国家以免税的待遇，这些特征引起人们对贸易流向改变的担心。虽然欧盟相对较低的关税仅引起了有限的贸易流向改变，但该集团很多的数量限制措施和对国内生产者的补贴却成为非欧盟成员的担忧，包括获得其较少利益的同盟的担忧。

贸易政策评审需要有规律地对所有这些方面进行报告，事实上，这也是为什么对欧盟的贸易政策评审是所有贸易政策评审中最长和最详细的原因。又如，另一个地区安排，南非关税联盟在 1997 年第

① Daniel T. Griswold, Free Trade Arrangements: Stepping Stone to a More Open World, Center for Trade Policy Studies, Trading Briefing Paper No. 18, http://www.freetrade.org/pubs/briefs/tbp-018.pdf, Nov. 18, 2003.

② Keesing, D. B., Improving Trade Policy Reviews in the World Trade Organization, Policy Analyses in International Economics, Washington DC, Institute for International Economics, 1998, p. 34.

一次接受了评审，最近一次评审是在2003年。然而，还有很多其他重要的区域组织没有纳入专门的贸易政策评审的范围，只是在其单个成员的评审中对其进行了讨论。这些贸易政策评审中很少系统地揭示某成员一旦融入地区安排将对该成员接受WTO评审带来的问题，大多数评审只是将区域协定进行分类或最多描述一下某成员加入了哪些区域协定。贸易政策评审应当更多地做些持续和充分的工作以描述和分析受审成员加入不同协定、安排之间的冲突和潜在的冲突。

TPRM在评审加入不同协议的成员方时，应当考虑对该成员加入的协议进行审查。例如，在对北美贸易自由区成员进行评审时对其所涉的北美自由贸易协议（NAFTA协议）进行审查。1995年对加拿大的评审注意到，NAFTA协议在诸如机动车和纺织品方面在原有原产地规则的基础上又强加了新的贸易壁垒，使贸易流向从协议的非成员国转入到成员国之中，这明显与WTO的区域体制规则相违背。Wonnacott认为，NAFTA协议在劳工和环境标准方面的附属协议也可能成为新的保护的工具。同时，Wonnacott还警告了当成员达成大量的双边协议和区域协议时出现的协议之间重大的不一致的危险。当某一协议的主要成员发现其自身处于另一协议的次要位置，并且这些协议可能存在不一致时，可能导致这一成员对另一协议进行阻挠行动的安排。他注意到，1995年对加拿大的贸易政策评审只是简要地提到了这一问题并建议渥太华方面更认真地审查其所参加协议之间的相互关系。

TPRM也应当考虑对亚太经合组织（APEC）成员朝着其1994年在印尼茂物所宣称的目标的进展情况进行评估。这些目标的准确含义还没有得到统一的解释，而每一成员正设计其自己的措施目录。APEC成员包括太平洋地缘和亚洲的大多数国家，还包括NAFTA成员国。评审应对APEC成员中任何潜在的自由贸易安排以及在APEC动议下采取的任何重要的步骤进行仔细的审查。当然，对APEC成员单独的评审应当密切关注它们与APEC相关的行为；评审也可以系统地监督各成员对茂物目标的承诺进展。同时，东南亚国家联盟

(ASLAN) 的成员，其中大多数也是 APEC 成员，正朝着它们自己的区域自由贸易协议迈进。无论是在对单个成员的评审时或是在对各成员参加的协议单独进行审查时，评审各成员的进展都有必要。

通过系统地辨清各成员参加协议的目标和这些协议以及其他区域安排下所取得的进展，贸易政策评审可以有助于联系这些协议的倡议并使其成员更好地融入 WTO 之中。关注这些区域安排可以证明有益地抵消了区域化倾向和对多边义务的分离。

（四）出口促进

几乎所有的贸易政策评审都很少对直接影响出口的措施进行全面的审查。评审的确讨论了各成员对出口的壁垒——它们的出口税、出口禁止和出口限制许可证制度以及适当的出口补贴。但评审很少讨论对出口进行正面帮助的其他形式。这些帮助包括免税、退税制度、出口促进和营销帮助、以出口为导向的外商投资促进、出口融资、出口担保和保险以及在诸如标准、审查、质量控制和竞争等方面对出口企业的官方帮助。在贸易政策评审中，对这些问题，有一些表面性地进行了审查；而其他则被忽视了。忽视的主要原因似乎是由于 WTO 在法律上有义务考虑补贴和贸易壁垒等事项，而没有义务审查各成员对出口采取的积极措施。

阻碍对出口促进行为进行评审的努力的事实在于，相对来说，几乎没有什么书面的东西可以指导官员们在出口领域设计有利的政策。但出口扩张的行为是贸易政策不可分割的一部分，因此，TPRD 需要增强其能力以辨清并报告正在运行或没有运行的出口促进制度。

为出口而对进口物资免税或退税制度尤其需要特别的审查。这些制度很少在贸易政策评审中进行报告。通常，评审甚至没有注意到是否出口商得利于税收退回或类似的措施（根据世界贸易组织规则，对出口的自由贸易待遇在每个成员方境内都是允许的，但并非所有成员都建立了运行良好的制度）。如果某些成员的确有出口退税制度，但它们通常不会说出这一退税措施是如何进行管理的或者是否这一制度运行良好。这样的制度被证明是难以有效地进行管理的，尤其是在发展中国家。如果贸易政策评审辨清并描述了被证明是比其他成员运行更成功的那些免税、退税制度，这将为各成员提供有用的帮助。除此之外，贸易政策评审可以对这些制度进行明确的描绘以为出口商提供受审成员自由贸易待遇的情况。评审也应该评价这些制度如何有效运行，如果相关信息可以较容易地获取，评审可以根据出口商的类型将对这些制度的评价进行分类。而专业的出口商是否能够使其增值税迅速地获得退回则是另一个人们关心的问题了。

进行出口促进和出口营销协助的组织机构的有效性是贸易政策评审可以进行有用的评论的另一个问题，尤其在发展中国家，这些组织机构的努力通常才刚刚开始。贸易政策评审应当最低限度地评价受审成员负责出口促进的主要机构。不幸的是，1996 年对多米尼加共和国评审的情况在此方面则相当典型：列出了六个组织，没有根据涉及促进出口的情况进行特别的顺序排列。这些组织中大多数是诸如商会或行业协会和其他商业组织等私人组织。主要的公共出口促进组织也被列了出来，但其主导作用没有被揭示出来，也没有任何东西表明这些组织中任何一个组织的有效性问题，无论是单个的进行表明或集体地进行表明。事实上，这些组织不但没有吸引多少投资者投资到该国，并且在该国免税的出口加工区之外也没有发挥其促进出口的作用；在出口加工区内，出口加工区自身就具有投资促进效应。同样，在 1995 年对哥斯达黎加的评审中和 1996 年对萨尔瓦多的评审中均没有提到美国 1993 年政策的变化，这一变化要求美国国际发展署（USAID）撤出在这些国家的主要投资和出口促进机构。直到那时，USAID 都支付了这些机构的整个预算费用，而其撤出使得这些机构缺乏足够的资金而不能发挥应有的作用。

因此，乌拉圭回合期及其以后的回合对多边谈判的扩张要求贸易政策评审同样也要扩大并加深对一系列关注领域的分析，需要对反倾销行为进行越来越持续的分析，还需要将评审扩展至各成员参加的区域协定和双边协定，尤其是这些协定与多边贸易体制的一致性和对多边贸易体制的影响。在要求更缜密地对待出口促进待遇时，贸易政策评审报告可以试图系统地报道对贸易、投资等构成障碍的相关问题。

(五) 全球性问题

这一标题下面所提出的几个问题是指贸易政策评审内容的内在缺陷问题：评审往往关注于单一的成员，或即使是一组国家，但很难有效地处理在性质上属于全球性的问题。目前国际贸易中的几个问题对任何一个成员来说都不至于具有灾难性的严重性，然而对于世界贸易体制来说则是重大的挑战。作为权威、客观地对成员进行有规律、有计划评审的 TPRM，持续地对这些问题进行报告是需要的。

这些问题之一是多边纤维协定的消除和广泛的纺织品和服装双边配额制度的消除。作为乌拉圭回合承诺的一部分，到 2004 年年末为止应该消除这些配额，但到目前为止，后配额时代的纺织品和服装贸易并未自由化。因此，通过 WTO 对这一领域的进展进行密切的监督可能是敦促各国采取行为所需要的。

需要关注的另一个问题是全球机动车生产能力过剩这一趋势，而各国的政策加深了这一趋势。早在 1997 年 5 月，《经济学家》杂志在名为“即将到来的轿车冲击：全球囤积” (*The Coming Car Crash: Global Pile - Up*) 的一篇文章中就认为，根据世界机动车商目前的投资计划，在接下来的三年里，世界生产能力将增至 12 亿辆。这一生产能力的绝大多数将在拉丁美洲和亚洲，在具有伪装或公开保护和补贴的情况下，其生产将在不期望与主要工业国面对面竞争的国家中。由于机动车生产的过剩成为现实，乌拉圭回合与贸易有关投资措施所采纳的规则可能在这一行业不会被遵守。另外，对是否消除对此行业补贴这一最严重问题的争论似乎使贸易政策评审对相关成员没有施以尖锐的评论。

第三个问题是各成员已纳入 WTO 谈判的高额的农业关税问题。乌拉圭回合结束时决定在农业方面将数量限制措施关税化给予了多数成员以余地，将农业关税调整在 150% 到百分之几百的幅度。这些天文数字的关税由于以前的保护性制度很少被认为是合理的，但这些关税是在 GATT 存在期间的头几十年没有能够有力地处理农产品保护而产生的痛苦的收获。由于食品生产的特殊性质和与农业劳动力相关的政治敏感性，农业问题在 GATT 中长期以来就是规则的例外。补贴和数量限制盛行，直到最终我们现在看到的唯一改变这一状况的办法就是实行惊人的高水平的关税化，这一关税水平定会花不少的时间去进行谈判削减。削减农业补贴和农产品关税已成为 2005 年 12 月 13 日至 18 日在香港举行的 WTO 第六次部长级会议的主要议题之一①，会议通过了《部长宣言》，发达国家成员和部分发展中成员 2008 年前向最不发达国家所有产品提供免关税、免配额的市场准入；发达国家成员 2006 年取消棉花的出口补贴，2013 年年底前取消农产品出口补贴。对这一承诺的实施情况我们将拭目以待。

贸易政策评审没有一如既往地指出关税化程序中内在的高关税倾向和关税所选择的基年。如 Fane 认为这是 1995 年对印度尼西亚进行贸易政策评审的一个缺陷，但这也适用于其他成员。贸易政策评审也没有充分地解释根据乌拉圭回合协议，在与关税化有关的方面，存在哪些可供选择的办法。

总的来说，一些新涌现的问题在全球贸易体制层面上带来了严重的影响，但在各个成员方层面上却并非必然如此，因而影响了以成员方为导向的 TPRM 程序。我们需要找到一种适当的方式，在 WTO 中要么通过 TPRM，要么通过其他渠道来关注这些问题并分析这些问题。这些问题中有纺织品、服装和农业保护性措施的缓慢的减少，也有由于全球机动车生产能力过快增长而导致的对于贸易有关投资措施这一乌拉圭回合协议带来危害的问题。

三、评审内容的扩展

（一）改革的建议

从 1989 年 4 月乌拉圭回合的中期谈判决定建立 TPRM 之后，众多的国家已经接受过评审。实践证明 TPRM 可以通过对成员的贸易政策进行有效的监督，来增强透明度，确保各成员对多边规则和原

① 其他议题还包括降低工业产品关税、开放服务业和改进贸易规则等问题。

则的严格遵守。TPRM 主要关注关税减让和对贸易及投资的非关税壁垒方面取得的进展，以及有关 WTO 的其他承诺。一些人认为，TPRM 目前关注的问题是适当的，通过扩大评审的范围或扩大对评审过程的参与并不能获得什么。① 尽管如此，其他人尤其是非政府组织和部分募捐团体，希望看到 TPRM 的改革，其中包括：

1. 评审贸易政策是如何形成的，包括同市民社会及议员进行磋商的程度和性质；

2. 贸易自由化对社会和贫穷影响的信息；

3. 社会、劳工、性别和环境及发展问题。

例如，Oxfam 要求 TPRM 考虑研究贸易自由化对贫穷和可持续发展的影响，包括对妇女的影响。他建议说，从联合国专业机构和非政府组织中获取的研究成果应该引入 TPRM 之中（Oxfam，2001）。另外，Oxfam 建议认为，TPRM 应该“报告与贸易有关的劳工标准”，国别的评审应该包括对“政府与市民社会就贸易政策改革进行对话的质量作出评估”（Oxfam，2001）。爱尔兰非政府组织的一个联盟建议认为，TPRM 应包括对贸易政策是如何在国内层面及地区层面形成的进行评估（Comhlamh，2001）。

在 OECD 内部，各成员更乐于将 TPRM 作为一种手段，进一步强化 OECD 各成员的承诺，使其将发展的观点融入到贸易政策的过程之中。TPRM 以及联合国贸发会议（UNCTAD）对投资政策的评审，都被视为“潜在的有用的机制，以此增加在发展中国家对贸易和投资进行管理的意识。一方面，评审可以帮助确保贸易政策和规范性制度之间的协调；另一方面，评审可以达到全面的发展目的”（OECD，2001）。

国际自由贸易工会联盟（The International Confederation of Free Trade Unions，ICFTU）是一个长期倡导在贸易政策评审过程中包括

---

① Barbara Evers, Linking Trade and Poverty: Reinventing the Trade Policy Review Mechanism, Development Studies Programme, University of Manchester, June, 2003, p. 8.

劳工标准问题的国际组织。ICFTU 认为，供出口的某些制造物品可能是在严重违背基本人权的工作环境中生产的，因此有迫切的需要寻找到一种方法，以确保贸易体制不得容忍或背地里鼓励违背工人基本权利的行为。因此，ICFTU 建议扩大 TPRM 的评审范围以包括各受审成员的劳工权利记录。尤其是，TPRB 可以讨论非遵守核心劳工标准而影响国际贸易流向的程度，或对国际贸易体制的破坏（ICFTU，1999）。例如，在出口加工区与滥用劳工权利有关的方面，ICFTU 认为，此等滥用造成了国际贸易流向人为的扭曲，并且，这样的贸易政策可以有助于长久地滥用劳工权利。

自从 1997 年，ICFTU 就已独立地对接受 TPRM 评审的各成员提供其劳工实践方面的报告，并将这些报告通过其网站公布出来。这些报告主要包括如下几方面的内容：（1）某一特定成员批准核心劳工公约的情况；（2）对实施核心劳工权利的国内法的调查；（3）与核心劳工权利有关的某成员目前实践的一些情况；（4）在证据存在的情况下，劳工问题与贸易和投资政策之间的联系。

ICFTU 建议认为，在贸易政策评审过程中，WTO 应与贸易工会建立具体的磋商结构。它还认为，TPRM 应该扩展包括评审与贸易有关的环境、社会和性别问题，包括核心劳工标准等（ICFTU，2001）。另外，学者 Qureshi 认为，秘书处信息收集的权力应该得到加强，用于准备 WTO 秘书处报告的信息资源应该扩大以允许更广泛的利益群体提出他们关心的问题。

ICFTU 还建议认为，其关于劳工实践方面的报告可以由国际劳工局（International Labour Office，ILO）的类似报告所替代，这意味着：（1）ILO 可以为 TPRB 提供任何其在正常的活动中所提供的报告或其他材料；（2）ILO 可以为 TPRM 之目的专门准备报告。这还将为 ILO 发展其在劳工权利和贸易政策及做法方面的组织性技能提供一个机会。

问题是，如果仅仅在实践中进行这样的变化倒是容易，但所设想的 TPRM 这一扩展的范围是否是对 TPRB 正式使命的补充所必需的呢？ICFTU 在为贸易和劳工之间的内在联系的争辩中认为，劳工问题可能已经为 TPRM “贸易政策和做法” 这一词组所涵盖 (ICFUT, 1999), 再者, 作为实践, WTO 已经报道说, 在 TPRB 的会议上有规律地提出了劳工问题。还有人认为, TPRM 可以为在 WTO 中解决劳工权利提供一种更可行的方法, 因为 TPRM 不涉及制裁的使用。①

这一建议的有利之处在于已经在此方面做了大量的工作, 现在需要做的只是在 ILO 正常的工作过程中获取相关资料的问题。ILO 虽然具有广泛的专门针对各国的资源, 但它还缺乏以一种便利的形式处理各国与贸易有关的核心劳工权利方面问题的资源。离开了专门对各国劳工权利与贸易政策关系的记录, 提交给 TPRB 的 ILO 报告的可利用性就非常有限了。因为 TPRB 本身并不具备与劳工问题相关方面的能力, 更不用说在贸易的背景中讨论劳工问题了。

这一建议为讨论劳工问题提供了另一个场所, 但并未提出有效的实施方法。尽管如此, 对劳工权利问题的讨论一直是可实施性与政治的可行性之间的考量。WTO 不少成员抵制将劳工权利包括在 WTO 的议程之中, 自从 1996 年新加坡议题开始, 在劳工问题方面尚未取得正式的进展。另外, 劳工权利问题也同样没有被纳入 WTO 多哈回合的工作谈判计划之中。

(二) 作者的思考

虽然清楚的是日内瓦进行的贸易政策评审要进行改革, 但在目前, 有很多因素可能制约了上面建议的将贸易政策评审范围扩大的期望。尤其是, 需要考虑组织结构和现实的限制。② 首先, 考虑到评审时间的短暂 (典型的是两天), 如果单单扩大贸易政策评审自身的范围, 不清楚会取得什么样的结果。而 OECD 极力促使将评审视

① Reviewing Labour Rights through the Trade Policy Review Mechanism, in World Commission on the Social Dimension of Globalization, http: //www. ilo. org/dyn/idea/ideasheet. display? p_ idea_ id = 57.

② Barbara Evers, Linking Trade and Poverty: Reinventing the Trade Policy Review Mechanism, Development Studies Programme, University of Manchester, June, 2003, p. 9.

为潜在的增强各种商业与政策目标协调的良好办法，我们认为，目前日内瓦不是去达到这一目的的适当的场所。

其次，目前 WTO 秘书处内人力和财力的限制，尤其是 TPRD 内人力和财力的限制，以及各成员政府面临的人力、财力限制都限制了单单扩大日内瓦评审范围可能取得的成绩。例如，TPRD 的主要职员是国际贸易经济学家和法律专家。这一专长也反映在政府谈判小组的构成人员中。受审成员政府的代表最可能就是由贸易、法律和商业事务方面的专家组成，实际上没有贫穷或社会问题的专家。在贸易政策评审中，社会发展问题顾问通常没有被聘作专家顾问。因此，改变贸易政策评审的范围对 WTO 的 TPRD 和各成员政府都具有增加人力资源的需要。在资源缺乏的情况下，当很多发展中成员正逐渐懂得了游戏的规则并逐步具备贸易谈判/评审的专门技能时，日内瓦贸易政策评审范围的变化可能导致发展中成员谈判/评审队伍的缺乏并潜在地有损它们在 WTO 中谈判/评审的能力。

至少在短期内，扩大 TPRM 评审范围的另一个潜在的障碍与贸易政策评审过程的组织规范有关。如目前的情况所示，如果要将更广泛的、“非贸易”的、与发展相关的问题发起引入贸易政策评审之中，这取决于成员自己（通过 TPRB 而不是通过 TPRD）。这样做的任何一个 TPRB 成员毫无疑问将意识到，当其自己的国家接受评审时，如此的提议也将增加自己的政府服从以同样标准接受全面审查的可能。在任何情况下，如果这些“非贸易”问题被提出，至少在目前，接受评审的成员是没有义务作出回答的。① 因此，如果 TPRB 成员不愿意在新的、“非贸易”领域提出问题；而当这些问题被提出时，其他成员又不愿意回答，那么以日内瓦为基础的评审过程可能就不是引入扩大这些评审内容的最适当的场所。

① 直到最近，TPRB 的美国方面不断地在评审中提出劳工标准问题，但接受评审的成员没有义务回答，通常它们也没有回答这一问题。

第三节　贸易政策评审的标准

TPRM 评审的范围广泛，成员的层次又参差不齐，TPRM 法律文本本身并没有规定一个固定的评审标准统一适用于所有成员方。TPRM 既然是要通过对 WTO 成员方的贸易政策和做法进行定期集中评价和评估来审查其对多边贸易体制的影响，这就必然意味着存在一个作为评审的参照标准，才能对其作出评价。虽然对于评审的标准 TPRM 协议没有明确的规定，但从对协议语言文字的解释和谈判者的意图上我们不能否认：TPRM 不只是一个登记成员方贸易政策发展情况的机制，它专门融合了“评审”（review）、“评定”（assessment）、“评价”（evaluation）的综合含义。① 因此，“评审”、“评定”和“评价”的任何方式都暗示了针对评审、评定、评价发生背景的某种准则的存在。离开了某种标准的存在就不可能有评审，也不会有什么监督。并且，离开了某种透明的标准就不可能有有效的评审和/或监督。

评审标准的设定方式在理论上可以是多方面的，包括法律的标准、经济的标准，也包括政治的标准。尽管如此，WTO 的能力范围不可能及于所谓的“政治”的范畴②，TPRM 协议也仅能参照经济的和/或法律的标准。实际上，贸易谈判小组也是这样认为的。③

一、法律标准

就法律标准而言，其指导是清楚的。评审的法律标准就是 WTO

---

① Asif H. Qureshi, The World Trade Organization: Implementing International Trade Norms, Manchester University Press, 1996, p. 117.

② See F. Roessler, The Competence of GATT, Journal of World Trade, Vol. 21, No. 1, 1987, p. 73; J. Gold, on Political Considerations in the Context of the IMF, IMF Pamphlet Series, No. 32, p. 59.

③ Asif H. Qureshi, The World Trade Organization: Implementing International Trade Norms, Manchester University Press, 1996, p. 117.

法律体制所形成的一个法律框架，它是对国际经济关系进行调整的规范。既然 TPRM 旨在促使各成员更好地遵守 WTO 规则、纪律和在各协定项下所作的承诺，那么评审的过程必然会针对 WTO 的规范进行。

虽然 TPRM 的目的是有助于促使各成员遵守 WTO 规范，但其目的看来似乎并不具有排他性。对此协议中缺乏某种清晰的表述，这也可能是谨慎的表现。这源于一个事实，即 TPRM 实践的作用在于审查“成员方的贸易政策和做法对多边贸易体制的影响”。① 这种缺乏清晰表述又是由于这样的事实造成的，即对什么构成“多边贸易体制”没有一个清楚的定义。比如说，它可以解读为意旨“多边贸易法律体制”，或者解读为经济学状态的“事实上的多边贸易体制”。如果后者是意旨的含义，那么这一含义与有助于促进各成员更好地遵守 WTO 规范这一目的之间就存在一些不协调之处。对这种解读的理由是，尽管对规则的违反可能会也可能不会影响贸易体制的健康（即使有假设认为规则的违反最终将无论如何会影响国际贸易的“健康”），但构成非违反规则的行为同样可能在其他方面会对贸易体制的“健康”带来影响。这两方面可能会相互补充。因此以规则为导向的评估应从属于根据成员贸易政策和做法对国际贸易体制的运行的实际影响而进行的评估。或者换句话说，从属于根据成员贸易政策和做法对国际贸易“健康”状态的影响而进行的评估，显然，这样的解读造成上述的不协调就在所难免了。由于非以规则为基础的标准是一种潜在的更广泛的标准，当“国际贸易的健康”被优先考虑时，或者成为以规则为基础的评估方法的先决条件时，就可能会出现一些评审上的困难。

评审应优先考虑受审成员的贸易政策和做法对国际贸易“健康”状态的影响的看法还可能主要出于以下考虑。首先，TPRM 协议的 A 段指出 TPRM 的目的是“有助于”促使各成员遵守 WTO 规范以使多边贸易体制平稳运行。这里的含义是确保对规则的遵守并不是 TPRM

① Annex 3 of Marrakesh Agreement, para. A（ⅱ）.

最直接和唯一的功能；相反，遵守规则是有助于多边贸易体制平稳运行所需要的。其次，在 TPRM 协议的同一段指出，TPRM 将评估“各成员的全部贸易政策和做法（在 WTO 规范的范畴）及其对多边贸易体制运行的影响”。因此，以规则为导向的评估方法是以“及”为限制条件的，并且是以考虑其“对多边贸易体制运行的影响”为限制条件的。再次，尤其需要提出的是，TPRM 的作用（无其他进一步的限制性条件）是去审查某成员方的贸易政策和做法对“多边贸易体制”的影响。最后，TPRM 协议 C 段根据成员方贸易政策和做法对多边贸易体制运行的影响程度，即根据某一代表时期成员方占世界贸易的份额而确定的“影响”勾画出了成员方接受评审的频率。

鉴于此，在评审实践中，无论是秘书处报告的总结分析、参加评审会议成员的提问和评论，还是评审会议主席的总结性评论，绝大多数都是从经济的角度进行的。显然评审活动更多地适用了经济标准。[①] 这种做法具有明显的优越性，不囿于对规则的遵守，不纯粹适用法律标准，可使 TPRM 及各成员能在更广泛的范围内，以更为灵活的方式评审成员的贸易政策。如有些违反规则的行为可能不会对贸易体制的健康产生不利影响，也可能不会影响其他 WTO 成员的利益，这种情况下，一般不会去质疑这些违反规则的行为，因为一般只有受害方或认为自己的潜在利益可能受到影响的一方才会去质疑其他成员违反规则的行为。还有一些并不违反规则的行为也可能对国际贸易体制的健康产生影响，这种行为用法律标准判断是合法的，相反用经济标准来看却是不妥的。这其实是规则导向和结果导向的矛盾。但我们认为，如果多次以结果否定规则，这只能说明规则还不健全，而不是不需要规则。从长远来说，强化经济分析而淡化规则的行为，不利于维护世贸组织规则的权威性和有效性，不利于提高世贸组织成员的多边法制意识。我们不能排除那种以不会对国际贸易的健康产生不利影响为借口而不遵守或不重视国际贸易

① 丁祥高：《贸易政策评审机制考察》，载《株洲工学院学报》2005 年第 3 期，第 39 页。

规则的作为。

因此我们认为，把法律标准作为对各成员的贸易政策进行评价和评估的依据比较恰当。具体地说，这一标准就是构成多边贸易体制的各项原则、规则、制度以及各成员作出的有效承诺。首先，TPRM 的目标是“有助于所有成员更好地遵守多边贸易协定和适用的诸边贸易协定的规则、纪律和在各协定项下所作的承诺”，“有助于多边贸易体制更加平稳地运行”。该目标是否能实现，就是评审的参照标准。其次，在 TPRM 的评审程序中，各参加方往往对接受评审的成员的那些符合多边贸易法律制度的政策措施表示欣赏，给予褒扬，而对那些与多边贸易体制背道而驰的做法则表示不满、失望并给予批评指正。而接受评审的成员在答辩中，亦往往声称他们的做法符合 WTO 的有关规定，对那些实在不能掩人耳目的错误做法，则极力寻找遁词或承诺日后消除。实践中，不仅秘书处的报告，而且参加评审会议的其他成员从受审成员的某项政策是否合法的角度发表评论或提出问题的情况并不少见。如在 1997 年对欧盟的评审中，瑞士代表提出询问，欧盟禁止从瑞士进口的一些动物产品，是否有科学根据，是否与欧盟的国际义务相一致。美国代表提出的问题之一是，欧盟缔结地区贸易协议的方法是否与 WTO 的要求相一致。古巴代表和捷克代表也提出了欧盟有关措施的合法性问题。① 在对其他成员的评审中也有不少关于受审成员某项或某些贸易政策的合法性的评论和问题。② 所以我们不能否认法律标准的存在。不仅如此，实践中还应加强以法律的标准对各成员的贸易政策和做法

---

① WTO Doc., Trade Policy Review: European Union, Minutes of Meeting, WT/TPR/M/30, 26 January 1998.

② See Summary Observations: PRESS/TPRB/100 (13 January 1998, Argentina), PRESS/TPRB/106 (9 June 1999, Egypt), PRESS/TPRB/108 (1 July 1999, United States), PRESS/TPRB/169 (19 January 1998, Japan); Concluding Remarks: PRESS/TPRB/107 (25 June 1999, Egypt), PRESS/TPRB/100 (14 July 1999, Argentina), PRESS/TPRB/66 (27 November 1997, European Union), PRESS/TPRB/70 (30 January 1998, Japan), http://www.wto.org/.

进行评审。当然，TPRM 的法律标准并不意味着在评审活动中，一定要将某一成员方的每一贸易政策和做法贴上合法或不合法、与世贸组织法一致或不一致的标签。实践中，TPRM 往往从多边贸易体制的基本原则出发，使用经济分析的方法，评估成员的贸易政策和做法及其对多边贸易体制的影响，而较少对这些贸易措施的法律地位作出判断。

二、经济标准

在 FOG 谈判小组谈判期间，不但经济标准是一个突出的问题，而且对经济标准的准确范围也是一个有不同看法的问题。在对评审标准进行讨论的过程中，一些来自发展中国家的代表以狭义的观点对此进行解释，认为仅仅根据 WTO 承担的义务为范围；而一些发达成员则采取了更广泛的观点，那即是必须考虑贸易政策和做法的整个背景，包括它们的合理性及与其他经济政策的关系。Blackhurst，一位发达成员方的代言人坚持认为："遵守 GATT 义务与'好'的经济政策之间的关系足以紧密以致主要依据经济规范的监督绝不会偏离总协定的方向。"①

但有学者认为，从法律的角度讲，我们不能认为 WTO 规则与"好"的经济政策之间存在着必然的联系。再者，赋予二者之间的这种联系是否适当也值得质疑。②"好"的经济政策也许会很好地导致遵守 WTO 规则，但根据其法律特性，它们并不必然与 WTO 规则相连。因为国内法和国际法的行为规范准则是依据规范的字面表达而决定的，法律的字面意义总的来说是唯一的决定许可或非许可行为

---

① Blackhurst Richard, Strengthening GATT surveillance of trade - related Policies, in Meinharf Hilf and Ernst - Ulrich Petersman (eds.), The New GATT Round of Multilateral Trade Negotiations: Legal and Economic Aspects, Kluwer Law and Taxation Publishers, Deventer (The Netherlands), 1988, p. 148.

② Asif H. Qureshi, The World Trade Organization: Implementing International Trade Norms, Manchester University Press, 1996, p. 120.

的因素，在解释某一规则时，政治等其他因素可能要充分的考虑，但这有别于认为有关的法律规定也实际上规范与此规定相冲突的所有行为。比如，对谋杀的禁止不等于禁止舞枪，法律需要对舞枪进行另行的禁止性规定。同样，对枪支使用的禁止不等于禁止出售枪支，法律对出售枪支有另外的禁止性规定。因此，不能说各成员采用了“好”的经济政策就意味着其遵守了 WTO 规则。

我们亦认为，从以规则为导向的监督转向包括以经济政策为基础的监督不能解决“好的经济政策”和 WTO 规则之间的关系这一问题。二者之间法律关系的缺乏导致了排除非其他先决条件的经济标准的适用。如果诉诸这样的经济标准，WTO 的职能将会被超越。因为成员方并不期望授权外部力量去干涉他们的经济事务——即使是在监督的层面上。另一难题是，根本不清楚什么是“好”的经济政策以及对此是否真的存在实际的协议。

再者，根据对 WTO 规则的解释，WTO 规则允许各成员选择如何适用，而并不希望侵犯各成员主权。希望规范各国贸易政策的方式总的来说只是少数派的意见。① 提交 WTO 评审的仅限于国内贸易政策对国际贸易的影响这一范围以及国内贸易政策对国际贸易的阻碍或在国际范围内形成了歧视。WTO 规则的核心是贸易政策和做法必须透明和非歧视，并且必须通过适当的程序按适当的方式进行。如果这些条件满足了，那么一成员就可以自由地规定其贸易政策和如何实践了。

当然，评审的大部分内容都是对受审成员的国内经济和贸易政策所进行的描述和经济学的分析，对这些必然要采用一定的经济标准。尤其是要描述受审成员的贸易政策的变化，例如关税减让幅度、关税保护率、自由化的程度以及补贴的幅度，等等。在判断成员方

① Petersmann, Strengthening the Domestic Legal Framework of the GATT Multilateral Trade System, in Petersmann and Hilf (eds), The New GATT Round of Multilateral Trade Negotiations. Legal and Economic Problems, Kluwer Law International, 1988, pp. 45 - 46.

是否遵守多边贸易规则时，有些本身就是一个量的因素，只有依据经济标准才能作出判断，例如构成倾销和补贴的幅度。另外，对成员方的政策评审，还要“在有关范围内”（to the extent relevant）以成员方的外部环境、广泛的经济和发展需要、政策和目标为背景。① 这里，“在有关范围内”根据 WTO 规范评估成员方的贸易政策和做法是何意不是十分清楚。这意味着对 WTO 规则的遵守的评估应该仅在 WTO 规范本身所许可的范围内考虑这些情况？还是设想以规则为导向的评估应该以更广泛、更灵活的准则为背景呢？对此人们众说纷纭。但无可置疑的是，对成员方的政策评审，需要用经济学的参数进行描述和分析，才能具体确定成员方的贸易政策和做法是进步还是退步了。此外，评价贸易政策和相关的财政或金融货币政策的相互作用以及贸易政策对多边贸易体制的影响，这些都需要用数量来表示和分析其中的相互关系。②

关于经济分析的方法并没有太大的异议。在 TPRM 协议中的确设计了由集体成员进行的“评价、评估、评审和评定”（appreciation, evaluation, review and assessment）的程序。需要补充的是，在根据受审成员所宣称的国家目标评价其贸易政策方式的过程中，以及在决定这些方式对其他成员贸易的影响时，考虑到成员贸易政策的方式与其所宣称的国家目标并非总是一致，二者的协调必然会有难度。对此 Blackhurst 认为：“如果情况显示，某一特定的与贸易有关的政策或一系列政策不仅给贸易伙伴们带来麻烦，而且对于达到该成员所宣称的目标并非很有效或有效率，那么结果可能是在不断增加的同行的压力下，该成员修改这一政策。”③

① Annex 3 of Marrakesh Agreement, para. A（ⅱ）.

② Asif H. Qureshi, The New GATT Trade Policy Review Mechanism: An Exercise in Transparency or "Enforcement"?, J. World Trade, June 1990, pp. 156 - 158.

③ Blackhurst Richard, Strengthening GATT surveillance of trade - related Policies, in Meinharf Hilf and Ernst - Ulrich Petersman (eds.), The New GATT Round of Multilateral Trade Negotiations: Legal and Economic Aspects, Kluwer Law and Taxation Publishers, Deventer (The Netherlands), 1988, p. 147.

要对评审设定一个明确统一的标准无疑是困难的。考虑到TPRM不对成员方的所有政策和做法作出合法或非法的判断，即使要作出一定的评价，评审的标准也是相当模糊和具有弹性。但TPRB对成员方进行评价和提出建议的参照标准，应当是WTO的贸易规则、纪律和成员方的承诺，其中比较明显和突出的评审标准就是透明和非歧视原则，其他几个世界贸易组织的基本原则①也都是评审中所考虑的标准。同时我们认为，评审的标准应该是动态的，它随着多边贸易体制规则的完善、国际经济环境和国内经济改革和结构调整的进步以及贸易自由化的进程而变化。从GATT生效以来以及在WTO体系中，各成员一直在不断地开展新的贸易谈判，达成新的规则和承诺，相应地，成员的具体义务和应该遵守的规则也在变化之中，所以无法固守一个确定的标准。概括地说，评审标准就是受审成员方所应该遵守的多边贸易规则、制度和承诺，结合其经济发展水平和WTO的国际贸易环境。同时，仅仅使用这些法律标准是不够的，还要对成员的某些政策变化进行动态的描述和对多边贸易体制的影响进行量的分析，这就需要采用一定的经济指标作为标准。特别需要强调的是，发展中成员和发达成员的经济发展水平以及贸易实力存在巨大的差异，对不同的成员进行评审时所采用的标准应具有灵活性，才能更符合实际和客观情况，发达成员不能以自己的政策目标和市场开放的程度强加于发展中成员，要求发展中成员加快贸易改革的步伐和实现更大的自由化，达到与它们相同的水平。

第四节　小　　结

首先，考虑到WTO秘书处贸易政策评审司的人员配置、与其他国际经济组织相比所承担的工作负担等，该机构是一个低支出、高

① WTO的基本原则包括非歧视待遇原则、透明原则、自由贸易原则和公平竞争原则。对各原则的详细分析可参见徐泉：《国家经济主权论》，人民出版社2006年版，第129—136页。

产出的国际组织机构。该机构专职人员具有多方面的才能，每一位经济学家都熟悉、精通评审中涵盖的所有多边问题。即便这样，为满足马拉喀什协议建议的要求，只为了完成其工作任务，秘书处的工作量就将大量增加，凸显出人力资源的匮乏，不提供更多的资源将可能导致贸易政策评审机制为完成马拉喀什议定书设定的任务的能力的崩溃。但秘书处贸易政策评审司需要更多资源的问题不能从WTO 总的问题中分离出去，并且不能与从总体上增加 WTO 资金这一问题相分离。鉴于解决人员短缺的方法目前尚未得到一致认可，我们认为应当对贸易政策评审司进行有序、稳步的扩充，并从增加WTO 总体预算角度出发来探讨解决人力资源缺乏这一问题。同时，将该问题与对发展中成员的技术援助结合起来，因为来自 WTO 之外的技术援助至少可以部分地解决资源问题。这些外部资金以技术援助的形式用于最不发达成员，以帮助它们承担评审过程中自己的任务。不仅对接受援助的成员来说，而且对 WTO 自身和给予援助的成员来说，来自这些援助的效果都逐渐显现了出来，援助使相关的每一成员都将获利。并且，多哈部长级会议在国内政策制定和与贸易有关的技术援助项目方面均强调了将贸易与帮助发展中成员积极参与 WTO 活动、包括参与贸易政策评审相结合，贸易政策的能力建设（包括 WTO 内和 WTO 外）可以使南方政府更有效地融入 WTO。

其次，贸易政策评审仍然需要对评审的内容进行改革，但其评审内容应该扩展到多大的范围还是一个需要探讨的问题，这牵涉整个 WTO 的改革。有很多因素制约了人们建议的将贸易政策评审范围扩大到“社会、劳工、性别”等方面的期望，贸易政策评审机构本身并不具备与劳工等问题相关方面的能力，更不用说在贸易的背景中讨论劳工等问题了。以 WTO 为基础的评审会议可能并不是引入这些评审内容最适当的场所。

最后，评审的任何方式都暗示了针对评审发生背景的某种准则的存在。离开了某种标准的存在就不可能有评审，也不会有什么监督；离开了某种透明的标准就不可能有有效的评审和/或监督。贸易政策评审旨在促使各成员更好地遵守 WTO 规则、纪律和在各协定项下所作的承诺，那么评审的过程必然应针对 WTO 的规则进行；评审机构对成员进行评价和提出建议的参照标准，应当是 WTO 的贸易规则、纪律和各成员的承诺。并且评审的标准应该是动态的，它随着多边贸易体制规则的完善、国际经济环境和国内经济改革和结构调整的进步以及贸易自由化的进程而变化。与此同时，评审还要对成员的某些政策变化进行动态的描述和对多边贸易体制的影响进行量的分析，因而需要采用一定的经济指标作为标准。

第四章　WTO 贸易政策评审机制程序规范

第一节　评审周期

一、评审周期安排

总的说来，现在评审广泛地涵盖了所有地区和不同发展水平的成员。

TPRM 规定 WTO 所有成员的贸易政策和做法都要接受评审，但不同的成员可以有不同的评审周期。确定评审周期的关键因素是某成员方的贸易政策和做法对多边贸易体制的影响，其量化为该成员在世界贸易总量中所占的比重。按照这种划分，该制度建立时贸易额排在最前面的 4 个成员要接受每 2 年一次的评审，它们是美国、欧盟、日本和加拿大；① 排在其后的 16 个国家要接受每 4 年一次的评审，它们分别为：中国香港、韩国、新加坡、瑞士、墨西哥、澳大利亚、马来西亚、泰国、挪威、印度尼西亚、巴西、土耳其、南非、以色列、印度和阿拉伯联合酋长国；其他成员接受每 6 年一次的评审，但对于最不发达成员可以确定一个更长的周期。在例外的情况下，当某一成员的贸易政策和做法对贸易伙伴产生重大影响时，TPRB 在磋商后可要求该成员提前进行下一次评审。一旦某成员接受了第一次评审之后，就要按照评审周期如期进行下次评审，但可容

---

① 中国目前的贸易额排在加拿大之前，位于世界第四，但由于中国入世初就承诺在 8 年内每一年接受一次过渡性评审，故暂不适用两年的评审周期。

许6个月的灵活余地。不同周期后面隐含的理念是，对世界贸易和多边体制具有较大影响的贸易成员应该更经常性地接受评审；大的贸易成员对这一原则的接受对吸引发展中国家参与评审程序是重要的。①

申言之，对各成员的贸易政策和做法的评审并非同时进行，而是根据不同成员对多边贸易体制的作用和影响的程度不同，规定不同的周期，定期轮流进行。由此可见，TPRM 在确保其一般性的同时，又兼顾了世贸组织成员贸易发展不平衡的现实，侧重对占世界贸易较大份额的成员的贸易政策与实践进行监督，体现了 TPRM 的灵活与务实，具有一定的科学性。② 贸易额比重大的成员率先接受该项确定评审周期的原则，也有利于推动发展中成员参加评审。各成员无论参加对其他成员的评审还是自己自愿接受评审，TPRM 都能够为各成员阐述它们的贸易政策和需要提供一个有用的场所以及为最不发达成员提供技术援助。同时，TPRM 也为发展中成员对发达成员的贸易政策的担心和不满提供了一个平衡的机制，因而吸引了越来越多的成员积极参加评审。

从1989年 TPRM 临时适用以来，就有了累计建立起来的评审计划。在1990年，只进行了4次评审，到1998年进行了涉及20个成员的15次评审（WTO，1998）。到2003年年底，TPRM 总共进行了182次评审，到2004年年底，则总共进行了197次评审。③ 尽管如此，评审的数量仍然不足以弥补为满足所有计划每年所需的评审总数。因为，在 WTO 成员中约有153个成员（2008年7月23日止），四大国中的2个成员必须每年接受评审一次，再加上以4年为周期

① Sam Laird, The WTO's Trade Policy Review Mechanism - From Through the Looking Glass, The World Economy, Vol. 22, No. 6, 1999, p. 746.

② 张国平：《略论 WTO 贸易政策评审机制及我国的对策》，载《国际经贸探索》1997年第5期，第24页。

③ Chronological list of TPRs, http://www.wto.org/english/tratop_e/tpr_e/tp_rep_e.htm#chronologically.

的 16 个成员中有 4 个每年要接受评审一次，其中欧盟的 15 个成员还没有分别进行评审。另外 130 个成员需要以 6 年为周期的频率进行评审，这样一来，每年总的评审达到 30 个以上。

成员方的排名及其评审周期可以以几种方式发生改变。例如，欧盟的扩盟引起几个成员退出以 4 年为周期的 16 个成员中，而其他一些成员加入这 16 个成员中。另外，货物贸易流量和服务贸易流量的改变可以影响排名，比如，由于商品价格变化的影响而发生的改变，虽然实际上这并不十分重要。尽管如此，新成员加入 WTO，尤其是中国和俄罗斯的加入也可以影响现存各成员在三种周期评审中所处的位置。

二、评审工作的按时完成

1995 年 9 月 25 日和 10 月 30 日，TPRB 举行了两次非正式的会议讨论 TPRM 评审程序上的改进。各成员都积极派代表参加了两次会议并且提出了大量的口头和书面建议。讨论会的目的在于使 TPRM 成为一项更加有用的制度，作为 WTO 的一种机制能够清晰地显示各成员的贸易政策是遵守还是背离多边贸易体制的原则。1996 年 1 月 28 日，TPRB 又举行了一次非正式会议继续讨论评审机制程序上的改善，这次会议主要是补充讨论如何提高准备评审会议的效率和会议的级别以及会议上的一些细节。从三次非正式会议讨论的情况看，涉及评审周期的问题主要有以下两方面的建议。

(一) 修改评审周期

一些代表认为每 2 年一次的评审太频繁了，要求改为 3 年一次。如美国代表就建议修改 2 年一次的评审，改为 3 年一次并调整另外两种评审周期。实际上，修改每 2 年一次评审的周期，对 TPRM 整个评审计划和安排并没有多大改变，因为接受 2 年一次评审的成员只有 4 个。对评审计划能产生重大改变的只能是修改 4 年一次和 6 年一次的周期，接受这些周期评审的成员占了其中的绝大多数。但如果对这些都进行修改，就会产生一个不利的影响，会削弱对成员的贸易政策和做法的监管，达不到设立 TPRM 的目的。除非这方面的副作用能用其他方法来弥补，修改才可行。更重要的是，此种建议的修改，是对 TPRM 的实质性（substantial in nature）问题的改动，要牵涉到 TPRM 法律文本的修改，因为 TPRM 的法律文本是《建立世界贸易组织协议》的附件 3，附件本身没有规定如何修改，那么它就要适用《建立世界贸易组织协议》第 10 条的修改方法，该协议第 10 条第 8 款规定："任何成员方可以向部长会议提出对于附件 2 和附件 3 中多边贸易协定的修改建议……对附件 3 中的多边贸易协定修改的同意决定，在部长级会议批准后对成员方生效。"① 可见，对 TPRM 文本修改的权力在于部长级会议。根据部长级会议的决议规则，如果意见一致，部长级会议应将修改建议提交各成员接受；如果部长级会议不能在规定的限期内达成一致意见，部长级会议应当根据各成员三分之二多数的意见，决定是否将修改建议提交各成员接受。因此对 TPRM 评审周期的修改需要部长级会议的三分之二多数或者一致意见才能通过，TPRB 讨论会仅能局限于对于评审程序上的修改和完善，而无权涉及实质问题，因而会议主席对美国等成员的建议认为应当留待部长级会议上解决。

另一种改变评审周期的提议是引入一种选择性的（selective）评审，也就是说只选择对那些贸易政策有问题的成员进行评审。但是，谁来判断成员的贸易政策有问题呢？有什么标准可以判断构成对国际贸易体制造成不利影响的问题呢？该建议实际上更把 TPRM 复杂化了，如果采用了该措施，可以想象，一些在 WTO 活动中不是很活跃的成员会被忽略，它们一般是对外贸易份额比较少，对其他贸易伙伴和国际贸易体制影响很小的国家。对各成员进行评审得出的一条经验是，近年来各国贸易政策的变化以及它们的实践的变化越来越剧烈，大部分成员的两次评审之间的时间间隔显得太长了，因此任何扩大评审周期的建议均脱离了实际状况。事实上，TPRM 规定了定期报告制度，我们可以利用定期报告制度来弥补时间间隔太长的缺陷，增加各成员定期报告的运作，可以及时追踪那些 4 年一次

① Article 10 of Marrakesh Agreement.

或6年一次评审的成员的贸易政策的变化，同时在评审的时候可以减少准备评审报告收集资料的压力，这样就不用修改评审周期了。

我们可以看到，在当前讨论改变评审周期是不现实的，它牵涉到了WTO法律的修改，绝非易事，并且在实践中它所面临的问题仅是秘书处的人力、物力负担过重，而不是机制本身的可行性和作用存在缺陷，那么解决的最佳途径就是增加对贸易政策评审的预算，以便增加更多的专家职员来开展该项工作，这样问题就解决了，不必绕一个大圈子，把问题弄得越来越复杂，反而可能有损TPRM原来所固有的价值。重要的是要保持讨论的公开，当然对于较小的成员或者不是很热衷于评审活动的成员，可以考虑资源的合理使用和采用灵活方式进行评审。对于那些2年一次的评审，可以采用更多的“过渡”（interim）性特征，但这不能背离对这些成员进行评审的综合全面性，[①] 可以主要集中在每隔一次评审的政策变化上。另外，给予所有成员6个月的灵活余地也可以看做是对周期提出变化建议的一种折中吧。[②]

实际上，以更长的周期评审最不发达成员也存在一些回旋的余地，[③] 但如果要满足目前的周期安排和涉及的范围，评审的数量仍然必定会增加。同时有倾向表明，重复的评审占据了整个评审日程。最不发达成员也越来越积极地参与评审。将最不发达成员纳入评审是基于这一观念，即评审可以有利于接受评审的成员鉴定它们自己的贸易政策并对其贸易政策作出改革。

（二）区域贸易实体评审和集团评审

有代表建议在贸易政策评审中也对区域贸易实体（regional

---

① WTO Doc., Trade Policy Review Mechanism - Report to the Singapore Ministerial Conference, WT/TPR/27, 22 October, 1996.

② Sam Laird, The WTO's Trade Policy Review Mechanism - From Through the Looking Glass, The World Economy, Vol. 22, No. 6, 1999, p. 746.

③ 马拉喀什协议附件3第C段（ⅱ）款中规定“更长的期间”（间隔6年评审）可以针对最不发达成员而设定。另外，协议第D段包含了这样的条款，即“对最不发达成员在编写其报告时所遇到的困难应予特别考虑”。

trading entities）进行评审，但大多数的意见认为不要把对国内政策评审和对区域性协议的分析混在一起，因为这项工作是由 WTO 区域贸易协定委员会来完成的。

但进行集团（group）评审的提议在会议上的确很吸引人。集团评审是指对在地理上相邻的同一个区域里发展状况相近的几个成员方合并在一起进行评审。例如，南部非洲和加勒比海地区的成员，可以合并在一起评审以节省评审的次数，又不改变评审周期。但实践上会遇到的一个困难就是如果把几个成员放在一起进行“背对背”（back - to - back）的评审，判断它们是否能够形成一个集团进行合并评审的标准很难确定，并且其带来的好处也很难自证（self - evident）。考虑到随着 WTO 成员数量不断增加，人们对评审质量要求的越来越高，加之秘书处人力、财力有限，我们认为这还是一个比较可取的方法，但必须遵循自愿的原则，也就是由接受评审的成员自己决定是否与其他相邻的成员合并在一起接受评审。只有当成员自愿或某成员感到自己单独准备和接受一次贸易政策评审有困难而有必要与其他成员合并评审，才不会剥夺其接受评审的权利，同时也能减轻秘书处准备多个报告的负担。当然，我们还是要强调分别对单个（individual）成员的评审是 TPRM 的基本原则，才不会背离 TPRM 的目标。但可以考虑对一些经济发展上有相似之处或有某种较为紧密联系或地理上相邻的成员进行集团评审，尤其是在世界贸易中所占份额较小的成员，因为其本身的经济贸易专业人才和财力的不足，难以或无必要坚持单独评审，此时可以考虑集团评审。但这种集团评审与欧盟作为单一实体接受评审不同，因为欧盟本身是一个单一的经济实体和关税区，它又是 WTO 的一个成员方，与其他的贸易联盟相比，在 WTO 中的关系也是不同的。在评审实践中，1998 年开始就尝试了集团评审，其中由南非、博茨瓦纳（Botswana）、莱索托（Lesotho）、纳米比亚（Namibia）和斯威士兰（Swaziland）结成一个集团，布基纳法索（BurkinaFaso）和马里（Mali）

结成另一个集团接受评审。[①] 2003 年，有五个 WTO 成员作为南非关税同盟的成员一同接受了评审。[②] 这些集团评审既能减少成员方准备报告的负担，也能实现对多个成员的评审。

第二节 秘书处报告

一、秘书处报告概述

（一）秘书处报告的资料来源

秘书处报告为 TPRB 对成员方的贸易政策进行评审提供了大量的信息。秘书处报告的主要信息来源是国内和国际渠道发布的信息。秘书处也注意到了报告常常需要依赖于国际货币基金组织、世界银行和经济合作与发展组织提供的资料信息，因为最大限度地使用其他国际组织的资料可以节省很多收集资料的工作。但有时候这些数据与成员方自己的统计数据相矛盾，因此还是要以成员方的统计数据作为主要的信息来源和依据。从国际货币基金组织和世界银行获得的一些资料虽然没有公布，但可以作为背景资料使用。

秘书处文件的数据库是另一个关键的资源，该数据库也在网上公布。考虑到乌拉圭回合不断增加的通知要求，这些数据库越来越显得重要。关税信息也可以从 WTO 统一数据库中以及关税减让表中获取，但有关适用关税的最新信息，通常需要从政府那里索取。适用关税的最新信息有时与过去多边谈判中达成的约束税率有所不同。报纸、期刊和专业杂志上的文章也是有用的资源，但必须对此加以核实。[③] 互联网成为重要的信息来源，其涵盖了越来越多成员方的

---

① WTO Doc., Report of the Trade Policy Review Body for 1998, WT/TPR/59, 27 November, 1998.

② WTO Doc., Report of the Trade Policy Review Body for 2003, WT/TPR/W/31, 2003.

③ Sam Laird, The WTO's Trade Policy Review Mechanism - From Through the Looking Glass, The World Economy, Vol. 22, No. 6, 1999, p. 750.

官方资料。①

最关键的信息来源是由接受贸易政策评审的政府完成的对调查问卷的一系列回答。对一个成员第一次评审的调查问卷大部分是标准化的，并根据在日内瓦进行的首次调查的某成员的具体情况加以调整。随后的问卷主要关注自前一次评审以来所发生的变化。针对特定的情况对调查问卷进行修改是秘书处不将问卷公之于众的主要原因，但如果政府选择将其公之于众当然也可以。尽管如此，问卷的结构模仿秘书处报告的总体结构而设计。

有时，由于相关权威机构对问卷回答的延迟会造成对规定时间的拖延。在此方面，TPRB 在 1996 年 12 月给部长级会议的报告中强调，各成员应该为了 WTO 体制的健康运行而严格地遵守回答问卷和传送文件的最后期限。评审完成的拖延也会对其他评审造成连锁的影响，并导致秘书处报告的改写，浪费已经不足的人力资源。

秘书处循序渐进地将其报告草案递交政策接受评审的成员以便获得其对报告中事实性内容的认证。在有关资料不清楚的情况下，秘书处应向接受评审成员寻求澄清。② 国内权威机构根据核实的信息数量，有 2—4 周的时间对秘书处报告草案进行认证并提出建议。然后，秘书处根据政府的建议修改其报告文本并以自己的名义完成报告。为保持其评价的独立性，秘书处的评论摘要不经过这样的核实程序，但为了表示对成员方的尊重，秘书处在将报告散发给 WTO 各成员的 24 小时前将该报告提供给接受评审的成员政府。

（二）秘书处报告的结构

秘书处报告的结构根据经验进行了一些改进，但今天的报告通常还是包含一个“摘要评论”和四章。第一章涉及经济的主要特征、最近经济的发展、货物贸易和服务贸易模式、外国投资的进展及与贸易有关的外汇制度等方面的问题。这一章通过分析贸易政策产生

① 注有日期的互联网资料的复印件被装订成文件，因为人们发现，这些资料在评审的过程中可能会丢失或被修改。

② Agreement on Trade Policy Review Mechanism, para. C.

的经济背景，能够为贸易政策评审设定一个环境（scene）。第二章涉及贸易和投资政策制定的制度性方面的问题，包括加入多边和地区协定，贸易争端和磋商。第三章和第四章涉及贸易政策和做法；第三章解决直接影响进口、出口和生产的措施，而第四章根据部门（农业、林业、渔业、采矿业、工业和服务业）来分析措施。这种标准化的模式有助于确保待遇的一致，而各代表能够通过该报告找到其关注问题的地方，同时也有助于秘书处提高准备报告的效率。与报告内容相关的一个问题是，TPRM 是否应该只局限于贸易政策本身，还是应考察更广泛的总体经济政策中的贸易政策。虽然作为评审参加者的贸易外交官们一般倾向于前者，而绝大多数贸易经济学家似乎更赞同后一种做法。①

（三）秘书处报告的长度

秘书处报告是由秘书处根据自己所掌握的材料和接受评审的成员提供的资料负责起草的报告。秘书处报告的信息来源广泛，覆盖面广，所以报告篇幅较长，一般都在 100 页以上。但贸易政策评审范围的广泛导致的最明显的危险就是报告太长而不利于使用、平衡和对贸易政策及做法进行总结的可读性。自从 TPRD 在 1994 年雇用了编辑以来，贸易政策评审报告的平均长度已进行了实质性的削减，总的说来是有技巧地进行了削减。但一些报告还是太长。这不是评审者的错误。在贸易体制极其复杂、非持续、非理性的国家中描述其所有的贸易政策体制本来就不可行。人们不能期望全面整理通常由于国内不同的竞争利益而不断地需要作出政治妥协所形成的非一致的政策和做法。

至少从可读性方面来看，最好的评审是对几乎总是具有清楚、持续的贸易政策和自由贸易政策占统治地位的那些成员的评审。1997 年对智利的评审就是一个很好的例子，即使在目前评审报告的可读性得到了全面的提高，这次评审比近几年来对其他成员所作的

① Jai S. Mah, Reflection on the Trade Policy Review Mechanism in the World Trade Organization, Journal of World Trade, Vol. 31, No. 5, 1997, pp. 51 - 52.

评审都要易读和容易理解。对一些产业具有高度保护水平的一些小成员的贸易体制，像毛里求斯，也通常在一份可掌握其大小的报告里得到了总结。

另一个极端是欧盟。虽然欧盟的贸易体制相对开放，但也是世界上最为复杂的贸易体制之一。以 1995 年对欧盟的贸易政策评审为例，有如此多有关欧盟的问题需要涵盖，评审只得浓缩成只有 326 页了（326 页中秘书处报告占据了 202 页）。即使这样，如 Pelkmans 和 Cazaniga 所指出的那样，报告还是存在大量的疏漏和总体缺乏历史的深度。其中心章节“通过措施采取的贸易政策和做法”在大多数贸易政策评审报告中占到了 40—60 页，而在欧盟报告中被压缩到只有 28 页。整个关税制度、对进口的其他收费、对主要农产品的各种税收、对易腐烂水果和蔬菜的价格支持和干预（根据不同国家和不同季节是不同的）以及所有管理进口的主要措施的其他方式都涵盖在不到 3 页的文本中，包括内容翔实丰富的脚注。对数量限制、贸易管制、监督措施、贸易制裁、贸易防御工具、反倾销和反补贴税政策等问题的讨论只占了 8 页的篇幅。评审很少说到欧盟各成员保留的不同的政策措施，或者与布鲁塞尔的管理和协调贸易及贸易有关政策相关的问题。欧盟贸易政策背景的很多讨论也都不得不放弃以使其报告保持在可控的篇幅，结果报告中的很多内容仅仅只有在该问题上具有很多背景知识的人才能读懂。尽管如此，即使所有这些方面的不足，1995 年的贸易政策评审又比 1991 年第一次对欧共体进行评审要好得多。

贸易制度的复杂性也是 1995 年对哥斯达黎加进行贸易政策评审澄清其贸易政策时所遇到的障碍。当时的问题是，该国在朝向福利国家方向发展方面存在很多干预，连同其价格控制、全面的管制、与其他成员的自由贸易协定以及大量的财政赤字等，以复杂的方式同采取的贸易政策制度混杂在一起，在任何一个政策或做法的后面都几乎总是存在复杂的动机，以致政府与贸易政策本身有关的意图含糊不清，或者受到社会福利或其他目的的影响。对哥斯达黎加的贸易政策评审，虽然从总体上看是一次好的评审，但在揭示其持续地追寻不连贯的宏观经济、贸易、社会政策方面表现得不够坦诚。

科特达瓦尔是另一个贸易政策的目标和措施非常混乱、非理性和非持续性的成员，它有太多的冲突目标和特殊的利益，评审都将其进行了连贯的描述。1995 年对科特达瓦尔的贸易政策评审提供了非常有价值的信息，展示了其混乱的现实。尽管如此，评审对严重影响贸易流动的措施等问题没有进行揭示，如当时批发货物免除增值税与严重的进口壁垒相结合产生了很多非法的企业，这些企业生意兴隆，而实际上所有守法者——大部分是欧洲的公司包括很多出口公司，正受到压制。①

贸易政策评审对这些问题进行回避似乎意味着这些问题已经被克服了，其实这是不可能的。一种更可能的解释是，评审者没有搜寻这些问题，评审者没有向制造和加工货物的出口商询问他们的进展情况如何，他们遇到些什么样的问题等。但在如此复杂和无序的环境中，人们很难期望一部分外界观察家去将贸易体制中现存的所有不合理和不协调一致的制度分类罗列出来。

（四）秘书处报告的影响

总的说来，秘书处报告受到 WTO 各成员的欢迎，虽然接受评审的成员可能会去注意比较关键的方面，表示它们不同意秘书处的评价。有时，除了对所报道的现存措施外，它们也质疑秘书处对政策的评价和秘书处评价政策所使用的手段。TPRB 注意到了各成员的关心，作为透明的实践，秘书处尽量确保在执行 WTO 协议中将各成员取得的进展清楚地得以反映。因此，秘书处被鼓励继续在其报告中提供接受评审成员在协议范围内所采取措施的系统的信息，通过这一机制，使这些措施得以维持，通知得以完成。由于措施的通知是秘书处报告的主要信息来源，WTO 下通知要求的范围的扩大，尤其是对较小的成员方来说的确是一种负担，因而在这一过程中，要求

① Keesing, D. B., Improving Trade Policy Reviews in the World Trade Organization, Policy Analyses in International Economics, Washington DC, Institute for International Economics, 1998, p. 41.

对较小的成员在此方面提供技术性的援助。TPRB 还认识到了在这种通报中存在的种种缺陷需要进行改进。

秘书处报告似乎也得到学界和其他国际组织的高度赞扬。早期的批评认为报告缺乏分析性，这主要是根据先前几次评审报告具有描述事实的特性而发表的，那时该机制是临时性的，而最近几年的报告更加具有了分析性和批评性，尽管有时是采用较谨慎的语言。由于对关税和贸易拥有大量的信息，很多的分析都很有质量，主要根据可接受的经济原则进行。

报告已成为广泛监督的目标，并且不只是出现在由各受审成员专家主办的“世界经济”（The World Economy）的特别专栏里。Keesing 先生依据报告材料，以一个外界人士的身份对该机制进行了综合性的分析，认为报告已获得了改进，从大量描述成员方保护主义措施发展成为更彻底、深入地分析对贸易政策和做法的调查。

二、秘书处报告存在的问题

TPRM 自运行以来，在推动自由化、增加透明度、预防贸易争端方面确实起到了一定的作用，但我们也可以看到秘书处报告存在的一些不足，主要体现在以下几个方面：

（一）秘书处报告的国别色彩

2000 年 7 月 14 日，世界贸易组织秘书处的一位分管 TPRM 的高级官员 Clemens Boonekamp 在 2000 年对欧盟评审后的一次新闻发布会上就承认，在起草秘书处报告的问题上，WTO 对美国、欧盟有着区别于其他成员的做法。这是针对媒体对 WTO 有关 EU 贸易政策评审的尖锐提问时，Clemens Boonekamp 所作的陈述，他承认，在草拟和提交有关成员贸易政策和做法的秘书处报告时采用了两种不同的方式——美国和欧盟的报告采用了一种方式，其他成员的报告采用了另一种方式。①

---

① Chakravarthi Raghavan, Who has Different Approaches to TPRM Reports, in the South - North Development Monitor, 2000, p. 1.

当时人们要求 TPRB 主席 Choudhury 解释对欧盟贸易政策体制的两种不同的观点，一种是由秘书处得出的，而另一种是由其他所有成员得出的，排除那些正准备加入欧盟但在辩论中也发言批评欧盟体制的某些方面问题的成员。Choudhury 也被要求解释秘书处对美国和欧盟所作报告采用一种方式，而对其他成员方尤其是发展中成员则采用另一种方式。一位发问人注意到，在针对欧盟的报告中没有提到牛肉激素问题或者香蕉体制的争端问题。

Choudhury 将此问题转给了秘书处，当时 Boonekamp 回答说，贸易政策评审报告的重点不是争端解决或者任何特定义务，而是对贸易政策的总体审查。①

但另一位发问人用另一个问题进行了回击，说秘书处对美国和欧盟网开一面，但对发展中国家却没有同样的公正对待，在对发展中国家评审时，要提出各种关心的问题并且措辞尖锐，似乎这不再是一次贸易政策的评审而是将一个主权国家置放于众多的批评之中。

Boonekamp 说，对美国的评审报告强调了美国在多边体制中的作用，尤其是其开放的经济帮助了亚洲危机的恢复。美国经济的开放对于多边制度和全球经济的运行都非常重要，欧盟的情况也同样如此。总的说来，欧盟具有开放的贸易体制。欧盟的贸易政策中的确也存在缺点，在对它们贸易政策的评审报告中对此不足也分别有所提及……对主要的缺点还提出了批评，如 CAP（共同农业政策）、纺织品制度、反倾销措施的增多……②

尽管如此，Boonekamp 承认，在提交这些报告时存在不同的方式……由于欧盟或者美国这样的成员对多边贸易体制的运行至关重要，对它们贸易政策的报告更详细地阐述了这些成员是如何有利于多边贸易制度的。在 TPRB 会议的讨论中也强调了这些问题。在对接受评审的较小成员的贸易政策报告中重点强调了贸易机制、贸易

① Chakravarthi Raghavan, Who has Different Approaches to TPRM Reports, in the South – North Development Monitor, 2000, p. 1.

② Ibid, p. 2.

政策制度是如何帮助那些成员取得可持续性发展的，那也是为什么 TPRM 越来越与 WTO 的技术援助相连的原因。

尽管如此，我们清楚的问题是，TPRM 的目标、各成员贸易政策制度的周期性评审及评审时秘书处的作用等都清楚地规定在 WTO 的规则之中。

在以规则为基础的制度中，WTO 及其机构或者秘书处的任何权力都必须在规则中申明，Boonekamp 所提出的标准无论是根据对发展中国家的特殊和差别待遇还是秘书处以实际有利于美国和欧盟的方式进行操作在规则中均不能查询出其依据。

评审的目标、程序和报告规定在 WTO 协议附件 3 的 A 段到 G 段（秘书处出版的乌拉圭回合协定法律文本第 434 页到第 437 页）。这些规则对所有成员都是一样的，除了评审的周期不同以外。

贸易政策评审的目标在 A 段（ⅰ）款中清楚地规定，促进所有成员方遵守多边贸易协定，适当的时候，遵守复边贸易协定的规则、纪律和承诺。评审机制将使对各成员的所有贸易政策和做法及其对多边贸易体制运作的影响进行定期的集体评价和评估成为可能。C 段（ⅲ）款清楚地规定了评审会议的讨论应该根据 A 段的目标而进行。为了有助于这一评审过程，C 段（Ⅴ）（b）款还要求秘书处根据自己的责任、可获得的信息及成员方提供的信息而草拟报告，并赋予秘书处对成员报告进行澄清的使命。而前四个贸易实体成员和其他贸易实体成员之间评审的周期（C 段ⅱ款）、讨论的重点、对每一成员贸易政策进行评审所适用的标准（C 段ⅲ款）等都是一样的，即成员贸易政策对多边贸易体制的影响、成员贸易政策和做法的更大程度的透明和获得理解。

C 段（Ⅴ）款要求 TPRB 根据成员提供的报告和秘书处以其职责、依据秘书处可获得的信息和成员提供的信息并寻求成员的澄清后所作的报告而开展工作。TPRB 程序规则第 10 条规定：秘书处报告应当主要关注接受评审成员的贸易政策和做法，必要时，从整个宏观经济和结构性政策角度来评审成员的贸易政策和做法。

由此可见，秘书处被赋予了根据自己的职责草拟报告的权力，报告的目的和所采用的标准对每一成员来说都应相同。评审时应当采用同样的标准，如果说考虑到美国和欧盟在世界贸易和经济中的重要性及它们的政策和不足对其他成员方的影响，对它们评审所适用的标准应该更严格。

TPRM 条款本身和相关的规则都没有进行过修订、改变或者补充。

贸易观察家们注意到，当贸易政策评审实践在 1988—1989 年乌拉圭中期审议之后开始时，GATT 秘书处曾试图利用评审这一机制对欧盟和美国的报告采用批评的方式以探求其贸易政策。一旦当贸易政策评审实践成为 WTO 有规律的一部分时，评审则通过收集贸易政策的详细信息并将其出版而成为增强大公司在发展中国家利益的另一种工具，至少在报告的准备和提交阶段是这样的。发展中成员本身准备指责这一状况，但它们除了对特定成员采用的贸易政策关心之外，很少有发展中成员去参加这些评审会议并提出系统性的问题。①

Boonekamp 解释了秘书处对待美国、欧盟和发展中成员的不同方式，其将经济援助与贸易政策评审相连实际上增加了发展中成员对 WTO 的忧虑和疑惑。

这次在评审欧盟贸易政策体制的情况下，当 TPRB 主席决定废弃选择两名以其能力工作、引导评审讨论的讨论人的常规做法时，困难和问题变得更加复杂。因为要求两名讨论人是 TPRM 规则中所规定下来的。

Choudhury 解释了这次缺乏两名讨论人的原因：逐步地，我们试图对 TPRM 进行一些改革以使其运作程序更加有效。在某些情况下，我们将讨论人的人数从两个减少到一个。在评审欧盟时，欧盟的影响是如此之大以致其贸易方面的每一个领域都将以某种方式进行评审，这难道不需要由讨论人来引导评审过程吗？尽管如此，

① Chakravarthi Raghavan, Who has Different Approaches to TPRM Reports, in the South - North Development Monitor, 2000, p. 3.

Choudhury 认为，这一问题掌握在各成员手中，如果他们希望改变这一现状，这可以实现。Boonekamp 还认为，WTO 规则只规定了贸易政策评审委员会主席可以选择引导讨论进行的讨论人，但并没有说必须需要讨论人，在欧盟评审中免除讨论人的做法也与欧盟进行了充分磋商。①

对于 Boonekamp 提到的 C 段（ⅳ）款，在该段第三句中规定，在与接受评审的一方成员或多方成员磋商之后，委员会主席可以选择讨论人，讨论人以其个人的能力在 TPRB 中引导讨论的进行。

规定所允许的只是给予主席选择讨论人的灵活性而不是免除讨论人。讨论人的参与并不是一件奢侈的事情而需予以免除，而是有利于帮助集中进行讨论，这点从 TPRB 工作规则第 12 条中也可清楚地看出。该条规定，根据 TPRM 协议 C 段（ⅳ）款而挑选的讨论人应该在至少评审会议召开前一周向各成员分发他们准备在评审会议上提出问题的主要观点摘要，讨论人的陈述将被认为是为讨论提供具体的议题，在评审会议召开前夕也应将这些议题传递给接受评审的成员。

讨论人的目的是使讨论能够集中重点。到目前为止，讨论人不仅有助于集中重点进行讨论，而且提前向各成员分发他们提问的要点，在讨论中提醒接受评审的成员回答它没有回答的要点或者提醒它偏离了对要点的回答，这样有助于评审取得更有效的目的。为了保持平衡，两位讨论人一般一个从北方选出，而另一个则从南方选出。

在西雅图会议中，要求 TPRB 向部长级会议报告评审实践的实施情况，有一种尝试认为应当削减讨论人的数量到一个。如美国提出，很多小的成员主要是小农经济，对世界贸易制度没有多大的影响，评审时只要一个讨论人，可以节省时间。对此与会各方并没有达成共识，只是建议认为在挑选讨论人时可以有灵活性。并且 TPRB

① Chakravarthi Raghavan, Who has Different Approaches to TPRM Reports, in the South - North Development Monitor, 2000, p. 4.

总结了不同的观点以及有关灵活性的观点。据报道，西雅图会议记载了这一讨论报告，但这不足以说明 WTO 的规则或程序规则被修改了。再者，TPRB 规则第 4 条要求每一次评审会议的议程要提前四周分发给各成员，在相关会议召开之前，对其他事项问题的提出应该传递给主席或秘书处。在没有将特定问题列入议程并向各成员提供适当的通知前任何决定都不能作出，任何实质性讨论都不能进行。

而这恰好在对欧盟的评审中发生了。

正如 Choudhury 先生所提到的那样，这一问题似乎是在印度给他写的一封信中提出的，而他的回信内容是，委员会主席已与成员（欧盟）磋商并决定免除讨论人。根据贸易官员获取的信息，在主席与欧盟之间磋商了有关讨论人数量的事情，但欧盟不愿意有讨论人；而这最终以欧盟说不需要讨论人而结束，并且主席也对此予以了认可。

2000 年 TPRB 对欧盟评审没有讨论人的问题，印度首先提了出来[①]并表示了对没有指定讨论人的担心。印度声称，主席对此问题给了它回复，但问题如此严重，因为这样不能保证会上的问题得以提交。印度大使 S. Narayanan 在他的发言中指出，WTO 的附件 3 清楚地规定，讨论人应当引导讨论，这一法律要求不能轻易地废除。[②]在给第三次部长级会议的报告中提到讨论人作用和人数的灵活性时，印度也参加了对此的讨论，但认为该报告并不旨在完全地废除讨论人。充其量该报告的观点是，在评审那些贸易政策体制相对简单的成员时，有可能只需要一个讨论人而不是两个讨论人。由于对此并没有达成共识，该报告以非确定的术语进行了表达，并且对讨论人的作用和人数并没有得出任何结论。讨论人的出现一般会帮助较小的代表有效地参加讨论，没有讨论人会有损这些成员的利益。

---

① 印度发言的文本，如那些提供了发言文本的其他成员一样，可以从 WTO 媒体中获得。

② Chakravarthi Raghavan, Who has Different Approaches to TPRM Reports, in the South - North Development Monitor, 2000, p. 6.

在同年五月对秘鲁进行评审的开幕式发言中，委员会主席又提到了他曾提到的减少讨论人这个问题，Narayanan 强烈地反对 TPRB 提出那些没有给予成员充分通知或超出议程范围的重要问题，认为这给像印度这样的代表带来了困难。当告知委员会主席对讨论人人数的判断还有待考虑时，印度再次为欧盟评审缺乏讨论人而感到深深的遗憾。

（二）未能质疑改革的可信性和持续性

我们不可避免这一事实，即很多发展中国家贸易政策的历史是对自由化重复地进行允诺和尝试的历史，并伴有对过去保护主义做法部分或者甚至是完全的否认。实践面临的问题是，是否贸易政策评审应该公开地质疑有倒退可能的成员所宣称的改革的可信性或持续性。

Gunning 在 1996 年就认为，评审应该质疑成员进行改革的可信性或持续性。他认为，由很多非洲成员发起的自由化动议通常被外界人士认为不可信，并且事实上通常与现实相悖。如可信性和持续性问题应该是 1995 年对津巴布韦进行贸易政策评审的首要问题和中心问题。然而这些问题在评审中没有被提及，其报告的结果就是“离开了哈姆雷特谈丹麦王子”（Gunning，1996）。Balasubramanyam 引用了他在评论 1993 年对印度进行贸易政策评审中提到的被扭曲的政策的危险，在《世界经济》杂志评论的其他一些文章中也明显地表示出了对评审中没有能够注意质疑成员改革的持续性而感到的担忧。

可信性和持续性对于发展中成员来说是尤其突出的问题，因为在目前多边协议框架下，大多数成员有相当的自由去回归到进一步加强保护或者干预市场，或者对外汇率施以新的限制。人们认为发展中成员高于承诺关税水平的部分已经受到了约束，但当它们发现自身面临国际收支失衡的困难时，GATT 和 WTO 仍然明确地准许它们采用进口数量限制或对外汇汇率进行控制。有人认为这样做的益处让人感到疑惑，认为这是一些发展中成员在多边贸易体制发起之时就利用的自我惩罚式（self－punishing）“利益”（benefit）。①

目前在面临收支平衡困境的发展中成员里推进的贸易改革，以及在具有严重依赖保护的成员里推进的贸易改革都引起了人们特别的关注。再者，这些成员中很多在实质上甚至在名义上均缺乏民主性的组织机构。在这些成员中，支持自由贸易的集团希望政府遵守其贸易承诺在国内显得势单力薄。因此，这些成员中的领导人可能会采取出于私利而考虑的政策选择，而不顾及考虑应承担的国际责任。这一情况也在很大程度上适应于从中央计划经济转型的成员。在由重要的国际组织统计的数目中表明，目前这些成员的人均收入较低，如今这些成员中大多数作为发展中成员可以适用 WTO 例外条款并可以享受其他特殊的待遇。

然而，在官方的贸易政策评论公开指出某成员的改革缺乏可信性之前有必要考虑两个问题。其中之一是，坦率地对某一成员宣称改革的真实性表示怀疑会很快地恶化各方之间的关系。其二，如果以前老是言而无信的成员这次真的就变得改过自新了又怎么办呢？在此情况下，宣称某成员的新主张不可信可能会带来伤害，甚至对成员方真诚的努力带来致命的伤害，所以最好的办法可能是柔和地提出质疑。

墨西哥 90 年代期间的危机就展示了评审者所面临的两难的境地。对墨西哥 1993 年的贸易政策评审及时地报告了当时已经开始的进口的急剧增长，但报告并没有挑剔或否认墨西哥官方的观点，即认为这些进口主要是资本货物，因而可以帮助建立产业出口基地并逐渐偿付相应的债务。这可能是单方面的想法，但在墨西哥看来（并在评审者们看来）这是当时普遍认同的观点。GATT 这个国际机构并未质疑墨西哥的现金账户赤字是可缓解的，至少也未质疑其具有潜在的自我纠错性。但随后发生的危机要求对墨西哥的主张进行

① Keesing, D. B., Improving Trade Policy Reviews in the World Trade Organization, Policy Analyses in International Economics, Washington DC, Institute for International Economics, 1998, p. 28.

进一步的仔细审查，并且对其进行直截了当的批评，或者至少在认为合适时提出质疑。

另外，这一评审中尤其值得注意的是，在危机之前或期间无论人们可能对墨西哥的宏观经济和兑换率政策说些什么，墨西哥的贸易政策仍然保持了稳定。墨西哥没有改变其较早的、全面的贸易政策改革（尽管事实上它迅速地增加使用反倾销措施，以与其相对较低、统一的关税精神所不符的方式行事）。墨西哥对贸易改革的持续要在很大程度上归因于其在北美自由贸易协定以及 GATT 中所作的承诺，还要归因于墨西哥意欲加入经合组织所需满足的要求。无论因为什么样的原因，墨西哥的贸易改革被证明是可信的，即使在极大的压力下进行。如果由于过去存在的倒退和不明朗的外汇兑换危机（这一危机在任何情况下都是无法预见的）使 1993 年的贸易政策评审提出警告说，墨西哥的贸易改革是危险的，那么这将是一种毁灭性的错误。①

土耳其也提供了类似的例子。在 1993 年年末，财政和不动产经济方面即将到来的危机对大多数公正的观察家来说都是明显的。然而，当危机爆发之时，土耳其政府像一年后的墨西哥政府那样，坚持了其自由的贸易政策；土耳其政府也保持了其货币的完全地自由汇兑。正如同墨西哥一样，对外的承诺或者是如此承诺的期望促使权威机构变得强硬，土耳其决心实现其计划的与欧盟的关税同盟并保住它在 OECD 和其他国际组织中的地位。贸易政策保持不变的代价是严重的经济衰退，畸高的利率，政府花费的缩减和普遍的财政危机。另外，如果土耳其依靠保护和对汇兑进行控制，其结果也很难说就会更好。土耳其的情况像墨西哥的情况一样，显示了非持续的政策结合并不一定意味着贸易政策本身是非持续性的，当需要进

① Keesing, D. B., Improving Trade Policy Reviews in the World Trade Organization, Policy Analyses in International Economics, Washington DC, Institute for International Economics, 1998, p. 29.

行改变时，可能并非贸易政策要作出让步。①

因此，贸易政策评审不仅应当报告和分析受审成员最近宣布或实施的政策改革可能对国际贸易带来的影响，而且应该直接评论这些影响的有效性和持续性，当然进行这种评论时要小心谨慎。

（三）过于乐观

TPRM 的使命是无例外地评审所有 WTO 成员的贸易体制：大的成员和小的成员、强的成员和弱的成员，那些具有令人困惑的复杂的贸易体制的成员和那些几乎具有自由贸易政策的成员。评审者应试图对所有这些不同成员和不同的贸易体制进行公正和无偏见的对待，但贸易政策评审进行的外交环境导致了对所有成员的贸易政策评审都比较温和。

人们普遍认为，很多贸易政策评审在总体上趋于乐观，倾向于说些受审成员愿意听的话。当然在一些评审中情况也并非如此。尤其是对发展中成员的很多贸易政策评审似乎对其政策的走向过于乐观。一些评审报告试图看到并非存在的自由化和改革的积极影响，或者报告还未发生的更开放的贸易。例如，大多数贸易政策评审报告的首章在对成员宏观经济情况和未来进行评审时，通常倾向于过于乐观，很少触及经济的最严重的问题。贸易政策评审的赞美之词可能意味着鼓励成员继续朝着 WTO 希望的方向前行，但这些赞美之词会以牺牲准确和坦率为代价。

贸易政策评审司的职员经常会发现自己受到了来自受审成员方的压力，希望对它们作出较好的评价，而很少受到来自其他成员的压力以对受审成员作出较严格的评价。几乎每一成员都尽其最大的努力希望说服秘书处，自己正在进行彻底的改革，即使当评审问卷收到之时才开始提议要进行改革。同时，其他一些成员提出要进行严格评审的动机又被“玻璃屋”效应（“glass houses” effect）所影

① Keesing, D. B., Improving Trade Policy Reviews in the World Trade Organization, Policy Analyses in International Economics, Washington DC, Institute for International Economics, 1998, p. 30.

响了：成员代表充分地意识到受审成员通过评审不是一件太困难的事。

乐观的倾向在对具有强烈保护主义传统的那些发展中成员的评审中表现得最为突出。例如，1993 年对印度的评审报告正面接受了印度十几年来以不稳定的贸易平衡为理由而保持成为世界上最复杂和压制性的保护主义贸易体制成员之一。当然，这种乐观的倾向与前面讨论过的改革的可信性问题有关。

1996 年对摩洛哥的贸易政策评审提供了这一倾向的又一明显例子。仔细研究该成员每一年度贸易政策的任何人都不难发现其保护的严重增加，颠倒了早期朝着自由主义迈进的倾向。比如，到 90 年代中期，摩洛哥对香蕉的保护程度如此之严重，以致摩洛哥人在温室里种植香蕉。然而 1996 年对摩洛哥的评审报告，不但没有对这种扭曲自由贸易的政策提请其注意，而只是提到了 80 年代早期贸易政策的总的倾向，而当时的贸易政策被认为是朝着自由贸易迈进的。

如前所述，评审乐观的倾向在对具有强烈保护主义传统的成员评审中表现最为突出，目前在自由化进展迅速，但仍与最终目的保持了一定距离的那些成员中也表现得比较突出。贸易政策评审几乎都对实施 10%—15% 的统一关税，或确立了关税幅度为 5%—35% 的发展中成员表示了赞扬。的确，这些关税率代表了实质性的削减，赞扬是顺理成章的，但贸易政策评审也有理由对保持在这一水平的关税是否实际上促进了发展表示疑问。即使是对进口征收 10% 的关税也有可能有损建立在此输入之上的制造产品输出的增长。这样的关税就远没能使该成员实现带给中国香港和新加坡繁荣的真正的自由贸易体制，而在如爱沙尼亚和其他一些发展中成员中就存在这样的问题。贸易政策评审很少对各成员应当努力的大小作出评论，这点很遗憾。

另外举个例子。1997 年对智利的贸易政策评审是慷慨的，赞美了该成员追寻自由化所取得的进展，但智利的自由化努力绝不是充分的。即使其地理位置遥远，但智利具有丰富的矿产资源，如果智利真的开放了，它很多的工程师、技术工人和组织有序的非技术工人一定会将智利推进迈入快速增长的产品出口方的行业；由于生产出口产品而对劳动力的需求也将增加收入的分配。而智利在此方面并没有表现得令人满意。

对大的贸易强国的贸易政策评审也通常缺乏足够的严格性，相反，广泛地表达了这些成员自己愿意看到的结果。例如，从来没有贸易政策评审说欧盟贸易政策太复杂，并太多地受到以法国、德国和意大利等为主的保护性政策的影响，或是说欧盟各成员仍然发现，在与欧盟内和欧盟外潜在的贸易伙伴交往时，将其国内政策与欧盟政策相协调仍有极大的困难。评审对某一成员的严格程度似乎多少有赖于该成员的国际影响。

在 2002 年、2004 年对美国贸易政策评审的评论中，我们均可发现，评审没有能够充分地注意到美国单边要求市场开放的令人担忧的趋势。美国不断地依靠反倾销手段和反补贴税以及各种其他手段对开放政策的背离、对采用多边解决争议做法的背离等在评审中都没有被充分地提及。事实上，美国引导整个世界求助于反倾销程序和强加反补贴税，而其“301 条款”和相关的措施都与人们对多边主义的看法极不适应，再加上由于 NAFTA 带来的贸易分离存在潜在影响，这些趋势足以让评审质疑美国所宣称的自己是世界上最开放的经济。如果美国仍然胜任这一称号，那么它可能应该更多地改革其大量的零售和进口制度以及分销制度而不是借助华盛顿的强权。①

另外，仍然有些评审比较坦诚、严格。比如，巴西的 WTO 代表就认为 1996 年对巴西的评审比同一年对美国的评审要严格得多。考虑到两者中巴西的贸易制度具有更多的干涉因素，这也很难说不造成这样的评审情况。日本同样也没有受到温和的待遇：贸易政策评审有规律地报告了该国几乎不透明的分销制度，千奇百怪而只是慢慢改变的规章制度、严格的卫生和植物卫生管制，以及怪异的竞争

① Keesing, D. B., Improving Trade Policy Reviews in the World Trade Organization, Policy Analyses in International Economics, Washington DC, Institute for International Economics, 1998, p. 32.

政策。但人们可以质疑这一情况，那就是即便是同样的不足在对日本的评审中比在对欧盟成员，如瑞典和瑞士的评审中批评的要严厉得多。

要找出贸易政策评审是如何在批评与赞扬之间进行权衡似乎不太可能，但贸易政策评审需要克服乐观主义的偏好而表述一些受审成员喜欢听取的话，这一偏好往往在贸易保护已越来越恶化的成员中而设想着其存在自由化潮流的倾向时表现得最为明显。考虑到TPRM 所体现出来的外交环境，这样一种偏好也很自然，但贸易政策评审的价值在于其对贸易政策和做法的坦诚、客观的评价，而不仅仅是在各成员贸易轨迹记录中作出正面的评价以希望鼓励其进一步改革。

（四）缺乏对保护代价的分析

如 Jeffery Schott 所注意到的那样，贸易政策评审很少分析保护的代价，无论是就私人措施方面或就整个国家的贸易政策方面都是如此。计算一下维持保护所耗费的经济成本对于促进国内的政策辩论是有用的。这也有助于人们以适当的观点辨认各种保护性的措施，有时单单将没有在法律上履行成员义务的措施进行全面的列举掩盖了在经济上最希望达到什么样的目的的问题。Hufbauer 和 Elliott 提出了在针对美国的情况下如何进行这种保护成本分析的一种模式。基于同样的情况，Schott 也批评了贸易政策评审忽视了提出可以取代贸易限制的其他方法或调整措施。

因此，贸易政策评审需要更关注“底线”（bottom line）：评审应当更致力于总结对进口产品的总的税收和计算保护的总的成本。只有作这样的分析才能以恰当的视角提出应对各种保护主义的措施。

三、未来的发展前瞻

（一）报告将会有更多分析成分

在评审机制运作的初期，对秘书处报告的一个批评是描述性有余，分析性不足，在对一个成员第一次进行评审时尤其如此。人们普遍认为，评审应该是全面的、严格的和分析式的，而且要在一个适当的高层次上进行。① 由于作为评审基础的两个报告中，接受评审成员的政府报告更有可能竭力维护自己的贸易政策，要想客观地检查成员贸易政策对多边贸易体制的影响尤其是消极影响，主要靠秘书处报告来进行。只有对成员行为进行深入分析，才能起到检查其对多边贸易体制影响的作用，分析和批评的成分对评审来说很重要。因而在未来，应对所描述的现象和收集到的材料有更多的分析，要“消化”掉所收集到的初级资料，提高报告的质量。尤其是现在越来越多的一些技术性贸易政策问题，例如关税保护率、政策福利影响、政策效果的分配和消费者成本、替代政策等，如果没有兼采多种分析方法，光靠描述是达不到评审效果的。当然，对事实和细节进行这些分析，需要秘书处和各成员政府投入更多的人力物力才能完成，往往也会超出各成员所能承受的能力，如果有可能，各成员和秘书处可以利用一些学术团体来帮助开展评审活动。估量各成员的贸易政策和做法的效果，可以先由一国或其国内某部门计算出有效的保护率，然后再评估其福利影响和效果分配，最后把这些资料融会在秘书处的报告中。随着所有成员的第一轮评审通过后，当各成员再次接受评审时，收集资料方面的工作就会比初次评审有所减少，可以免除一些重复的经济分析。

另外，秘书处报告还可以更深入地分析各成员的贸易状况并指出其弊端。因为人们都知道，贸易政策的制定和发展往往体现的是生产者的利益，消费者利益往往被忽视。生产者集团在制定政策方面具有强大的力量，是因为生产者本身就具有巨大的优势地位，他们结成一体，形成利益集团；他们具有专业知识和掌握着各种资料，能够把国内保护性政策的效果加以分配转移，负面效果就落在消费者头上，由消费者承担。在一定范围内，详细的评审报告可以减少公众收集信息的成本，但如果仅仅披露生产者与消费者不公正现象，而不给予批评谴责的话，只会鼓励更多的不正当现象的产生。为了

① WTO Doc., Trade Policy Review Mechanism – Report to the Singapore Ministerial Conference, WT/TPR/27, 22 October, 1996.

更好地维护一般公众的利益，有必要对一系列贸易政策以及政策的制定过程进行权威性的评价，使得公众明白政府制定贸易政策的利害关系所在。当然这首先涉及资料的收集问题，如政府愿不愿意把这些会引起人们爆炸性争议的信息披露出来并支持对这些过程的调查，比如对某些公共产品价格听证程序细节的披露。从生产者的利益看，他们的力量强大，政府里也有他们的势力代表，因此他们不会支持 TPRM 把手伸得那么深，但如果生产者的行为会对多边贸易体制造成影响，其又成为 TPRM 评审的一个焦点。

（二）从长远的观点进行评审

如果贸易政策评审要提供足够的分析深度，它们必须涵盖一个比较长的时期。目前贸易政策的重要性，或者目前贸易政策的倾向和它们将导致的可能情况等只能通过仔细地审视较长时间的记录才能作出判断。有人批评贸易政策评审采取的是快速的方式，评审某一成员现今的既存贸易政策，而不会充分地分析这样的贸易政策如何演变而来。《世界经济》杂志的很多评议者潜在地批评了贸易政策评审在这方面存在的问题，在这些评议者自己的文章中他们比贸易政策评审本身采用更长远的观点。尤其在他们文章的总结中强调了各成员在政策和经济方面目前所发生的变化。① 我们认为他们的观点可以采纳。

对于在贸易政策评审中采用更具历史性的观点在日内瓦的贸易官员中也存在压力。这些压力部分是由于追随这一分析性方法可获取资源的缺乏，显然，这将要求已经十分繁忙的评审职员熟悉每一受审成员较长时期贸易政策的历史。另外，一些成员不愿意让它们

---

① See Prema - chandra Athukorala, Malaysian Trade Policy and the 2001 WTO Trade Policy Review, The World Economy, Vol. 25, No. 9, 2002, pp. 1297 - 1316; V. N. Balasubramanyam, India: Trade Policy Review, The World Economy, Vol. 26, No. 9, 2003, pp. 1357 - 1368; Keith Head and John Ries, Regionalism Within Multilateralism: The WTO Trade Policy Review of Canada, The World Economy, Vol. 27, No. 9, 2004, pp. 1377 - 1399.

过去政策上的不良行为被人“激活”（resurrected），并且它们可能成功地阻碍评审采用较长远的观点。

在对已经至少经历过一次前期评审的成员的贸易政策评审中，这一问题变得更加麻烦。目前的评审是否应当包括以前评审的所有同样的方面？或者当前的评审只集中针对目前的变化？更复杂的问题是，TPRM 前期所作的那些评审不是如同目前的评审那样以同样较高的标准书面作出。在此情况下，全面的第二次评审可能不可避免。

《世界经济》杂志的一些评议者公开对这些重复性评审中体现出来的短期关注表示了不安。例如，Fane 尖刻地指出了 1995 年对印度尼西亚的评审报告主要集中在 1990—1994 年期间印度尼西亚所发生的变化，那是自从前一次（1991 年）对印度尼西亚进行贸易政策评审以来所发生的变化。Fane 认为，如果报告考虑了在 80 年代以来印度尼西亚所采取措施的话，1995 年报告所体现的中心问题，即印度尼西亚在贸易自由化方面取得了长足的进展将更具说服力。

Pelkmans 和 Cazaniga 谈到了对欧盟（当时叫欧共体）1991 年第一次贸易政策评审时出现的严重的乐观倾向和不足，这些问题在 1993 年报告中只是部分地得到了克服。在 1993 年的报告中，尽管报告极其翔实（共 437 页）地关注了欧盟在第一次评审后两年以来所取得的变化，以及 1995 年的欧盟报告，虽然比前两个报告有所改进，但仍存在同样的问题，对欧盟近几年的评审报告也存在这样的问题，这些问题部分就是由于没有能够从长远的观点进行分析而形成的。

通过对贸易政策延续期间发生变化的总结性描述，TPRD 较好地重视了使每一份贸易政策评审报告形成一份自成一体的、对现存贸易政策体制的完整的描述和分析。这样，读者不必对受审成员贸易体制的知识有一个预先的了解。另外，对过去政策、做法和趋向的一些讨论分列于报告每一章节对整个经济和部门政策的总结中，可能这些材料的最可贵之处就在每一章节的总评部分了。

贸易政策评审需要避免仅将其重点集中在对评审阶段过去几年

所取得进展进行报告的倾向，评审应当从更长远的历史观出发，在有意义的范围内提出目前的政策和最近的变化。新评审（除了四大贸易大国可选择性的“临时”评审外）对于熟悉贸易问题但未读阅过受审成员以前评审报告的读者来说，应该自成一体，并且足以充分、翔实。

第三节　政府报告

一、政府报告的内容

TPRM 协议 D 段规定，为了取得尽可能高的透明度，每个成员应定期向 TPRB 全面报告情况（在 WTO 成立前，每个缔约方定期向缔约方全体提交全面报告）。这种定期一般与各成员接受评审的周期相一致。对最不发达成员在编写报告时遇到的困难将给予特别考虑。如有要求，秘书处应使欠发达成员特别是最不发达成员得到技术援助。

每一成员在接受评审时要提交一份全面的与其贸易政策和做法有关的“政府报告”（the Country Report）。这份报告先要根据总理事会要求的固定格式制作，该格式是由总理事会在 1989 年 7 月 19 日通过的、由 FOG 谈判小组在 1989 年 6 月 19—20 日会上提出的政府报告“提纲格式”（Outline Format）固定下来的。[①]“提纲格式”的目的是确保提供一定程度既有意义又实际可得的重要的细节。

“提纲格式”分为两部分，即 A 部分和 B 部分及一个附录。在 A 部分，题为“贸易政策和做法”，要求成员方提供以下信息：

1. 贸易政策的目标。
2. 进出口制度的简要描述及其与上述目标的关联。
3. 影响贸易政策所适用的国内法律和法规。

---

① In relation to least developed member countries, GATT document L/6552 and L/6552/Add. 1., 1989.

4. 贸易政策形成和评议的程序。

5. 相关的国际协议。

6. 成员方使用的贸易政策措施，比如关税、关税配额和加价，数量限制，非关税措施，海关估价，原产地规则，政府采购，技术壁垒，保障措施，反倾销措施，反补贴措施，出口税和出口补贴，自由贸易区，出口限制，国营贸易企业，与进出口相关的外汇汇兑限制和其他任何总协定及其附录、议定书所涵盖的措施。

7. 对贸易自由化的计划。

8. 在可知的范围内贸易政策和做法方面的可能的变化。

B 部分标题为“评估贸易政策实施的相关背景：广泛的经济和发展需要，外部环境”。附录由统计和列表信息构成，这些信息是诸如根据有关成员方产品原产地和目的地而得出的贸易流向统计。

在两次评审期间，如果某成员的贸易政策和做法发生了重大的变化，该成员则要提供简要的报告，这是对各成员根据固定格式提供的年度最新统计信息的补充。

TPRM 协议还特别要求，政府报告中提供的情况应尽可能与按总协定规定所作的通报相一致，这实际上是为了避免受审成员在以不同方式实施透明的过程中出现自相矛盾的情况。①

受审成员提供的政府报告是评审的基础性文件之一，现在由受审成员所作的报告也有改进，采用政策声明的方式提纲性地指出贸易政策的目的和方向。政府报告时常包括对最近趋势和问题的简短陈述，包括那些在国外市场遇到的问题。政府报告通常比秘书处报告要短，大都 10—30 页。尽管如此，最后报告的实际形式和长度均由受审成员自行决定。②

与秘书处报告相比，政府报告往往过于简单，其中包含的有关

---

① 张军旗：《WTO 监督机制的法律与实践》，人民法院出版社 2002 年版，第 128 页。

② Sam Laird, The WTO's Trade Policy Review Mechanism – From Through the Looking Glass, The World Economy, Vol. 22, No. 6, 1999, p. 753.

贸易政策的信息比秘书处报告要少得多。要解决这个问题，由秘书处设计更为具体和详尽的政府报告格式，要求成员政府严格遵守，也许是比较可行的办法。一些学者认为，政府报告应系统地从法律上、经济上以及总体上说明其贸易政策和做法的理由，对政府报告也应该避免太多的辩解式做法。① 另外，一些成员还提出，政府报告应针对关键问题作前瞻式（forward - looking）政府陈述，应避免任何宣传式（propagandistic）的语调。②

另外，政府报告与秘书处报告具有相互补充的关系。秘书处报告所涉及的范围比较广泛，但要保证它一定的独立性和深度，使 TPRB 能够通过秘书处报告对一个成员的贸易政策和做法作出客观、充分的评估。各成员政府报告的内容不应与秘书处报告的内容相重复，而应主要集中在未来政策改革和趋向上。秘书处报告的制订在很大程度上都要依靠各成员政府的合作：通过资料、问题调查表、访问首府时进行的积极的讨论；反过来，秘书处报告的广泛内容，也成为对政府报告综述的贸易政策的解释。③

二、成员政府部门接受评审的负担

成员政府部门往往不堪评审的重负，这主要是由于评审研究阶段的调查表，除了调查表的答复外，与其他国际组织机构相比，各成员还要把更多的重点放在秘书处派出代表团到受审成员方首府进行资料收集和核实方面。WTO 的财政预算在评审方面的支出只占 5% 左右，这不可避免地就会增加单个受审成员的负担。毫无疑问，作为调整国际经济关系所有方面的核心的 WTO，要反映其不同的特

---

① Asif H. Qureshi, The World Trade Organization: Implementing International Trade Norms, Manchester University Press, 1996, p. 125.

② WTO Doc., Trade Policy Reivew Mechanism - Procedural Improvements to the Trade Policy Review Mechanism - Note by the Chairperson, WT/TPR/20, 19 July, 1996.

③ Victoria Curzon Prize, GATT's New Trade Policy Review Mechanism, The World Economy, Vol. 14, No. 2, 1991, p. 229.

点，准备一次评审比其他国际机构的报告更需要详尽的有关受审成员国内贸易政策和做法的法律文件。由于评审涉及政策的多个方面，还需要从一系列广泛的政府部门和机构获得意见。实际工作中，贸易政策评审过程的效率大部分是取决于资料的获得以及对成员首府进行访问、审查资料的真实性的过程。评审准备工作在 WTO 体系中也在不断扩大，逐渐包括了服务贸易和知识产权贸易两个领域的内容，需要的资料信息更加繁杂和隐秘，而越来越多的评审会议也加重了各成员派代表参加评审的负担。代表们的一个建议是改革评审会议，一次评审会议同时包括对几个成员的评审，这样就可以减少评审会议的次数和参加会议需要派出代表的人数。其实，评审也可以考虑学习国际货币基金组织和世界银行年度报告的经验，会上的陈述可以在比较广泛的政策描述的基础上对关键问题进行讨论，而一些详细的提问和回答则可用书面的材料分发给各与会代表，这样的评审会议实际上就具备了协调评审的管理功能，有助于维持评审的期限，协调各种材料的传递。

另外，准备并参加贸易政策的评审对较小的发展中成员来说更是一项艰巨的任务。WTO 秘书处应成员方的要求将在评审程序的不同阶段帮助这些较小的发展中成员。但相对来说这种情况并不多，这可能是因为某些成员没有意识到有这样的帮助可以提供。一旦有要求提出，这种帮助可以由贸易政策评审委员会和 WTO 的技术合作和培训委员会提供。①

第四节 评审会议及报告的分发

一、评审会议及其准备

每一次政策评审都围绕两份报告进行，即 WTO 秘书处负责编写

① Victoria Curzon Prize, GATT's New Trade Policy Review Mechanism, The World Economy, Vol. 14, No. 2, 1991, p. 229.

的详细报告和接受评审成员的"政策声明"。① 评审的步骤可参见表1。主要程序如下：

首先，时间安排由秘书处与受审成员商榷后而定。今天，第一次评审大都是受审成员自愿提出，其第二次评审，评审会议的日期通常应该在固定的周期内进行，如果受审成员要求，可以加上6个月的回旋余地，另一个考虑评审时间的因素是秘书处人员资源的可获得性。通常考虑到材料的数量问题，四大国的评审需要两个经济学家。对其他成员的评审，需要一个经济学家，但通常需要两个人帮忙以有助于在时间安排上作出调整。考虑到需要完成各种任务的时间和 WTO 各成员认同的程序规则，评审会议的日期决定了其他步骤的时间。比如，文件必须在会议 4 周前用 3 种语言提供出来，整个秘书处报告的编辑、分发和翻译需要大约 6 周的时间（单单翻译就可能需要 4 周的时间）。

然后，秘书处启动初步调查并准备一份对受审成员方的调查表并寄送给该成员方。在 1—3 周时间内受审成员方要与 TPRB 协商评审的有关程序。受审成员方国内政府部门用 3—4 周时间对调查表进行答复（包括提供政府公告和其他核心问题的官方文件）并将需答复的问题由贸易部分配给各有关部门和政府机构，共同合作和协商回答调查表；根据收到的受审成员方的答复，秘书处开始初步的起草步骤。第二份调查表在访问首府前 4 周寄送给该成员方。访问受审成员的首府是 WTO 秘书处信息收集过程中的一个组成部分。在每个成员大约花 1 周时间，派去 2—3 个工作人员。与有关部门和机构进行的讨论都在详细问卷的基础上进行，这些问卷按秘书处报告的结构制定，事先提交以便有关部门进行准备。在访问中，WTO 的工作人员也经常向私营企业，如制造商协会和商业协会，以及有关研究机构进行咨询。与私营企业召开的会议通常有助于辨清受审成员对公司运作的限制，比如说基础设施的缺乏、过度的管制限制和金融制度的不足等。学术方面，受审成员内的经济学家通常在其国内

① 成员政府报告的结构从原来的全面报告改为"政策声明"。

进行贸易体制方面的研究，也能提供其他有用的研究素材。

之后，秘书处开始准备报告草案，受审成员政府部门开始准备政府报告。秘书处的报告草案四章的内容要送到受审成员方的国内政府部门去对事实进行核实并提出意见，对此的答复要在2—3周完成。整个过程可能会占用12—13周的时间。完成秘书处报告和收到政府报告后，将它们翻译成 WTO 的其他工作语言，复制后在会议4周前分发给其他成员方。

真正的评审由 TPRB 主持进行，对所有成员开放。并从成员中选取两名讨论人，以便鼓励进行辩论，这两人以个人身份参加会议，不代表各自成员政府。尽管有时他们的本来身份确实是某一成员的贸易代表或官员。在1995年12月 TPRB 召开的关于改进评审程序的会议上，各成员还强调加强讨论人在 TPRB 评审会议上引导和活跃辩论方面的作用，认为讨论人应能够对受审成员的政策给予客观评论和总结。而且，选择适当的讨论人对评审的成功至关重要。有人建议选择对象的范围可以超出在日内瓦的代表的圈子，而扩展到来自各成员首府的官员、知名的学术界人士或其他非政府专家。① 但是在1996年7月的改进评审程序会议上，绝大多数代表继续支持在日内瓦的各成员代表中选择讨论人，这些代表应有适当的高级别，并应在各代表中轮流选择。如果要扩大讨论人的候选范围，可能首先要考虑的就是在 GATT 或 WTO 中有工作经历，但现在又不在日内瓦任职的政府官员。② 并且，两位讨论人的挑选代表了发达成员与发展中成员以及地区利益的平衡。评审会议前一周，讨论人分发他们准备在会上提出的主要问题的提纲。

---

① WTO Doc., Trade Policy Review Body, Procedural Improvements to the Trade Policy Review Mechanism - Note by the Chairman, WT/TPR/13, 13 December, 1995.

② WTO Doc., Trade Policy Review Body, Procedural Improvements to the Trade Policy Review Mechanism - Note by the Chairman, WT/TPR/20, 19 July, 1996.

会议一般连续举行两个上午。首次会议由接受评审的成员代表致开幕辞。受审成员的大部分代表是部长或副部长级别的代表；在大多数情况下，他们是来自首府的高级官员，代表中还包括来自各国首府的许多专家。① 尽管如此，在1996年12月新加坡部长级会议的报告中指出，参加方没有全部达到成员代表级别的要求——要么是数量上未达到，要么是级别上未达到（WTO，1996）。有学者认为，受审成员代表的陈述和答辩虽然不是任何正式意义上有拘束力的承诺，但这些陈述和答辩会被其他成员看做是在多边贸易谈判中以“君子协定”形式所作的非正式承诺。如果不明确规定首席代表的最低级别，可能会使出席的代表受到压力，损害信誉，并最终损害TPRM的稳定性。② 因此，TPRB建议说，如果TPRM的作用要得以维持和强化，有足够数量的代表参加贸易政策评审和这些代表具有相应的级别这两方面都很重要。自从那个报告之后，来自首府的代表级别提高了，而出席会议的仍然是与受审成员有紧密贸易联系的贸易伙伴方。如果其他参加评审成员的代表也能处于一个较高的级别，无疑将会保持和增强TPRM的作用。当然，由于其他成员参加评审会议本身就是自愿，所以毋需对这些成员代表的级别作出明确要求。

随后讨论人发言，与会者各自发表意见并提出问题。书面的问题可以在会前提交，并且提交了书面问题的成员被给予发表他们评论的优先权。在第一天上午快结束的时候，会议主席、政府代表、两位讨论人和秘书处商讨下一天回答问题的题目。当对问题进行回答之时，有一场非正式的辩论和后续的提问。对此类问题需要受审成员立即给出答复，但有时技术性的书面的回答在会后得以提供。

第二次会议讨论主要围绕主席、讨论人及秘书处与受审成员根

---

① WTO Doc., Report of the Trade Policy Review Body for 1998, WT/TPR/59, 27 November, 1998.

② Jai S. Mah, Reflection on the Trade Policy Review Mechanism in the World Trade Organization, Journal of World Trade, Vol. 31, No. 5, 1997, p. 54.

据第一次会议情况进行磋商后确定的主题进行。成员对已经提出的问题作出答复，并进行进一步讨论，如有必要的话，可以在下一个月内作出书面补充答复。

政府间组织（如 IMF，WB，OECD，UNCTAD）被允许作为观察员出席评审会议。

最后，在会议结束之时，会议主席发表他（她）的总结性评论，该评论代表了他（她）对集体评审会议的评价。这份评论不是经协商达成的文本，而是凭会议主席个人权威发表，此评论在秘书处的帮助下完成。对受审成员没有正式要求其采取行动的建议，也不是一种具有司法意义的结论。主席和秘书处随后向新闻界进行吹风（press briefing），接受评审的成员也可以举行自己的新闻发布会。秘书处的摘要及主席的闭幕辞随后公布，包括在 Internet 上发布（文件事前就传送到媒体，但有禁令规定会议结束后才能发布）。两份报告和秘书处的会议记录（由秘书处撰写并经成员批准）连同会议主席的总结性发言和对会上提出的问题的书面回答都将予以发布，且将以英文、法文和西班牙文发表，这通常要在会议的几个月内完成。这些文件将送交部长级会议，部长级会议将注意这些文件。①

在安排整个贸易政策评审的过程中，几种因素的平衡都要加以考虑。既要考虑 TPRM 目标的实现，特别是多边贸易体制的平衡运行，又要考虑实际情况，维持现实中秘书处工作人员和信息资源利用的效率最大化。贸易政策评审会议还不能与 WTO 其他重要会议相冲突。因为 WTO 总理事会实际上是三个 WTO 机关的合一，它要召开很多的会议来处理 WTO 的日常工作，所以尽量要使不同的会议错开，才能保证成员方能够参加完成每次会议。另外，成员方要严格遵守评审步骤，避免评审的各个环节向后推迟，才不会与已确定好的 WTO 的其他会议相冲突。秘书处则要不断地通知成员方评审中各个步骤和环节的进展，提醒可能会造成迟延的影响因素。

---

① 刘光溪：《试析 WTO 贸易政策评审机制的理论与应用》，载《世界贸易组织动态与研究》2002 年第 4 期，第 3 页。

表 1　贸易政策评审过程时间表

顺序	事项	时间	备注
1	秘书处启动初步研究和准备一份对受审成员方的调查表并寄送给该成员方	1—3 周	受审成员方要与 TPRB 协商评审的有关程序
2	受审成员国内政府部门对调查表进行答复（包括提供政府公告和其他核心问题的官方文件）	3—4 周	需答复的问题由商务部把问题分配给其他部门和政府机构，共同合作和协商回答调查表
3	根据收到的受审成员方的答复，秘书处开始初步的起草步骤。第二份调查表在访问首府前四周寄送给该成员方	大约 8 周	第二份调查表是秘书处访问首府时与成员政府就政策进行讨论的基础
4	秘书处代表团访问受审成员方首府	5—10 天	由受审方政府对秘书处代表团就第二份调查表进行回答，并由部长和其他官员与代表团进行讨论
5	秘书处准备报告草案，受审成员方政府部门准备政府报告	12—13 周	秘书处的报告草案四章的内容要送到受审成员方的国内政府部门去对事实进行核实并提出意见，对此的答复要在 2－3 周内完成
6	完成秘书处报告和收到政府报告	大约两周	
7	编辑秘书处报告，并把秘书处报告和政府报告翻译成 WTO 的其他工作语言，复制后分发给其他成员方	5 周	两个报告构成评审会议讨论的基础，报告必须在会议四周前送达其他成员方代表
8	举行评审会议，首先由受审成员方的官员作政策综述的发言，然后是讨论方发言	2 天，但仅在早上进行	评审会议以 TPRB 主席的总结性评论结束
9	秘书处准备会议备忘录和文件的最后公布出版	大约 2 周	

（资料来源：［3－19－2006］http：//www. WTO. org/index. htm）

二、评审报告的分发

贸易政策评审报告的散发不是由 TPRD 负责而是由 WTO 的外部关系委员会负责。当然，这一委员会有很多其他的责任，并且该委员会像 TPRD 一样，具有有限的预算。该委员会似乎没有被授予明确的任务要向世界说明 WTO 的价值，更不用说 TPRM 的价值了。它也没有试图要在受审成员内外利用贸易政策评审系统地影响政策的制定者。

到目前为止，贸易政策评审报告主要由贸易谈判的内部人员使用，尤其是由各成员代表自己使用。报告对圈外读者的益处倾向于被视为是报告的间接影响。然而，这一看法严重地低估了在受审成员内，评审对有影响的专家和将发表意见的读者的潜在的重要性，低估了在一个朝着自由化方向发展的成员内，评审对改变该成员贸易政策的重要性。

即使在资源上有了足够的增加，如果没有改进贸易政策评审报告的散发，对 TPRM 改进的很多方面的充分价值将无法实现。TPRM 被认为是在 WTO 成员政府官方和代表中提供信息而采用的一种方式，但信息是一种公众的产物，一旦形成，它可以提供给其他人，尽管那些人不是信息原欲提供的对象。在日内瓦这一狭小的贸易谈判团体外，可以确信有很多潜在的对 TPRM 信息的使用者：他们包括在各成员首府的政治领导及其幕僚、贸易及商事事务的记者和其他撰稿人、诸如产业协会和工会这样的利益集团、专注于国际经济政策的学者和研究机构、各个企业管理者和他们的顾问等。将贸易政策评审报告传入这一更广泛的大众手里将增强人们对全球贸易政策运行状况的普遍的理解，包括对继续追寻自由化的需要和益处的认识，以服务于 TPRM 创设的最终目标。然而遗憾的是，如今这些潜在的 TPRM 信息的使用者很少有人知道 TPRM 的存在。

不可否认的事实是，从全球来看，有兴趣仔细阅读即使是自己国家贸易政策报告的人的数目都相当少，更少的人会希望去阅读其他国家的贸易政策报告。尽管很多贸易专家可能认为手中具有这一信息储存作为参考工具很有价值，也许只有政治家、企业领导、官僚或某些学者希望掌握贸易政策评审累积提供的有关贸易政策的百科全书式知识。外界的报告使用者还可能被报告中的外交词句敷衍甚至是误导。但如我们所见，贸易政策评审在其评审中正变得越来越坦诚，不断增多的读者也是报告继续朝这一方向努力的原因之一。

散发报告的一种可取的方法可能包括将贸易政策评审报告、对其的总结、伴之以评审主席的发言等送交商业、贸易和政策领域的著名记者和其他作者；送交贸易和产业协会、商会和劳工组织的领导；送交贸易专家和游说者；送交政治领导和他们的决策建议者。显然，要发送的第一份贸易政策评审报告就是各国的政府报告，但是，主要贸易伙伴的意见也应当反映出来，如果受审成员被视为成功地进行了自由化，主要贸易伙伴可能会激发受审成员展示其所作出的努力。

贸易学者这一群体相对来说是贸易政策评审报告最大的未被利用的读者之一。报告含有丰富的数据，可以在各种题目上支持学术的研究。这些数据为进行比较性研究的有用性尤其被忽视了，累积起来的贸易政策评审报告为学者们提供了比较成员贸易政策任何一方面特性或一系列特性的机会。我们还没有查询到利用贸易政策评审报告作为数据基础而进行的任何比较研究，WTO 秘书处自身也只承担了非常有限的各国贸易发展的比较。

商人们的很多需要（以及其律师和决策顾问的需要）也可能从贸易政策评审报告中获得满足，尽管其需要可能明显地与 WTO 业内人士的需要不同。商人需要一些具体的信息，这些信息是有关如何使他们的产品进入其不熟悉的贸易做法的外国境内，是有关他们的产品进入外国将花费多少成本等信息。他们可能要求获取比贸易政策评审报告可以提供的更准确的关税水平和其他壁垒情况。商人也需要获取当地商业环境的普遍情况的信息——谁提供什么样的服务，生意如何进行交易，哪些产品的市场供给不足而哪些已经供给过剩。为了获取这些信息，他们可能主要依靠专门的商业杂志和在线服务、顾问和亲自的考察。贸易政策评审报告的很多方面对商业的目的来说可能只有间接的影响，但贸易政策评审报告可以作为有关世界贸易各方面信息的展示。

WTO 已与几大商业出版商达成了协议，使其帮助贸易政策评审报告的散发，这在很大程度上卸下了 WTO 散发贸易政策评审报告的负担。毕竟，商业机构具有利益的驱使去使贸易政策评审报告的散发尽可能广泛，但 WTO 仍然必须对提高全面的散发策略起主导作用。

改进散发策略的另一个可行办法是在主要成员内部建立国内委员会，其明确的目的就是辨清那些散发努力应当关注的政策建议人。可以将受审成员和其主要贸易伙伴的每一次新的评审报告复印件送交给那些受审成员的政策建议人；这些政策建议人也可获准以名义上的价格购买整套评审资料。尤其需要注意的是，这些政策建议人应当获得已取得有成效的自由化改革的其他成员的评审报告，特别是在与受审成员相应的领域，在政策建议人自己的国家或地区内还存在着过度的保护之时，这种需要更加明显。

这些国内委员会的建立需要征募一些自愿者，因为在大多数成员境内，WTO 本身缺乏这样的资源。尽管如此，在贸易专家和其他人之中的确也有很多友好人士，他们可以被推荐作为自愿者来帮助 WTO 信息的散发达到更好的目的，在政治上取得更佳的效果。

第五节　小　　结

缓和迫在眉睫的人员短缺的一个方法可能是增加评审的间隔。但评审周期的修改会产生一个不利的影响，即削弱了对成员的贸易政策和做法的监管，达不到设立贸易政策评审机制的目的。况且，评审周期是 TPRM 协议文本规定下来的，对评审周期的修改牵涉到对 TPRM 协议文本的修改，这需要部长级会议三分之二多数或者一致意见才能通过，因而这一问题应当留待 WTO 部长级会议决定。为了使评审工作按时完成，我们可以探索集团评审的可取性。集团评审是对在地理上相邻的同一个区域里发展状况相近的几个成员合并在一起进行评审以节省评审的次数，又不改变评审周期。当然，集团评审必须遵循自愿的原则，由接受评审的成员自己决定是否与其他相邻的成员合并在一起接受评审。只有当成员自愿或某成员感到自己单独准备和接受一次贸易政策评审有困难而有必要与其他成员合并评审，才不会剥夺其接受评审的权利，同时也能减轻秘书处准备多个报告的负担。就目前的秘书处报告而言，突出了几个方面的问题，如报告的国别色彩、过于乐观、缺乏对保护代价的分析等。尤其是其中的国别色彩，对美国和欧盟网开一面，引起了发展中成员的极为不满。秘书处被赋予了根据自己的职责草拟报告的权力，报告的目的和所采用的标准对每一成员来说都应相同，评审时应当采用同样的标准。今后的秘书处报告还应当从更长远的观点出发，增加更多的分析成分。就政府报告而言，缔约方和成员方应该从法律上、经济上以及总体环境中系统地说明其贸易政策和做法的合理性，应设法抑制因对外施加保护措施而对此进行大量的辩解。考虑到准备并参加贸易政策的评审对较小的发展中成员来说是一项艰巨的任务，对此可与贸易政策评审机构及 WTO 技术合作和培训机构提供的技术援助结合起来考虑。另外，即使在资源上有了足够的增加，如果没有改进贸易政策评审报告的散发，对贸易政策评审机制进行改进的很多方面的充分价值将无法实现。评审报告除了在贸易谈判团体这一狭小的范围散发外，应当散发给很多潜在的评审信息的使用者，如各成员首府的政治领导及其幕僚、贸易及商事事务的记者和其他撰稿人、产业协会、工会等利益集团、专注于国际经济、贸易政策的学者和研究机构、各个企业管理者和他们的顾问等。

第五章　WTO贸易政策评审实证剖析

根据监督运行中逐渐形成的实际操作模式，本章的目的主要是从实证分析的角度反映GATT/WTO的贸易政策评审机制。这一目的期望能通过对GATT/WTO评审中的两次评审，即通过在GATT时期和WTO时期欧共体/欧盟接受的两次贸易政策评审的分析而部分地得到满足。期望这一实践可以使法律界人士从对GATT/WTO贸易政策评审的洞察中可以有所收益。考虑到欧共体/欧盟重要的国际贸易地位和其复杂的结构，欧共体/欧盟的贸易政策和做法一直成为人们关注的焦点，对欧共体/欧盟的评审对于审视GATT/WTO评审的质量提供了一个有用的线索。

TPRM的来源和性质现在已为世人所知，前文中已多次提及。尽管如此，即使是简要地，这里再次提及该机制的目标，因为它们是任何成功的评审或事实上的评审所依据的标准的重要组成部分。TPRM的目标如下：

（1）促进所有缔约方遵守GATT/WTO规则、纪律和承诺。

（2）实现缔约方贸易政策和做法的更大透明度并使之得到更好的理解。

（3）使对各缔约方的所有贸易政策和做法及其对多边贸易体制运作的影响进行定期的集体评价和评估成为可能。

我们可以考虑，评审需要从三个方面入手。首先，要考虑审查（或有助于审查）欧共体/欧盟贸易政策和做法与GATT/WTO规则、纪律和承诺之间关系的程度如何。其次，根据TPRM评审欧共体/欧盟贸易政策和做法的透明程度及其对多边贸易体制的影响。最后，审查评审对受审成员方事实上的贸易政策和做法的影响。

从本书第三章第三节关于对贸易政策评审标准的论述中可知，

TPRM 没有排除法律的评审标准。对于从法律的角度进行评审要明确三个主要的问题。首先，法律的角度集中在上述目标中的第一个目标，那即是，贸易政策和做法同 GATT/WTO 规范性准则之间的关系如何？尽管这在决定建立 TPRM 中否认说“该机制无意作为执行 GATT 协定项下具体义务或争端解决程序的基础，也无意对缔约方强加新的贸易承诺”。① 但从法律的视角应当去寻求考量欧共体/欧盟贸易政策和做法对规则遵守的程度，这并不必然将“裁决性的”（adjudicatory）过程归咎于评审实践，换言之，这并不是说评审实践就是导致具有法律约束力裁决的裁决性过程。因为在法律裁决/判决和可能导致法律判决或有助于法律判决之间是有界限的，尽管这可能是很小的一个界限。这如同众所周知的“只有缔约方有权解释总协定”，但在总协定解释性问题和事实及事实的澄清问题之间是有区别的。② 权威的、有约束力的裁决和解释与非权威、不具约束力的裁决和解释也是有区别的。我们可以将评审实践视为不具约束力的对事实的澄清和裁决，它为判断缔约方贸易政策和做法对规则遵守的程度提供了一个平台、一个场所。

法律视角的第二个方面是提供的法律透明的总的程度如何。对透明度的评审可以意指对受审缔约方/成员方总的贸易立法及其国际贸易争端解决方式进行的一次洞察。在信息层面，对贸易模式和经济背景的阐释甚至也可能对国际法律界人士在他们向受审缔约方/成员方的谈判者们提供建议时有用。尽管如此，法律界人士不能在评审中对经济分析的质量进行权威的评判，尤其对受审缔约方/成员方贸易政策和做法的成本/利益分析不能进行权威的评判。

最后，法律的视角具有“法理学的”（institutional）的含义，即

---

① Annex 3 of Marrakesh Agreement, WTO, 1995.

② Blackhurst Richard, Strengthening GATT Surveillance of Trade - Related Policies, in Meinharf Hilf and Ernst - Ulrich Petersman (eds.), The New GATT Round of Multilateral Trade Negotiations: Legal and Economic Aspects, Kluwer Law and Taxation Publishers, Deventer (The Netherlands), 1988, p. 128.

法的规范性作用。尤其是法的规范性作用中的指引、评价、教育和预测作用。具体而言，法律作为一种行为规范，为人们提供了某种行为模式，指引人们可以这样行为，必须这样行为或不得这样行为。同时，法律具有判断、衡量他人行为是否合法或违法以及违法性质和程度的作用，并且可以使当事人根据法律预先估计到他们相互将如何行为以及某种行为在法律上的后果，从而对一般人今后的行为发生影响。评审实践无不体现 GATT/WTO 规则、纪律和承诺的这些规范性作用。在 GATT/WTO 规则、纪律和承诺与各国活跃的贸易政策和做法之间相互关系和相互作用的情况下，TPRM 具有使这些规则、纪律、承诺发挥规范性作用的功效。

第一节　WTO 成立之前对欧共体的贸易政策评审

本节以 GATT 理事会在 1991 年 4 月 15 日至 16 日对欧共体进行的贸易政策评审为例加以分析。这次评审是贸易政策评审的第四轮。第一次所涉缔约方包括澳大利亚、摩洛哥和美国，第二次集中对哥伦比亚和瑞典进行评审，第三次涉及加拿大、中国香港、日本和新西兰。欧共体的评审与对匈牙利和印度尼西亚的评审一同进行。因此，可以说欧共体的评审发生在相对成熟的场合，评审的全部内容（总计大约 470 页）已由 GATT 在国别评审系列丛书中分两卷出版。

一、GATT 秘书处报告

报告（第一卷第 303 页）介绍了欧共体外部和内部贸易的模式，包括一份对欧共体贸易成果的评估。这是对欧共体贸易组织和其立法结构的描述，以及对欧共体发展以来贸易争端的解释。报告实际上提供了如下内容：首先是一份评论概要。这不仅对 GATT 报告（以下简称报告）的总体介绍有用，而且这也很有趣，因为概要涵盖了对报告所作的评论。我们认为这点是可取的，因为如同评审的过程一样，有助于评审的方法是可以对两份报告进行更透明的评价，而不是将报告本身作为评审的最终结果。在报告的末尾有一份由表格和图表构成的附件。报告的主要内容是：

(1) 经济环境；

(2) 贸易政策体制：目标和框架；

(3) 在财政和货币领域与贸易有关的发展；

(4) 各种措施的贸易政策和做法；

(5) 各部门贸易政策；

(6) 贸易争端和磋商。

总的说来，该报告具有综合性，但多少以牺牲详细和深入为代价，整个报告更注重描述而非分析。对重要问题有选择性地进行详细阐述可能应该有序地进行。再者，报告提供的有关欧共体的一些基本信息不仅从其他渠道易得，而且有减损报告重点的效果。报告中也作了有关欧共体的补充性评论。这些评论是公正的，使该报告成为一份内容均衡的报告。但有人认为（并且可能是反对意见者认为），在评审实践中不必要的描述以及分散注意力的描述真的应该转向关注欧共体贸易政策和做法的不足方面。[①] 同时，报告中显示出的问题还有，在报告中不应按顺序评价欧共体的其他贸易伙伴对其施加的贸易限制，对有争议问题的评审应由欧共体自身的问题构成。另外，很多统计资料依赖于二手资料，导致的结果就不是最新的，统计数据应该采用最新的数据。

从报告中显示，GATT 秘书处通过欧共体渠道向欧共体各成员分发了调查问卷，但从一些成员方那里没有收到全部的回答，甚至从某些成员方那里没有收到任何对问卷的回答。在这方面，GATT 秘书处的信息搜寻权力应该得以加强。[②] 再者，考虑到一些缔约方在理

---

① Asif H. Qureshi, Some Reflections on the GATT TPRM, in the Light of the Trade Policy Review of the European Communities, Journal of World Trade, Vol. 26, No. 6, 1992, p. 106.

② 关于国际经济组织的潜在权力，可参见 Asif H. Qureshi, The Mechanism of Economic "Surveillance" in the Framework of International Organizations, University of Manchester, Faculty of Law, Working Paper No. 5, January, 1991。

事会上关切地指出报告没有涵盖或者说没有充分地涵盖他们尤其关心的欧共体贸易政策和做法的某些方面，可以采纳在今后的机制中提供这样一个机会，即在准备报告之前或其过程中，邀请缔约方提出可能会被带入报告中的他们特别关心的问题。并且没有任何理由说不能从私人当事方，比如贸易者、消费者，甚至是学术界那里寻求信息。

我们承认，报告中的很多问题已被讨论过，并且已在GATT框架的很多场合进行了讨论。如欧洲经济共同体的加入协定问题、农业问题、自动限制安排问题、非关税壁垒问题、补贴问题等，但评审尤其需要有某种形式的法律评价，尽管是简要的，某种形式的对法律问题的重视，某种对法律问题的结论概要。再者，考虑到GATT的实践和评审的性质，GATT理事会有义务面对某些重复性的问题。考虑到TPRM的作用并非只是交流而是要对受到质疑的缔约方的贸易政策和做法进行评审，在评审中针对受审缔约方存在问题的重复具有补救性的重要意义。如果仅仅由于重复而被排除TPRM评审的领域可能会减损TPRM实现目标的效果。

二、欧共体委员会报告

总的说来，欧共体委员会报告（简称EC报告）多少比照GATT报告作成。相比而言，GATT报告具有批评性，而EC报告兼具傲慢和外交的特性。有人认为，EC报告有时是情绪化的、相互无关联的，并具政治性。[①] 比如，EC报告对欧共体提供给GATT总预算的百分比这些与评审无关的信息进行了评论，即使该评论是开玩笑式地作出的但也是轻率的。根据对罗马协定第110条的解释，欧共体主要的基本目标是“作为一个组织支持和加强多边贸易体制，比如GATT，并支持和加强在总协定中体现出的管理国际贸易的一系列规

---

① Asif H. Qureshi, Some Reflections on the GATT TPRM, in the Light of the Trade Policy Review of the European Communities, Journal of World Trade, Vol. 26, No. 6, 1992, p. 111.

则”。对此欧共体在 EC 报告中还作出了多少有点引起争议的声明，如 EC 报告中认为，针对外国在机动车和钢铁部门的限制和做法，欧共体的限制是合理的。在整个 EC 报告中都保持了这一特色，并在 EC 报告的附录中还附有其他贸易伙伴的限制性贸易做法。

EC 报告旨在针对 GATT 报告而制作，且它又遵循了 GATT 理事会提出的政府报告提纲格式的框架，虽然并非一定按格式顺序或准确地按格式顺序。EC 报告基本上在六个星期内由委员会的两个人进行撰写和编辑，仅得到负责实施欧共体贸易政策的欧共体其他服务机构很少的帮助，因此其作成具有重大的资源限制。①

EC 报告分为三部分：

(1) 贸易政策结构。

(2) 贸易政策的实施。

(3) 与进行贸易政策评估相关的背景。

EC 报告叙述了内部市场的建立如何有助于国际贸易自由化。再者，报告中强调了欧共体贸易的模式，以及挑选出来的一些重要部门的欧共体贸易实践和政策。报告中也对影响欧共体的外部贸易环境进行了实质性的评论。

EC 报告尽管针对 GATT 报告，但没有专门强调在 GATT 报告中提出的一些特殊性问题。实际上，EC 报告并不想对这些问题进行回应。例如，在 GATT 报告中注意到法国的小轿车登记制度形成了对进口的一种限制，在 EC 报告中就没有对此问题的回应。再者，EC 报告在精确的统计数据方面也不太严谨。例如，对于通过数量限制涵盖的欧共体进口的份额，在 EC 报告中就没有提供准确的数据。

最后，分析也不够详尽。事实上，EC 报告的分析框架缺乏某种连贯性。为了安排一种貌似合理的解释，似乎法律和经济学的方法都交叉地予以运用了。例如，对农业、纺织品和机动车领域争端的

① Asif H. Qureshi, Some Reflections on the GATT TPRM, in the Light of the Trade Policy Review of the European Communities, Journal of World Trade, Vol. 26, No. 6, 1992, p. 112.

GATT 专家组裁决没有进行讨论。在农业方面，没有根据 GATT 规则或经济学对共同农业政策进行解释。由于欧共体是世界上最大的农产品进口国，无论是在经济学方面还是在法律方面欧共体在农业方面的限制都没有正当的理由。尽管如此，在纺织品和服装方面，根据相关法律，如欧共体委员会规则和多边纤维协定，EC 报告对限制进行了解释，但没有从经济上的合理性方面进行解释。EC 报告中还详细阐释了根据对纺织品和服装出口到欧共体的优惠协定而采取限制措施的法律理由。在机动车及钢铁部门，针对外国的限制和做法，EC 报告认为欧共体的限制是合理的，但这既非根据法律，也非根据国内或世界范围内的经济成本或利益分析。在与最不发达成员的关系方面，反映历史和地缘战略因素的金字塔式的优惠制度在 EC 报告中从法律方面进行了说明，但在金字塔式的优惠制度中存在的歧视性因素又没有从经济学范畴或同时从法律方面进行阐释。

三、GATT 理事会会议

GATT 理事会的会议记录和主席的总结性发言用两卷记录了下来。理事会分别备有 GATT 报告和 EC 报告。首先，欧共体代表从总体上作了引导式的讲话，简要说明了 EC 报告并强调了欧共体的自由化安排。讨论然后由两名选出来的“讨论人”，即 Denis 先生和 See 大使宣布开始。Denis 先生是在 GATT 事务中具有丰富经验的一位资深的加拿大贸易官员；而 See 大使在当时是新加坡驻日内瓦大使。讨论人的作用是充当两份报告的口译者并担当讨论的发起者。随后的讨论由各缔约方就报告而提出全面、具体的疑问和问题，或对此的特别关注。两位讨论人再作出进一步的陈述。然后，欧共体再对所有的问题和评论作出回答。接下来就是理事会主席 Lars Anell 先生作总结性发言。

理事会会议在欧共体的贸易政策和做法被缔约方详细地讨论且总的来讲进行批评性讨论方面很是有趣。缔约方从法律和经济学方面表达了他们的关心，提出的批评、建议和需要澄清的问题主要来源于两份报告中提供的信息，虽然一些缔约方并没有提出问题，或者对报告中不明显或非常明显的评议提出了不同的看法。一些缔约方似乎只对欧共体的贸易政策和做法作了颂扬（尤其是来自于欧共体国家缔约方、洛美集团和其他与欧共体具有紧密联系的缔约方）。有人认为，纯粹的“颂扬的”（praising）评论多少会减损评审的实质。为了开展自由的无拘束的评审，可能需要某种机制，这种机制可能应该让问题通过两个讨论人中的一个讨论人有序地提出来以保证提问者和评论者的匿名性。也有人建议认为，讨论人可以不必是作为国际贸易方面和该领域专家的“政治人士”（politicians）。①

下面是在理事会会议上关于两份报告而作的一些评论。一方面，两位讨论人以称赞的方式评价了两份报告。GATT 报告被评价为提供了很多信息并具有专业性。EC 报告被认为作了很多的努力并且是坦诚的，虽然在方式上多少有点防卫性。评论指出，两份报告相互补充。另一方面，一些缔约方作了更具体的评论，尽管这些评论并非对所有的问题都很详尽。人们感到，应该更注意制度和法律方面的问题，比如 GATT 报告在农业领域被认为更具描述性而非分析性。而 EC 报告则被认为令人失望，因为 EC 报告在成员方的贸易政策方面只含有有限的信息，它没有包含所有根据规定的提纲格式所需的信息，并且欧共体贸易政策和做法同 GATT 规范性准则之间的联系也不够透明。

各成员对与欧共体贸易政策和做法有关问题主要有如下方面的关心②：

(1) 制度方面

评论指出，尽管欧共体朝着共同的贸易立法以及对贸易政策手段的统一运用方向在走，但欧共体法律制度仍然在成员国层面考虑了不同部门的特殊贸易利益。评论表达了这样的关心，即对共同外

---

① Asif H. Qureshi, Some Reflections on the GATT TPRM, in the Light of the Trade Policy Review of the European Communities, Journal of World Trade, Vol. 26, No. 6, 1992, p. 113.

② 评审的详细内容可从 WTO 官方网站上获取信息。

部政策的实施看似留给各成员国，因而减损了欧共体确保其成员遵守共同规则的能力。评论进一步表示了对欧共体监督国内各个成员政策的有效性的质疑。在欧共体内，对于第三方在欧共体贸易政策形成之时对其进行评价不存在制度性的安排。

(2) 内部市场

人们感到，朝着更紧密的一体化方向前行应该在多边层面反映对外部自由化的遵守。评论表达了这样的关心，即发生在欧共体内部的和谐一致不应当影响或加深成员方现存的贸易限制水平。评论还谈到，一体化的进程应该在 GATT 第 24 条的框架内进行。一缔约方提议认为，应该对欧共体一体化进程进行定期的贸易政策评审。欧共体的立场则认为一体化是对多边自由化的补充。

(3) 农业

很多的批评是针对欧共体的共同农业政策（Common Agricultural Policy, CAP）。评论认为，各种各样的进口税、国内价格支持制度、出口补贴和对农业特殊的金融制度构成了对贸易的壁垒。再者，对农产品的关税高于对制成品的关税。一缔约方不同意欧共体宣称的其在农业领域的保护已经减少。评论同时还认为，报告对农业政策对世界市场的影响没有给予足够的重视。评论指出，GATT 争端中有一半是有关欧共体的农业政策。总的来讲，CAP 被认为与欧共体的目标及 GATT 的原则不相协调。再者，CAP 也涉及环境问题。需要注意的是，欧共体对其农业部门的贸易政策目标没有作出任何陈述。欧共体承认在自身方面需要在此领域作些改革，但又补充说并非农业部门的所有问题都属于保护主义。

(4) 最惠国原则

评论对最惠国（most - favoured - nation, MFN）原则的侵蚀表示了关心。评论指出，报告对欧共体优惠安排的完整的等级没有进行清楚的说明，对与东欧国家的建设性安排也没有进行清楚的说明。一些缔约方表示了这样的担忧，即他们的竞争地位可能会由于欧共体同东欧国家的谈判安排而遭受进一步的侵蚀。一个缔约方提到，欧共体在其扩张的情况下，是在对 GATT 第 24 条进行有问题的法律解释。另一缔约方表示了这样的担忧，即就排除了重要的部门比如说农业而言，欧共体的优惠贸易安排也与 GATT 第 24 条不相一致。在此方面，评论表达了对目前欧共体同东欧国家谈判的关心，在其谈判中欧共体报道说其试图从设想的优惠安排中排除农业、纺织品和钢铁。与普惠制（GSP）有关的是，评论指出，就欧共体排除了农业、对发展中国家有利产品的数量封顶以及严格的原产地规则方面，欧共体没有以一种令人满意的方式进行操作。在欧共体看来，GATT 第 24 条的安排充实了多边贸易体制。再者，欧共体没有总的指导性原则要将农业排除在优惠安排之外。

（5）双边限制安排和保障措施

评论中提到了涉及欧共体成员和其产业的双边限制安排数量。评论认为，这些安排减损了透明度并且具有歧视性。评论中要求对此提供更多的信息，尤其是对这些安排内容的摘要和安排的性质以及实施这些安排的计划提供更多的信息。评论认为，相比 GATT 第 19 条的使用而言，应当排除对限制性安排的使用。限制性安排涵盖了对发展中国家尤其有利的领域，比如说农业和食品、纺织品、服装和鞋类。其中一缔约方要求欧共体进一步澄清其单个成员方采用的限制性安排是如何演变以及存在哪些纪律性约束。在根据 GATT 第 19 条而采取的保障措施方面，提出的问题是欧共体自 1992 年之后如何根据第 19 条而发起行动。欧共体表达了如果乌拉圭回合达成了令人满意的新的保障协定则逐步停止运用灰色领域的意愿。

（6）数量限制

缔约各方对施加的数量限制也进行了评论。评论指出，根据罗马协定第 115 条，在欧共体内部贸易中存在相当数量的数量限制。评论表示了对单个成员的数量限制转化为整个欧共体范围内限制的可能性的担忧。根据该协定第 115 条，各成员国在内部市场阻止特定产品流入的最大限度需要根据它与总协定的关系予以澄清。一缔约方评论认为，所有的数量限制都与 GATT 第 11 条相违背。评论认为，数量限制的影响在两份报告中都没有用准确的术语予以评价。欧共体作出辩解认为，除了机动车外，国内的限制不可能演变为欧共体范围的限制。

(7) 反倾销

评论认为，欧共体是频繁使用反倾销措施最多的缔约方之一。这一实践增添了贸易烦扰。欧共体的反倾销程序并不透明。欧共体决定倾销幅度的实践也不恰当，在计算结构价格、正常价值和出口价格的比较的程序方面尤其如此。评论还认为，一些反倾销税不正当地被征收。在与反规避规则相关方面，考虑到GATT认为反规避规则与总协定不一致，欧共体应当修改其立法。对倾销指控的调查过长，欧共体将反倾销用做了对非歧视保障措施的替代。欧共体的解释是，只有小范围的贸易受到了反倾销措施的实际影响，缺乏透明度的指控太夸张了。

(8) 补贴

欧委会被要求对其成员方不愿加入补贴通知程序而采取的救济措施加以评论。评论认为欧共体实施了高水平的补贴。其他缔约方提出的问题是，欧共体对其成员国不同类型的补贴是否含有不同的纪律约束；在与各个成员相关的补贴方面，欧共体通报的补贴情况并不充分。欧共体认为，如果一些缔约方认为根据GATT，欧共体承担的义务没有得到遵守，他们应该在适当的场所提出这一问题。

(9) 政府采购

评论认为，欧共体成员方在大型电子设备、电信转换设备、卫星和一些服务方面实行的是购买国货的政策。

(10) 非关税壁垒

对非关税壁垒，在欧共体成员内有不同的操作标准。评论表达了这样的关心，即这些各自不同的标准将会在最具保护性的层面上协同起来。欧共体保证说它们首要的关心将是对消费者的保护。评论还指出，欧共体的原产地规则不具有预见性和透明性。一缔约方坚持认为，在牛肉出口国内需求的高峰时期，它有被拒绝和拖延签发许可证的经历。总的说来，评论认为，在非关税保护领域欧共体在其管理中应该更透明，非关税壁垒在机动车、纺织品和农业领域尤为突出。

(11) 发展中国家

在与发展中国家产品利益相关的如鞋类和烟草方面的关税高峰问题引起了评论的关注。评论指出，在EC报告中对欧共体平均关税水平与发展中国家的比较忽视了经济结构的不同。在纺织品和服装方面，评论认为，由于德国的统一、消费者的增加，应该提高纺织品的配额。对诸如咖啡、可可和糖增加的国内税给出口这些商品的国家带来了成本的影响。欧共体成员方根据巴黎统筹委员会而实施的一些出口限制妨碍了向发展中国家转让技术。一个东欧国家提到，欧共体通过提高农产品配额的上限而拒绝采用它原来实行的免税进口。

(12) 总结

欧共体贸易体制的特征看来很复杂，需要透明。欧共体尤其保护的领域是鞋类、服装、机动车、消费电器、钢铁和农业。

四、评审的影响

在一份给欧共体一些议会成员的书面答复中，欧委会自己对这次评审的观点是，这次评审是一次令人满意的实践，它给予了欧共体机会去解释其贸易政策和做法，尤其是在一些复杂和敏感的领域，如农业、纺织品和机动车。再者，欧委会的观点是，GATT报告比理事会上所作的总结性评论更尖锐。①

评审对欧共体贸易政策和做法在评审前、评审期间及评审后事实上带来的影响当然很关键。作为建立单一市场过程的结果，欧共体贸易政策的很多变化都已被正视。实际上，难以将欧共体贸易政策或做法的变化直接归咎于TPRM实践本身。有人认为，在GATT评审之前欧共体委员会就对评审进行过讨论。两份评审报告的复印件也提供给了欧洲议会并且评审之后欧洲议会还对评审进行了讨论。

---

① Reply to written question No. 1909/91 given by Mr Andriessen for the Commission.

欧洲议会成员还向委员会书面提出了两个问题。① 另外，作为对所提问题的答复，委员会说，缔约方所表达的意见在欧共体贸易政策的制定中将会被考虑，并在次年末欧共体提交的第二次报告中予以考虑。但没有明显证据证明欧共体向各国议会（或其他相应场合）传达了讨论 GATT 评审的指示。有人认为，在英国议会就没有对评审进行讨论。② 实践中体现出来的这一问题显示，应当加强欧共体各成员议会对评审报告的高度重视。

第二节 WTO 成立之后对欧共体/欧盟的贸易政策评审

对欧共体③的第七次贸易政策评审于 2004 年 10 月 25 日至 27 日进行。评审主席 H. E. Mrs. Puangrat Asavapisit（来自泰国）在开幕致辞中说道，为评审而准备的文件主要强调了欧共体在多边贸易体制中的作用。除欧共体内部贸易外，欧共体保持作为世界上主要的商品出口方和第二大进口方。并且，欧共体仍然是农产品的最大进口方和出口方，发展中成员畜牧产品的最大消费者。在此方面，WTO 成员将非常关心欧共体共同农业政策的改革，包括国内支持和出口补贴、关税配额管理等。

另外，欧共体和其成员国是提供技术合作的 WTO 全球信托基金（WTO's Global Trust Fund）的主要赞助方。根据几项制度安排，包括普惠制（GSP）和科托努协定（*the Cotonou Agreement*），欧共体继

---

① Written question No. 1909/91 by Messrs Willy de Clerq, Konstantinos Stavrou, Eusebio Cano Pinto and James Moorhouse to the Commission.

② Asif H. Qureshi, Some Reflections on the GATT TPRM, in the Light of the Trade Policy Review of the European Communities, Journal of World Trade, Vol. 26, No. 6, 1992, p. 120.

③ 欧盟成立后对欧盟进行的贸易政策评审将受审的主体冠名为“欧盟”，在 2004 年对欧盟的评审中，应欧委会的要求，将受审主体名称恢复为“欧共体”。引自 http: // docsonline. wto. org – WT/TPR/SP136/Corr. 1。

续向发展中成员提供非互惠的贸易优惠，并根据对最不发达成员的“除武器之外的所有贸易”（“Everything But Arms”）倡议，向最不发达成员提供非互惠的贸易优惠。但据说目前的普惠制安排将要结束，从2006年开始要实行新的制度，各成员很想知道这一新的改革的情况如何。再者，随着2004年5月1日10个新成员的入盟，欧共体的成员已扩大至25个，对欧共体如何使其共同贸易政策和措施符合WTO的减让和承诺将是WTO各成员关心的问题。

一、WTO报告

2004年对欧共体评审的WTO报告①分为三部分：第一部分，在贸易政策评审机构（TPRB）主席的简要发言后，是WTO秘书处报告；第二部分，是欧共体的陈述（即欧共体报告，简称EC报告）；第三部分，包括讨论人对报告的评论和TPRB的会议记录。其中第一部分的简要评论中提到了欧共体的经济环境、制度框架、贸易政策措施、部门政策、贸易政策及贸易伙伴六个方面的问题；秘书处报告则由四部分组成：(1）经济环境；(2）贸易体制；（3）各种措施的贸易政策和做法；（4）各部门的贸易政策。第二部分的EC报告涵盖了几乎与WTO秘书处报告同样的内容，但更强调自2002年前一次评审以来欧共体采取的改革，并讨论了欧共体在WTO中的作用。EC报告含有如下内容：（1）简介；（2）欧共体内（2002—2004）的主要发展，其中包括制度发展、内部市场和主要政策领域的发展、贸易发展；(3）欧共体的贸易政策框架；(4）在全球层面欧共体的贸易政策，包括欧共体对全球一体化的努力，欧共体与WTO、地区、双边之间的关系；（5）结论。第三部分包含了讨论人对报告的评论和各成员代表在TPRB会议上对报告所作的评论。

① 此处是指广义上的WTO报告，狭义的WTO报告一般是指WTO秘书处报告。

下面简要讨论 WTO 报告三个部分中所关心的主要问题①，借以对此次评审进行剖析。

1. 经济环境

欧共体的内部经济一体化过程随着 2002 年 1 月 1 日欧元这一单一货币的采用得到了加强。随着 2004 年 5 月 1 日 10 个新成员的加入，欧共体已扩大至 25 个成员国，欧共体成员对货币纪律的遵守及欧元针对主要流通货币的增值，导致了通货膨胀由 2001 年的 2.2% 下降到 2003 年的 2%，2002 年，欧共体中 15 个成员自 1988 年以来第一次出现了现金账户盈余，2003 年保持了盈余的势头，这部分是由欧共体与其主要贸易伙伴的贸易盈余带来的。但欧共体的 GDP 增长率自 2001 年以来有所下降（从 2000 年的 3.6% 下降至 2003 年的 0.8%），反映出较慢的生产增长、投资下降、私人消费滞后，经济增长的放慢导致了失业率的增加，从 2001 年的 7.6% 增至 2003 年的 8.1%。欧共体理事会在 2003—2005 年的综合经济政策指南（*Broad Economic Policy Guideline for* 2003—2005）中强调，根据 2000 年的里斯本战略，将使欧共体成为“2010 年世界上以知识经济为基础的最具竞争力和活力的成员”，欧共体将加速这一进程。欧共体贸易表现的最近趋势提升了人们对欧共体在随后几个月内恢复经济活力的希望。

2. 制度框架

自从上一次评审（2002 年 7 月）以来，欧共体制度框架最重要的变化是 2003 年 2 月 1 日实施了赖斯协定（*the Treaty of Nice*），使欧共体机构的工作有所扩张。根据该协定，欧共体能够代表其成员参与包含服务贸易和知识产权商事方面的谈判并达成协议。欧共体的贸易政策通过多边和优惠途径正朝着贸易体制自由化的方向迈进。在多边层面，欧共体继续是主要的参与者，包括多哈发展议程（DDA）的发起和实施，它至少授予了所有 WTO 成员最惠国待遇。

① Trade Policy Review – European Union, Report by Secretariat, WT/TPR/S/136, 22 September, 2004.

从总体上看，欧共体满足了 WTO 的通知义务，有助于其贸易体制的透明。欧共体也是 WTO 争端解决机制主要的使用者，在评审期间，它是 7 个案件的申诉方和 19 项争端的第三方，其中这些争端大部分针对美国。由于扩盟至 25 个的原因，与欧共体关税减让重新谈判有关的程序已启动。

欧共体有一系列优惠贸易协定（preferential trade agreements, PTAs)，新的优惠贸易协定的谈判还将继续。但为了集中于多边谈判，在此期间没有开始新的优惠贸易谈判。欧共体继续根据科托努协定向几乎所有加勒比和太平洋地区（Areas in Caribbean and Pacific, ACP）的成员提供非互惠的贸易优惠；根据普惠制向发展中成员提供优惠，其中包括针对最不发达成员的“除武器之外的所有贸易”倡议，使这些成员的出口产品免除了几乎所有的关税和配额限制。

3. 贸易政策措施

评审认为，欧共体的最惠国关税自从上次评审以来几乎没有发生什么变化，平均适用的最惠国关税 2004 年保持在 6.5% 的水平。尽管如此，关税结构仍然比较复杂，尤其在农产品方面。累积看来，由于相对高的农产品保护，关税显示出复杂的上升，有悖于半制成品关税的削减，也有悖于整个制成品的关税削减。出口补贴（主要对农产品）虽然在下降，但仍保持较高的水平。

欧共体维持的进口限制主要根据国际协定。进口许可证是为了监督、配额管理和保障的目的。海关程序在欧共体成员中是协调一致的，虽然其统一的实施仍是一个问题。根据其“2007 海关计划”（“Customs 2007 Programme”），欧共体正通过其内部各种各样交流和信息交换系统的实施而促进海关的管理，以创造无纸化（电子化）的海关环境。

欧共体仍然是贸易救济措施的主要使用者。在 2002 年和 2003 年，它发起了共 27 次反倾销，4 次反补贴和 3 次保障措施调查。技术规范在欧共体成员中只有部分协调一致，欧共体还在技术规范领域参加了对发展中成员的几项援助计划。在食品安全方面，欧共体尤其重视保持食物链上所有层面的高水平安全标准。为此目的，有关卫生和植物卫生标准的立法在欧共体内获得了通过。但对此高水平的保护引起了其他成员对这些规范的担忧。

欧共体已采取措施使其公共政府采购体制简化、现代化并充满灵活性。2004 年 5 月，有关协调公共政府采购程序方面的改革被批准。在竞争政策领域的措施包括：旨在使欧共体竞争规则实施体制现代化的立法改革、降低汽车产业和航空运输部门反竞争行为的发生、特定领域禁令的免除及兼并规范的修改等。在知识产权保护方面，运用了相应的立法对知识产权进行保护，如对设计登记的保护、地理标示的保护、农产品和食物产品原产地的标示保护和采取措施打击假冒和盗版等。

4. 部门政策

自从上次评审以来，欧共体继续通过减少扭曲、争取更大的市场导向和削减农业支持而改革其共同农业政策（CAP）。尽管如此，关税保护、国内支持，伴之以欧共体优惠贸易协定下农产品贸易有限的自由化，继续限制了国外竞争并导致了部分产品的剩余。CAP 使补贴对某些剩余产品的出口尤为重要，对某些农业制成品的出口也甚为重要。

自从 2003 年，欧共体采用了新的共同渔业政策（Common Fisheries Policy，CFP）旨在建立生态、环保和经济可持续发展的渔业。欧共体也是一个能源密集性经济实体，其耗能的 50% 靠自给自足。另外，各成员政府对能产生更有利于环保的能源给予支持。最近通过了立法，使电力和天然气市场进一步自由化并更具效率。欧共体制造业的生产增长继续下降，制造业也是政府扶持的主要受益者，欧共体正实施广泛的计划使该行业更富有成效。

到目前为止，服务产业是对欧共体 GDP 和就业具有最大贡献的产业。尽管如此，服务产业却落后于单一市场的其他产业，这主要由于各成员规范的不同造成。欧共体通过金融服务行动计划（Financial Services Action Plan，FSAP），针对特定服务部门存在的结构性问题采取了措施，对电信的规范框架进行改革并在运输行动计划中取得进展。由于欧共体希望成为总体充满竞争力的经济实体，服务行业进一步的自由化被认为是欧共体改革中期和长期目标最重要的方面。

5. 贸易政策和贸易伙伴

欧共体具有持续的多边贸易体制承诺并活跃地参与各种优惠贸易协定，对于发起 DDA 并推动各领域谈判以取得预计的成果欧共体都功不可没，欧共体坚定不移地履行 WTO 承诺对 DDA 的最终成功至关重要。

扩盟巩固了欧盟内的贸易关系。扩盟和欧共体的优惠贸易协定都有助于进一步提高经济上的竞争。但各种各样的优惠贸易协定，伴以不同的贸易自由化议程和贸易规则（包括原产地规则）进一步加剧了欧共体贸易体制的复杂化。再者，对于优惠贸易伙伴来说，它们若选择不结盟或延迟结盟可能导致贸易流向的改变并有损其出口贸易。尽管如此，欧委会不再发起新的优惠贸易谈判的决定可以减轻管理资源和谈判资源方面的压力。

总的来看，欧共体市场在非农产品方面是开放的，对农产品多少有些保护。欧共体是世界上重要商品的出口方和第二大进口方，这显示出欧共体贸易的重要性以及欧共体市场对于全球市场的重要性。进一步简化欧共体的贸易体制，尤其是其对农产品的关税结构，协调 25 国成员与贸易有关的程序，持续的结构改革对于促进世界贸易和改进欧共体的资源配置都大有裨益。

二、两次评审的比较

首先，需要注意的是，无论是 GATT 还是 WTO，对欧共体的评审都将欧共体视为单一的实体。欧共体报告、GATT/WTO 秘书处报告、GATT/WTO 理事会的审查都未专门强调欧共体单个成员方的贸易政策。尽管在 1991 年 GATT 秘书处报告中承认这一事实，即"……在欧共体中，不存在形成、协调和实施广泛的与贸易有关的政策的单一机制，根据不同的对象，政策执行权力授予欧共体或在欧共体与各成员方权威机构之间分享"。（秘书处报告第 5 页）

在此情况下，在欧共体评审的框架内，为了更清楚地理解欧共体的贸易政策如何在各成员国内得到实施，以及各成员贸易政策与欧共体贸易政策之间的关系问题，是否可以考虑有序地专门关注欧共体各成员的贸易政策。这在不必然违背欧共体与 GATT/WTO 法律关系的性质的情况下，在不否认欧共体融合过程的情况下，也不忽视其特定的组织结构的情况下是可以达到此目的的。评审中采用的方式无助于对欧共体内贸易事项的准确演进提供清晰的理解。当然，这一缺陷多少可以借助各缔约方/成员方在理事会上以更系统的方式强调欧共体单个成员方的问题而有所克服。重视单个成员方的贸易政策内容可以通过从报告信息的精确提炼中获取，可以根据欧共体与其单个成员方的合作经历中获取，或者实际上可以通过任何其他信息来源获取。即便如此，有学者认为，在 GATT/WTO 秘书处报告和欧共体报告中都应当含有单个成员的专门的一部分。①

其次，两次评审的秘书处报告结构发生了变化。1991 年评审时秘书处报告由六部分组成，而 2004 年评审时秘书处报告已改为由四部分组成。报告的结构是经过一定的发展而得到改变的，现在的报告结构更加清晰、更具条理性，使各代表能够较容易地通过该报告找到其关注问题的地方。

再次，对 GATT/WTO 规范性准则与欧共体贸易政策和做法之间的关系应该以更关注的方式进行评论。但在明确质疑欧共体特定实践的合法性方面，报告显示出的则是经济的分析。如果秘书处期望报告的中立性，那么报告应该根据正面的和反面的法律意见来寻求平衡。2004 年对欧共体评审的秘书处报告较之 1991 年秘书处报告其分析的成分已大有增加，只是语言比较谨慎。报告还应该采用更明确的、更有条理的法律视角。在理事会上，缔约方/成员方也对政策和做法的合法性（legality）提出了问题，这是秘书处的责任去确保法律方面的透明性，以使对法律问题的辩论得以进行。实际上，欧

① Asif H. Qureshi, Some Reflections on the GATT TPRM, in the Light of the Trade Policy Review of the European Communities, Journal of World Trade, Vol. 26, No. 6, 1992, p. 105.

共体贸易“不良行为”（sins）的大多数在以前已为人熟知。① 即使公众亦可从其他渠道获得大量的信息，从 GATT/WTO 角度对欧共体现存贸易政策和做法分析的相对不足还是令人失望。

最后，评审对欧共体贸易政策和做法提供了一种透明的测试，评审已使 GATT/WTO 各缔约方/成员获取了相当多的信息。但还存在一些距离，虽然 2004 年评审对欧共体贸易政策的透明加以了肯定，现存透明的程度仍应得以加强，在单个缔约方/成员方层面上的透明尤其需要加强。同时，贸易政策和做法对多边贸易体制的影响在两次评审中都没有详细地进行阐释，评审的水平和质量均有待进一步提高。

第三节　小　结

就欧共体评审而言，需要考虑如下问题：其一，在注意 GATT/WTO 秘书处资源限制，尤其是贸易政策评审司资源限制的同时，缔约方/成员方的资源限制也需要引起注意，即使在发达国家，资源限制也不可忽视，如上述 1991 年欧共体报告的准备存在的资源限制。在发展中国家，资源因素则更为重要了。其二，这里考虑的 TPRM 评审主要是通过两次对欧共体的评审，因而在此只能部分地反映贸易政策评审过程中存在的问题。其三，由评审提供的透明程度的测定和评价需要具有经济学的背景。

TPRM 评审现已逐渐形成了丰富的实践，结合欧共体评审得到的经验，我们可以看出，在任何评审中 TPRM 的以下几个方面都需要加以考虑。

第一，GATT/WTO 的信息收集能力需要继续得以加强。在此方面，邓克尔草案最终文本中设计了通知程序的强化，设立一个工作

① See P. Demaret, J. Bourgeois and I. Van Bael (eds.), Trade Laws of the European Community and the United States in a Comparative Perspective, College of Europe, Burges, 1989.

组来审查通知义务及对此的遵守情况。

第二，在 GATT/WTO 秘书处报告的准备中应该有更广泛的信息来源。可以考虑建立某种机制以使缔约方/成员方以及私人能够事先对秘书处可能在其报告中讨论的问题提请秘书处注意；另外，秘书处在准备报告时也可考虑在 GATT/WTO 之外委任一些工作。

第三，两份报告通常提交给各缔约方/成员方太迟以致各方难以对此作出评论。在此方面，对获取报告的严格的时间限制应该有序地进行，事前对讨论人准备的主要问题摘要的发布也应当有序地进行。

第四，缔约方/成员方应该有机会通过讨论人以匿名的方式提出问题并发表评论。恰当的时候，讨论人应担当起更活跃的角色，引发讨论一些发展中成员关心的问题。

第五，秘书处报告的分析性准则应该前后一致，分析应具有系统性并详尽周全；应该剔除那些吹捧式的评论，评审过程的精髓应该在意识上去政治化；在最大限度地降低评审的对抗性的同时，报告应进一步对缔约方/成员方贸易政策和做法同 GATT/WTO 规范性准则之间的关系进行分析，并具有某种形式的法律评价。

第六，在政府报告中，缔约方/成员方应该从法律上、经济上以及总体环境中系统地说明其贸易政策和做法的合理性。应该设立某种机制以防止政府报告过分地具有防卫性；在此方面，需要再次考虑提纲格式，使之可以排除或抑制缔约方/成员方因对外施行保护主义措施而对此进行大量的辩解。

第七，应该具有某种方式的评审的后续工作。例如，应该要求缔约方/成员方在其各自的议会论坛上讨论 GATT/WTO 的评审，并对缔约方/成员方采取的任何后续的系统性讨论作出记录。当受审成员从评审中清楚地知道自身贸易政策和做法应该得以改变但所建议的改变未能实施时，应授权总理事同缔约方/成员方私下讨论那些被建议的修改措施，这类似于 IMF 对成员国兑换率政策的监督。①

总之，在 GATT/WTO 评审中，对 EC 贸易政策和做法遵守与未遵守 GATT/WTO 规则、纪律和承诺方面都提供了洞察。就世界上主要的商品进口商和出口商（指欧共体）揭示出来的未遵守 GATT/WTO 规则、纪律和承诺而言，考虑到对其他缔约方/成员方贸易行为所具有的影响，其效应可能是负面的。总的说来，评审未能对欧共体贸易政策和做法与 GATT/WTO 规则、纪律和承诺之间的关系提供某种考核或作为考核的基础。考虑到系统、详细的法律评价的缺乏以及进行的经济上的成本/利益评价，在此方面评审自然不够充分详尽和深入。

我们应该看到，贸易政策评审报告所阐述的意见，在现行世贸组织体制下虽然不具有强制力，但它可以对受审成员产生一种压力，促使其尽快对不符合多边贸易体制的政策进行修正，而如果某些成员所实行的贸易政策背离多边贸易体制的规则太远，以致对其他成员造成了损害从而引发贸易争端，世贸组织的另一重要机制——争端解决机制就将启动，该机制将以某种带有强制力的形式，使这些成员的贸易政策回归多边贸易体制的轨道。

① 关于 IMF 实践的阐释，参见 J. Gold, Chapter 9, Exchange Rates in International Law and Organization, American Bar Association, Washington, D. C., 1988。

第六章 WTO对中国的贸易政策评审

第一节 贸易政策评审机制对中国贸易政策的影响

随着中国改革开放的进一步深化，中国与世界的联系同时加强了，1980 年中国成为国际货币基金组织的成员，1993 年取消了双重汇率制度并且在 1995 年实现了经常项目的可自由兑换。1986 年中国就向当时的 GATT 递交了复关申请，并重新在 1993 年和 1994 年就成员资格进行了积极的谈判，但还是在 1995 年与作为 WTO 的创始成员失之交臂。中国在外部积极进行复关和入世谈判的同时，也意识到作为 GATT 或 WTO 的成员，该组织不仅仅要审查到国内的进出口体制，还要触动到很多的国内法的规定和制度，所以中国从 1978 年在经济改革的同时，也开始为融入世界经济和国际贸易制度进行了不断的努力。① 在 1995 年以后，中国认识到改革的下一步进程就是要把改革与 WTO 成员资格的要求联系在一起。作为乌拉圭回合谈判的成果，WTO 不仅仅是包括对进出口义务这样的边界措施的规定，也触及了对国内政策这样的敏感领域进行“软侵蚀”。② WTO 对成

---

① See Hiddo Houben, China Economic Reforms and Integration into the World Trading System, Journal of World Trade, Vol. 33, No. 3, 1999.

② 有关国际组织对国家主权的“软侵蚀”的论述，可参见曾令良：《论冷战后时代的国家主权》，载《中国法学》1998 年第 1 期，第 116—117 页。作者认为，“软侵蚀”的特点是：国际组织的行动与措施一般均事先征得有关国家或当事方的同意。其主要表现为：有关国家将部分主权权力持久地转让给国际组织，或甘心让国际组织在该国暂时行使主权权力。

员的国内政策进行“软侵蚀”主要是通过成员方的“自愿”承诺和授权这两种方式。承诺构成成员的国际义务，自然必须履行；而授权则是指各成员方在该协定及贸易政策评审机制（TPRM）和争端解决机制（DSM）中，同意接受世界贸易组织的有关机构对其国内贸易政策进行评审以及就与其贸易政策有关的争议所作的建议或裁定，并履行这些建议或裁定。①

一个国际组织能够积极地影响其成员的政策的发展趋势，从而实现其确立的奋斗目标，是这一组织有权威、有活力的具体表现。联合国作为世界最大的国际组织，对于其成员国制定和实行和平外交政策发挥着巨大的影响，而被世人称为“经济联合国”的世贸组织则对其成员在制定和实行更自由化的、非歧视的和更透明的贸易政策方面发挥着重要的影响。该组织在以前散发的另一说明性文件中称：“对各成员贸易政策的监督是世贸组织的一项贯彻始终的重要工作。”②从关贸总协定成立到今日的世界贸易组织，经过整整半个世纪的发展、完善，该组织已经形成了一套完整的监督与影响各国贸易政策的机制。这一机制，在各种不同的贸易形势下，在世贸组织成员与该组织发生关系的各个不同阶段，在各成员之间因为某种贸易政策的实施而发生争端时刻，其发挥影响的方式有所不同。

WTO 对成员贸易政策的影响主要通过四种方式进行：第一是在加入前对申请方的贸易政策进行审查，这种审查程序首先是由申请方提交本国或本地区的贸易政策的说明文件，由 WTO 的加入工作组对该文件进行详细的审查。经过审查核实后，工作组就不符合要求的方面提出意见，申请方则按照工作组的审查意见对本国或本地区的有关政策进行修改或调整。这方面的工作最为艰难，也是很多国

---

① 陶凯元：《国际服务贸易法律的多边化与中国对外服务贸易法制》，法律出版社 2000 年版，第 155 页。

② 蒋德恩：《世贸组织对其成员贸易政策的影响》，载《外贸经济、国际贸易》1998 年第 11 期。引自 http：//202.202.80.40/detail.asp？n_ id = 121（中国学术期刊网）。

家在递交申请后需要经过很长时间才能最后得以加入的原因。最明显的例子就是中国加入 WTO 的日程。① 第二是在加入协议时的政策约束，就是加入协议中要对与多边贸易体制规则不符的部分进行约束，构成其未来的贸易政策改革义务。第三就是加入后要接受贸易政策评审，也能对成员的贸易政策发生积极的影响。第四就是贸易政策争端的裁决与执行，经过 DSM 的裁决后，败诉方必须修改其贸易政策或措施，使它们与世贸组织的规定相符。对中国来说，在 2001 年 12 月 11 日正式加入了 WTO，那么 WTO 已经对中国贸易政策的影响主要体现在第一和第二种方式上；现在我们讨论的第三种影响方式，是 WTO 通过对中国的贸易政策评审，对中国的贸易政策和做法提出批评或者建议，以及支持和关注目前中国正在进行的贸易政策和做法的改革。当然，对中国的评审要结合中国的市场经济体制改革，并以国际贸易环境为背景。

在中国入世之初，其他成员方一直担心中国是否能充分履行 WTO 的各项规则、纪律和所作的承诺，所以中国在接受贸易政策评审时，其他成员肯定会关注中国经济贸易政策的很多焦点并提出很多的质疑。当今世贸组织协调管理世界经济贸易的重点已经发生了变化：从边境措施向国内立法和决策的转移、从贸易壁垒向市场壁垒转移、从商品贸易自由化向要素流动自由化转移、从整体自由化向部门自由化转移、从贸易问题向经济社会问题转移、从贸易政策向竞争政策转移。② 这些变化都是今后评审所要关注的范畴。根据已往评审的重点和经验，以及 TPRM 评审报告的格式内容，可以预测以下几个方面已成为或将成为中国引起其他成员关注的主题。

① See Guiguo WHAG, China's Return to GATT, Journal of World Trade, Vol. 28, No. 3, 1994.

② 刘光溪：《世贸组织与世界经贸发展新动向》，载《世界贸易组织动态与研究》1999 年第 4 期，第 15 页。

一、中国的经济体制改革

1978 年 12 月以来的中国经济改革取得了巨大成功，而对外贸易与外商投资政策对此作出了非常重要的贡献。早在 1979 年改革初期，中国领导人就作出了抛弃自给自足经济、向世界经济开放的历史性决定。所谓的开放政策，即欢迎外商投资、扩大外贸并把外贸权下放。开放政策不仅在经济方面取得了超乎寻常的成功，刺激了国内经济的增长，而且激发了关键部门和地区对改革的关键性政治支持①，正因如此，在其后十几年内，尽管阻力重重，中国的改革得以持续进行。WTO 其他成员对中国的改革开放所取得的成功早已充满了兴趣，中国作为 WTO 的一个贸易大国，并且还是最大的发展中国家和以公有制为主体的社会主义国家，在对中国进行贸易政策评审时，WTO 其他成员方会非常关注中国的经济改革的模式、改革开放的动力、改革开放的主要内容以及改革的成效。对此，中国政府在准备接受评审时，完全可以借此向世界各国展示已取得的成就，让它们知道中国要建设完善的市场经济体制的目标和决心，向它们详细介绍中国正在进行的企业改革、所实施的金融政策、税收政策、外商投资产业政策和对外开放的优惠措施，以及西部大开发的战略和法律制度的建设等。通过评审可以让其他 WTO 成员知道中国正在做什么和将要做什么，同时也可以向它们提供经济改革的成功经验和存在的缺陷。

TPRM 作为对所有成员的普遍制度约束，在其目标中明确规定其目的在于“通过提高各成员贸易政策和做法的透明度并使之得到更好的理解，有助于所有成员更好地遵守多边贸易协定和适用的诸边贸易协定的规则、纪律和在各协定项下所作的承诺，从而有助于多边贸易体制更加平稳地进行”。在我国加入 WTO 后，制订了详细的承诺表和准入清单，这些具体义务是否真正得到实施，势必影响

① ［美］罗伯特·基欧汉、海伦·米尔纳主编，姜鹏、董素华译：《国际化与国内政治》，北京大学出版社 2003 年版，第 199 页。

到整个多边贸易体制的健康运行；而且由于我国持续的国内经济改革和贸易战略调整，新制定的贸易政策和新颁布的贸易法律法规并非仅仅影响我国的国内贸易，实际上，在当代全球化趋势的国际贸易环境中，任何国家的国内政策都不可避免地会对外部经济环境产生溢出效应。因此，WTO 对我国这样一个发展中大国进行评审，对我国经济体制改革将会产生显著的影响：一方面，可以促使我国尽快改革和完善经济管理体制，形成经济体制改革的外部压力和外部动力。另一方面，通过接受评审和参与对其他成员的评审活动，TPRM 为我国经济体制改革提供了有益的参照标准。世贸组织建立在市场经济体制基础上，世贸组织规则是市场经济一般准则向成员之间的延伸，它关于成员方经济贸易政策保持“统一、透明、规范、公平”的要求，以及一整套规则，对谋求完善社会主义市场经济体制的中国来说是有益的借鉴。

二、法律制度的协调

马拉喀什《建立世界贸易组织协议》第 16 条第 4 款明确规定：“每一成员应该保证其法律、规则和行政程序，与 WTO 协议所附各协议中的义务一致。”我们可以认为这是 TPRM 对我国法制状况的一般性要求。在中国接受评审时，中国法律、法规的协调问题势必会成为重中之重。① 而中国在经贸方面的立法主体层次多，从而容易导致立法权限不清以及地方法规与已经根据 WTO 规则和“入世”承诺修订的法律、法规之间不一致的现象。以外资政策为例，各种经济特区、经济开发区常常竞相出台税收或其他利益减让政策，而形式更是五花八门，有内部通知、领导批文、行政指示等，不仅不符合统一透明的要求，有时还会因涉嫌构成“变相补贴而导致贸易扭曲作用”而受到贸易政策评审机构（TPRB）的“非难”，这也是

① 需要说明的是，秘书处报告中往往不会有专项的成员国内法律评审内容，因为这会涉及一国主权等敏感问题，通常的做法是将法律、规则作为贸易实践的一部分而顺带提及并加以评析。

WTO 成员方将对中国“入世”承诺履行监督的重点越来越放在中央下一级的根本原因。这一问题不及时解决，中国在今后评审中将处于被动地位。

还有一个不能忽视的方面，那就是中国与其他国家所签订的条约与 WTO 规则的协调。过去，中国与世界其他国家和地方的经贸关系，主要靠签订双边的条约来调整，条约内容不无冲突的地方，例如征税问题，国民待遇问题等。现在大部分双边条约的主体都同为 WTO 成员，按照 1969 年的维也纳条约法公约，中国与它们现在的权利义务关系要以后来共同参加的 WTO 多边协议为准，对过去的双边和多边条约要重新予以修改或终止。在贸易政策评审中对此项内容的评审也将促使我国在国际立法方面进行相应的调整。

三、政府的职能和行政执法的公正性

WTO 一直致力于贸易自由化，要求各成员政府通过多边谈判，降低和约束关税，取消其他贸易壁垒，消除国际贸易中的歧视待遇，扩大本国市场的准入程度。中国过去实行计划经济，产品的生产和流动以及消费都靠计划进行，其他成员方对中国这个社会主义大国的身份很敏感，他们怀疑中国政府在促进贸易自由化方面的努力，担心政府在市场上管理控制过多，以至于阻碍市场的培育和要素的流动。外商会担心行政执法上政府偏袒国内经济主体，导致遭受不公正待遇。因此在评审时，他们会专门针对政府的角色进行提问。针对这个焦点，政府还要继续完善市场的建设和国有企业改革，把政府培养成市场的执法者和监督者，而不是市场的竞争者。对于行政执法的公正性，世贸组织规定，凡是有关对外经贸的政策措施，包括行政决定和行政裁决都必须为当事人提供申请复议和提出诉讼的机会，即在国内要建立行政行为的司法审查制度，以确保行政执法的公正性，不能剥夺当事人的诉讼权利。同时，TPRM 使政府的行为受到多边体制的约束，一些政府部门站在部门利益、集团利益基础上制定违背市场经济要求和国际通行惯例的政策规定的做法，将得到有效的制约，这对于控制政府腐败、规范行政和政府行为、畅通政令，使中央政府决策得到正确贯彻，避免各种利益集团对改革的扭曲，塑造一个高效、廉洁的政府，将起到巨大的推动作用。

另一方面，由于WTO对成员的贸易政策评审涉及贸易政策和做法，关系到国民经济众多部门，接受评审方政府在评审前提交的政府报告要求翔实而准确，在评审结束后，对于不符合WTO规则的政策和措施需要进行调整，这些评审前后的工作都需要国内各部门之间对贸易政策的讨论和合作，这对改善国内各部门的合作和协调，促进国内机构调整和优化有非常重大的影响。在我国十届全国人大一次会议上顺利通过的关于国务院机构改革方案，具体地落实了十六大“行政管理体制改革和机构改革是推进政治体制改革的重要内容”的要求，昭示了在进行行政管理体制改革时，要使行政管理体制适应经济体制改革，适应加入世贸组织后出现的新形势。人们所熟悉的国家计委、国家经贸委、外经贸部等已告别历史舞台，而新登场的是国有资产监督管理委员会（国资委）、国家发展和改革委员会（发改委）、商务部等部门。其中，新成立的商务部主管国内外贸易和国际经济合作，根据改革方案，它整合了国家经贸委的内贸管理、对外经济协调和重要工业品、原材料进出口计划组织实施等职能、国家计委的农产品进出口计划组织实施等职能以及外经贸部的职能。商务部的成立既是我国市场经济发展的需要，也是适应我国入世后面临的世界市场规则统一化的需要，凸显了我国机构改革的决心和成效。

四、外贸政策和非关税措施

WTO规则对货物贸易有个基本的要求就是个体①有权直接从事贸易而不受政府任何形式的控制和干预，就像在国内从事贸易一样，对外贸易不应该成为一种特权。中国这方面的限制曾经是加入WTO谈判的一个障碍，也是在实施WTO义务过程中的一个焦点。中国承诺在加入WTO三年之后取消对外贸易权的限制，在相关法律法规的

① 包括个人、私营企业、公司等经济实体。

调整上，中国政府已经迈出了实质性的步伐。2004 年 4 月 6 日，十届全国人大常委会第八次会议审议通过的新《对外贸易法》，其突出的变化就是取消贸易权审批制，改为备案登记制。另一个突出变化是，外贸经营者的范围再次扩大，新版外贸法对外贸易经营者的范围扩大到依法从事对外贸易经营活动的个人，这意味着作为自然人的普通老百姓将可以以个人身份从事进出口贸易活动，这是入世后中国外贸政策发生重大变化的一个写照，但同时也将成为贸易政策评审中其他成员方关注的一个重要问题。

在 20 世纪 80 年代和 90 年代初，中国是世界上高关税保护的国家之一，但平均关税到 1997 年 10 月已经降到了 17%，2005 年年底平均关税已经降到了 10%。这应该说是中国积极履行入世承诺而取得的成果。在平均关税的面纱下，也可能掩盖了个别产品的高关税率，如汽车还存在着关税高峰。其他成员方在对中国贸易政策的评审过程中对此还有很多抱怨。但出人意料的是，中国政府的实际关税收入却远远低于平均关税率乘以总进口量，这说明中国的实际关税率存在着水分，其中重要的一个原因就是高关税率刺激了非法进口，无形中削弱了高关税的保护作用。可见中国在降低关税方面还有潜力可挖，如果进一步降低关税，可以把非法进口这部分水分挤掉，反而可能增加对国内产业的净关税保护作用，同时也增加财政收入。TPRM 的定期评审，将监督我国关税水平按承诺削减的情况，因此，我国运用关税手段保护国内市场的空间已大大缩小，目前各国保护国内市场的主要手段均从关税措施转向非关税措施，而在非关税措施方面，如技术标准、卫生安全等隐性非关税措施也越来越受到评审方和其他 WTO 成员的关注，我国在采取这些措施时，也要按照 TBT 协议、SPS 协议和 WTO 的其他规定履行最惠国待遇和通报等相关义务。

五、市场准入和行业部门的发展

市场开放程度在中国入世时便是最有争议的一个问题。最终我国承诺了在银行、证券、保险、电信等服务贸易部门的各自的开放程度。在行业进入形式的规范上，我国外资法也做了相应修改，逐渐取消了当地成分、出口实绩、管理人员任免等与国民待遇原则和一般取消数量限制原则不一致的要求，而这方面问题也将是中国贸易政策评审最大的焦点。因为中国市场的开放和行业部门的发展与外国投资者和贸易商的利益直接相关，尤其是服务行业，是各国经济增长和贸易发展的制高点，其他国家都希望在中国能分得一杯羹。毫无疑问，在贸易政策评审中，对这个领域的贸易政策和做法的讨论将非常激烈。

以上几方面只是未来对中国的评审中很可能引起其他成员方关注的领域，也是我国在实施 WTO 各项规则和所作承诺的关键步骤。当然，TPRM 的非强制执行性和评审的广泛性，决定了评审不仅仅限于这些方面，国内需要认真做好与 WTO 规则、纪律相协调的工作，以免给其他成员方有可指责的机会，同时我们也可以从对其他成员的评审中吸取一些经验教训，做好我们接受评审的准备工作。

第二节 贸易政策评审在中国的运行状况

WTO 或其机构的评审可以监督和评估各成员实施 WTO 协议的情况，评审的结果能够显示各成员通过评审而体现出来的现存的问题，因而可以引导成员以 WTO 建议或指导的方式行为，其他成员也可以提起磋商甚至根据评审过程中披露的信息，针对接受评审成员与 WTO 不一致的措施而发起争端解决程序。如本书第二章第一节所示，中国要同时面对 WTO 专业委员会评审、TPRM 评审和过渡性贸易政策评审，因此，弄清贸易政策评审在中国的运转状况并积极备战至关重要。考虑到 WTO 专业委员会评审主要是日常性的评审，本节主要探讨过渡性评审机制（Transitional Review Mechanism，TRM）和 TPRM 对中国的贸易政策评审。

一、过渡性评审机制对中国的评审

（一）过渡性评审机制概述

中国在 2001 年 12 月 11 日正式成为世贸组织的第 143 名成员时，

签署了四个附加的条款，包括：反倾销案件中非市场经济地位规定，期限15年；“特定产品过渡性保障机制”，期限12年；“纺织品限制措施”，期限8年；还有一个就是过渡性贸易政策评审机制。根据《中华人民共和国加入议定书》第18条第1款的规定，中国接受“过渡性贸易政策评审”。该机制要求有权根据WTO协议或加入议定书审查中国承诺义务的WTO下属机构在中国加入WTO一年内评审中国对涵盖协议和议定书条款的实施情况。① 总理事会也将在中国入世一年内评审中国的实施情况。② 对中国实施进展和实施状况的年度评审将在中国入世后的八年里每年进行，然后在中国入世第十年或总理事会认为更早的时候进行最后一次年度评审。③

对中国过渡性评审机制的设计显示了WTO和其他成员对中国履行其广泛承诺的能力和意愿的深深的担忧。这部分是由于中国具有某种特殊的“社会主义市场经济”制度这一事实，这一制度具有某种在正常的市场经济中不能发现、有别于其他市场经济的特点。比如，国家对经济的干涉或影响，企业操作（特别是那些国有企业）仍然很强并将存在很长一段时间。一些市场因素，如外汇兑换率、土地、劳动力和融资等还很不成熟或被政府的政策所扭曲。再者，其他成员方认为，一党执政可能不能提供正确的监察和平衡以确保中国遵守WTO的承诺。④ 因此，设置过渡性评审机制是为了对中国实施WTO协议承诺施加强有力的监督。

过渡性评审机制的运行不仅对中国是一挑战，对WTO本身也是一挑战。中国要接收WTO和其他成员的严格评审，这一年度的评审程序对于中国的行政机构来说是一次巨大的挑战，它需要大量信息和文件的收集并提供给WTO的相关附属机构。评审带来的国际压力

---

① 《中华人民共和国加入议定书》，WT/L/432，第18条第1款。

② 同①，第18条第2款。

③ 同①，第18条第4款。

④ Xin Zhang, Implementation of the WTO Agreements: Framework and Reform, Northwestern Journal of International Law & Business, Vol. 23, 2003, p. 383.

可能可以促使中国按 WTO 协议及其义务行事。另外，WTO 主持这一年度评审的任务也增加了其行政负担。WTO 在这一新的评审机制中是否能有效地运作以及如何有效地运作将增强人们对 WTO 这一国际机构的信任和依赖。有趣的还有，我们可以拭目以待，是否其他具有与中国相同背景的国家如俄罗斯，在它加入 WTO 时是否也将接受这一特殊的过渡性评审机制。

该制度的基本法律结构反映在《中华人民共和国加入议定书》(以下简称《议定书》) 第 18 条中。《议定书》第 18 条非常简短，仅由十段构成，其文本也只占《议定书》全文文本的不足两页，这为其以后的执行带来了模棱两可（详见后述)。《议定书》第 18 条仅规定了一些总的问题，如哪些 WTO 附属机构将涉入 TRM 中、总理事会评审的范围和 TRM 年度评审的特性等。①

尽管如此，《议定书》第 18 条附件 1 提供了评审内容的其他规则。第 18 条第 1 款将参照附件 1A，附件 1A 规定了中国在评审前应提交给 WTO 各附属机构的信息内容。第 18 条第 2 款则规定了总理事会将根据附件 1B 中的框架对中国进行贸易政策的评审。尽管第 18 条十分简要，但其附件 1A 则更为详细，涵盖了文本的六页，列举了一系列要求中国在 TRM 过程中“应该”（should）提交的信息领域和种类。评审的内容深入地涉及中国国内的法律制度和程序，其最明显的体现可表现在附件 1A 第三部分题为“制定和实施政策的框架”(Framework for Making and Enforcing Policies)，该部分要求中国“修改或执行与中国的入世承诺相关的国内法律、法规和其他措施”。附件 1A 还讨论了创设某种“机制”（mechanism)，通过该机制可以使中国与 WTO 不相符合的贸易制度能够提请中国政府的注意。②

附件 1B 则规定了总理事会在 TRM 过程中必须处理的问题。总理事会将评审 TRM 第一阶段 WTO 各附属机构的报告和问题、中国贸易与 WTO 成员及其他贸易伙伴的发展情况，以及有关中国贸易制

① 具体规定可参见《中华人民共和国加入议定书》，WT/L/432，第 18 条。

② 参见《中华人民共和国加入议定书》附件 1A，第三部分（part. Ⅲ）。

度最近的发展和跨部门问题。附件 1B 还要求中国在评审前至迟 30 天提交与评审有关的文件和信息。①

我们知道，在多边体制下，“评审”是一国际组织根据国际法对一国行为的判断。② 在 WTO 中，每一成员要接受 WTO 专业委员会有规律的评审和由贸易政策评审机构主持进行的定期贸易政策评审（Trade Policy Review，TPR），后者被称为贸易政策评审机制（TPRM）。然而，中国的 TRM 却有别于其他成员的 TPRs。

（二）过渡性评审机制的特点

第一，中国 TRM 和其他成员 TPRs 的主要不同首先表现在其评审的频率上。根据《议定书》第 18 条的规定，过渡性贸易政策评审将在中国入世后连续八年每年进行，最后一次将在中国入世第十年或总理事会认为更早的时候进行。③ 由于对中国实行过渡性贸易政策评审，中国是 WTO 成员中唯一一个接受年度评审的成员。其他成员的 TPRs 将根据其在世界贸易体制中的“排名”（rank）而从两年到六年不等。④ 并且，对中国的过渡性评审是补充正常的 WTO 专业委员会评审和 TPRM 评审而不是代替后两种评审。考虑到中国入世时的国际贸易额排名，中国属于每四年进行一次评审的成员。2004 年，中国在全球贸易额排行榜中取代加拿大跃居第 4 位，WTO 对中国贸易政策评审将由原来的每四年一次调为两年一次。相关的专业委员会也将对中国进行常规性的评审。因此，中国在接受过渡性评审的同时，并不能免除其正常的专业委员会评审和 TPRM 评审。当然，考虑到中国以每年为基础而提供的信息十分频繁，过渡性评审机制的评审在很大程度上可以满足常规性评审的需要。

---

① 参见《中华人民共和国加入议定书》附件 1B。

② See G. J. H. van Hoof & K. de Vey Mestdagh, Mechanisms of International Supervision, in Supervisory Mechanisms in Int'l Econ. Org, P. van Dijk ed., Kluwer Law Int'l, 1984, pp. 3, 11.

③《中华人民共和国加入议定书》，WT/L/432，第 18 条第 4 款。

④ Trade Policy Reviews: Brief Introduction, WTO websit, http://www.wto.org/english/tratop_e/tpr_e/tp_int_e.htm.

第二，评审的范围和所涉的 WTO 机构要比 WTO 专业委员会有规律性的评审和 TPRM 的评审都要广泛。它涵盖了 WTO 十六个下属机构①，每一下属机构负责该机构责任范围内的对中国所作承诺的评审，总理事会将在这些单个评审的基础上进行评审。从这个角度讲，中国要服从于一个联合的评审框架，这个框架包含了来自 WTO 协议各个方面的监督，首先由世贸组织十六个受命评审的下属机构根据《议定书》附件 1A 所规定的中国应提供的资料进行评审，各下属机构将评审结果迅速通报有关理事会，然后总理事会根据《议定书》附件 1B 规定的框架和各下属机构通报的评审结果再进行评审，并且可以对有关中国的实施进展提出建议（make recommendation）。相比而言，WTO 专业委员会评审负责根据各成员的通知进行信息的评审，评审只是在保持政策透明的基础上对各成员在各该领域的贸易政策进行讨论，只是为各成员提供一个讨论和协商的机会。而 TPRM 则由 TPRB 进行，这既不包含如此众多的下属机构，也不包含由总理事会进行较高水平的综合性评审。②

第三，过渡性评审在某种意义上说已涉及中国的主权，其目的不仅是评估总的经济和贸易政策，而且还涉及对 WTO 协议实施的具体步骤（例如，撤销或修订与 WTO 不相符合的立法，接受特定规则等），包括对具体立法和其他国内法律制度的审查。一般的贸易政策评审③从全方面看待成员方的贸易政策，评审建立在公众所知的资料之上，被看做是透明度的实践，而不是评估单个成员是如何遵守 WTO 的具体规则的。正因如此，TPRM 有益于使人们了解对世界贸

---

① 这些机构包括了货物贸易理事会、与贸易有关的知识产权理事会、服务贸易理事会、国际收支限制委员会、市场准入委员会、农业委员会、卫生与植物卫生措施委员会、技术性贸易壁垒委员会、补贴与反补贴措施委员会、反倾销措施委员会、海关估价委员会、与贸易有关的投资措施委员会、保障措施委员会和金融服务委员会等，几乎涵盖了 WTO 的所有机构。

② 尽管 TPRB 成员即为总理事会成员，但评审以 TPRB 名义进行而不是以总理事会名义进行。

③ 即前文所指的 TPRM。

易和贸易制度有重大影响的 WTO 成员方的贸易政策，它也有益于较小的成员去追寻推动他们自身经济发展的贸易政策。① 而过渡性评审涉及中国对 WTO 协议实施的具体步骤这部分内容超出了 TPRM 评审的范畴。在此方面，可以公正地说，过渡性评审机制是针对“实施状况”（implementation status）的评审，而绝不只是“贸易政策”或广义的“经济政策”的评审。就评审动向来看，美欧等国已将关注重点由承诺履行情况转向具体贸易政策和措施，更多地要求中国解释具体政策措施和细节以及与 WTO 规则的一致性。

基于 TRM 的上述特性，我们可以得知，TRM 创设的目的无非是在 WTO 体制中对中国有一个比对其他成员更强的评审机制。但这一制度的运行是否有效，还需要从对中国过渡性评审的实施中得到印证。

（三）过渡性评审机制的运行

尽管《议定书》附件 1A 规定了一系列中国应当提交审查的信息种类，但整个《议定书》在 TRM 的程序方面规定得相当模糊，这带来了实践中的争议。尤其是在对中国进行过渡性评审的前两年，争议集中在对 TRM 运行程序的不同认识上。如某一特定事项的恰当时间和中国对其他成员问题的回答方式等。再者，最后评审报告的形式和实质内容也是争议的焦点。值得庆幸的是，由于创设 TRM 框架协议本身的疏忽和模糊性，中方在这些争议中基本上均获得了胜利。但另一方面，评审的通过并未让中方幸免可能可以避免的贸易争端，这引发了我们对所获胜利的理性思考。

1. 第一年过渡性评审的运行

在中国接受过渡性评审的第一年，几个有关 TRM 的主要问题便呈现出来。第一，《议定书》条款的模糊导致对 TRM 程序问题的争议；第二，由于通过评审报告的“共识”（consensus）要求导致报告缺乏实质性内容。

---

① G. J. H. van Hoof & K. de Vey Mestdagh, Mechanisms of International Supervision, in Supervisory Mechanisms in Int'l Econ. Org, P. van Dijk ed., Kluwer Law Int'l, 1984, pp. 3, 11.

（1）程序性问题

有关 TRM 程序性问题的争议始于中国获得 WTO 成员资格的几个月后。主要的分歧在于 TRM 程序的具体时间安排。包括：①每年的什么时候开始对中国进行过渡性评审？②WTO 其他成员什么时候开始向中方提交问题问卷？③中方在评审前的什么时候提供对其他成员问卷的回答？[①] 由于《议定书》对上述问题均未作出规定，美国和其他成员在 2002 年初期的各种专门委员会中就提出了有关 TRM 的程序及实施问题。由于中方和其他成员对此问题的分歧，有关时间框架的问题和其他问题均进入非正式磋商。在 2002 年中期，虽然其他问题分歧尤在，但对于评审的开始时间问题达成了共识，即评审在各附属机构于当年的最后一次会议上进行。[②]

中国回答其他成员问卷的方式也成了争议的问题。《议定书》附件 1A 要求中国对“总理事会或某附属机构”的提问进行回答。[③] 但该条规定并没有明确提到 WTO 其他成员，那么中国是否应当在评审前对其他成员的问题提供书面回答呢？一方面，美国、欧共体、日本和其他 WTO 成员认为，书面的、及时的回答对评审及监督程序的成功与否至关重要[④]，而中国强调对其具有法律约束力的义务明确规定在《议定书》第 18 条中，其没有超出该条文字明示规定的其他义务。[⑤] 中方一再坚持其立场，其仅对其他成员的提问作口头的回

① Terence P. Stewart, China's Compliance With World Trade Organization Obligations: A Review of China's 1st Two Years of Membership, A Report Prepared for the U. S. – China Security and Economic Review Commission 1 (2004), p. 73. http: // www/uscc/gov/researchpapers/2004/stewartpaper/04_ 03_ 19final report. pdf.

② Ibid, p. 74.

③ 《中华人民共和国加入议定书》，WT/L/432，附件 1。

④ Terence P. Stewart, China's Compliance With World Trade Organization Obligations: A Review of China's 1st Two Years of Membership, A Report Prepared for the U. S. – China Security and Economic Review Commission 1 (2004), p. 80. http: // www/uscc/gov/researchpapers/2004/stewartpaper/04_ 03_ 19final report. pdf.

⑤ Ibid, p. 81.

答，其所有的义务均限于《议定书》第 18 条的规定，第 18 条的规定是其义务的绝对限制。①

对于中国应当提交评审的信息资料几乎没有什么争议，并且，中国也按《议定书》附件 1A 的要求提供了所有供评审的材料。但对于中国提交这些材料的时间又成为争议的一个焦点。《议定书》仅规定了中国必须在评审前（in advance of）提交与评审有关的信息和文件②，《议定书》并没有再作出进一步的规定，即评审前的什么时候提交信息和文件。关于总理事会的评审，《议定书》附件 1B 规定了中国必须在评审的至迟 30 天前提交信息和文件③，但《议定书》并没有对十六个附属机构或各分理事会的评审规定同样的时间限制，而这些机构的评审占据了中国过渡性评审的绝大部分。

由于《议定书》规定的上述模糊性，中国提交给各附属机构信息和文件的时间平均为会议前三天。对于中国提交的内容，其他成员仅提出了相当少的一些问题。④ 可以想象，在评审会议期间要对三天内收到的信息作出迅速的反映的确有些困难。我们可以认为，这是中国在解释协议文本技术上的一次胜利，因为 30 天的限制在协议中有明确规定适用于提交给总理事会信息的时间，这很难说在此方面中国违背了 TRM 的义务，因为“提前”提交给各附属机构评审信息并没有具体规定如何“提前”。

（2）评审报告的内容

如前所述，《议定书》规定了在各附属机构进行完对中国的过渡

① 如可参见 2002 年 11 月 18 日 WTO 反倾销委员会主席在对中国过渡性评审时提交给货物贸易理事会的报告第 57 段、第 64 段。G/ADP/8，Doc. N. 02 -6363；2002 年 12 月 3 日 WTO 货物贸易理事会对中国过渡性评审的报告第 3.7 段。G/L/596，Doc. No. 2 -663。

② 《中华人民共和国加入议定书》，WT/L/432，第 18 条第 1 款。

③ 同②附件 1B。

④ Terence P. Stewart, China's Compliance With World Trade Organization Obligations: A Review of China's 1st Two Years of Membership, A Report Prepared for the U. S. -China Security and Economic Review Commission 1 (2004), p. 78. http://www/uscc/gov/researchpapers/2004/stewartpaper/04_ 03_ 19final report. pdf.

性评审之后，每个机构将向总理事会提交评审报告。[①] 但在 TRM 的法律制度中并没有提及各委员会报告的内容。这些委员会提交的报告通常包括：①各成员提交的文件；②评审会议记录的部分内容。[②] 在 2002 年市场准入委员会上，日本提到仅仅报告事实上发生的交换意见不能突出所发生的实质性讨论，报告应该反映对 TRM 目的的一些不同解释。该委员会主席则认为，使报告具有综合性（comprehensive）将使报告没完没了，因为如果要试图去解释各个成员陈述意见的含义，"共识"将无法达成。[③] 市场准入委员会及其他委员会之所以采取上述报告形式，至少部分原因是由于各附属机构或委员会的报告需要"共识"通过，即包括所有该机构或委员会成员（包括中国在内）的一致同意。[④] 因此，如果某个附属机构的报告中含有中国没有恰当履行 WTO 义务之类的语言，中国自然可以以拒绝同意的方式阻挠报告的通过。另一方面，《议定书》第 18 条第 1 款授权总理事会对中国的履行努力提出建议，但总理事会的报告也需要"共识"的一致同意才能通过，因为在《议定书》或其他 WTO 文件中没有任何规定提到 TRM 中总理事会报告的通过与正常情况下的"共识"实践有何不同。因此在总理事会的报告中对中国也只是做了温和的不具体的批评。出于同样的原因，其他成员也没有对中国提出

---

① 《中华人民共和国加入议定书》，WT/L/432，第 18 条第 1 款。从技术层面讲，各附属机构应该将其报告递交给根据 WTO 协议第 4 条第 5 段建立的相关分理事会。因此在理论上应该在附属机构与总理事会之间存在一个中间的机构（分理事会），但实践中的 TRM 并非如此，各附属机构的报告一般直接递交总理事会评审。

② Terence P. Stewart, China's Compliance With World Trade Organization Obligations: A Review of China's 1st Two Years of Membership, A Report Prepared for the U. S. – China Security and Economic Review Commission 1 (2004), p. 84. http://www/uscc/gov/researchpapers/2004/stewartpaper/04_ 03_ 19final report. pdf.

③ 2002 年 9 月 23 日举行的 WTO 市场准入委员会会议记录第 8. 64 段和第 8. 65 段。G/MA/M/33, Doc. N. 2 – 6419。

④ 除非另有规定，"协商一致"或称"共识"是 WTO 正常决策程序的实践规则，该规则反映在《建立世界贸易组织协定》第 9 条第 1 款中。

什么具体的建议或至少是有关实施方面的综合陈述。

2. 第二年及其后过渡性评审的运行

2003 年及其后的几年，如同评审的第一年那样，对 TRM 程序方面没有作出任何实质性的变化，这正如 TRM 的其他方面一样，对现存程序的修改需要各成员的共识。中方在第一次 TRM 中对各种有关程序问题已表明了其坚决的立场，在随后的几次评审中自然也不会让步，因此在此方面其他成员没有再提出具体的建议。以后几年的评审基本源袭第一次评审的模式。每一次评审都由各附属机构开会进行，中方阐明其为履行 WTO 所做的全部努力并对其他成员的提问给予了口头的回答。评审报告记载了会议发生的情况，但没有给出实质性的批评或进一步提高的建议。①

在第二年的评审中没有发生对程序性问题的争议，只是在进口许可证委员会对中国的评审中出现了一个新的争议，即评审的提问与问答期间。中国代表提出其是否有义务回答所有的问题，因为《议定书》第 18 条对此也没有作出明确的规定。美国代表指出，既然《议定书》第 18 条授权 WTO 其他成员向中国提出问题，其潜在的含义就是中国必须回答这些问题。② 中方对此作出了让步，没有再提及该问题。在随后的评审中，中方为评审而提供的信息、格式和时间等都类似于第一年评审，其他成员的反应也类似于第一年。③

---

① Terence P. Stewart, China's Compliance With World Trade Organization Obligations: A Review of China's 1st Two Years of Membership, A Report Prepared for the U. S. – China Security and Economic Review Commission 1 (2004), p. 98. http://www/uscc/gov/researchpapers/2004/stewartpaper/04_ 03_ 19final report. pdf.

② 2003 年 10 月 29 日 WTO 进口许可证委员会对中国进行过渡性评审提交给货物贸易理事会的报告第 3. 19、3. 24 和 3. 24 段。WTO Doc. G/LIC/11。

③ Terence P. Stewart, China's Compliance With World Trade Organization Obligations: A Review of China's 1st Two Years of Membership, A Report Prepared for the U. S. – China Security and Economic Review Commission 1 (2004), p. 100. http://www/uscc/gov/researchpapers/2004/stewartpaper/04_03_19final report. pdf.

(四) 过渡性评审机制的制度缺陷

通过对 TRM 实际运行的考察，我们应该考虑其是否达到了该机制创设时的目的。如果没有，进一步思考的问题是，这是由于该制度执行时的问题还是由于 TRM 制度本身内在的缺陷？或者，问题的根本就在于其他成员对 TRM 过高的期望是否合理？如果中方的行为根据《议定书》第 18 条规定的义务是合法的，那么 TRM 的运行与其表面文字所蕴涵的目的是否一致？

如前所述，“评审”在国际法上被理解为某国际组织对某国行为的“判断”。在 WTO 框架下，评审，包括 TRM 被认为是评估（evaluate）成员方对 WTO 协议的履行。① 评审也被认为是一种监督（monitoring）机制，即由其他成员进行对受审成员非冒犯性的审查和对信息进行收集。② 从对中国进行的过渡性评审来看，似乎后者的特性更能准确地反映评审的实践。如果 TRM 有效地发挥了收集信息和陈述事实方面的监督作用，其结构和实践似乎就排除了其评估、裁判功能的可能性。

再者，《议定书》对 TRM 程序的描述非常简要和模糊。正是由于协议文本对 TRM 程序和报告内容这类重要问题的模糊性，至今对其法律特性的争议在所难免。这些争议在评审的第一年比以后几年都要激烈，因为中国有理由坚持自己的观点，而大多数成员也接受了如今过渡性评审已采用的模式。当然，考虑到任何程序上的变化和评审报告的通过都要以“共识”的方式，这给予了中国就 TRM 而言事实上的否决权。任何一个 WTO 成员都不会同意裁决自己没有履行 WTO 义务的报告的通过。

由此可见，评审在争议递交争端解决机构（DSB）之前所具有的评估、执行功能并没有得到有效的发挥。③ 因为从理论上讲，如

---

① Xin Zhang, Implementation of the WTO Agreement: Framework and Reform, Northwestern Journal of International Law & Business, Vol. 23, 2003, p. 404.

② Ibid, p. 390.

③ DSB 是执行 WTO 规则的主要机构。可参见 WTO 官方网站资料 Dispute settlement gateway, http: www. org/english/tratop_ e/dispu_ e/dispu_ e. htm#dsb.

果评审在 WTO 成员的实施努力方面暴露了其弱点，那么其他成员可能利用评审中发现的问题针对受审成员施压或发起争端解决程序。① 在 TRM 中，如果中国对其履行义务的否定性报告予以同意，那么就等于初步认定了自己的做法与 WTO 承诺不相符合，这样的否定性报告可能不仅可作为随后 DSB 专家程序的证据，而且也可被其他成员在磋商程序或其他非正式谈判中当做把柄。

应该说，中方的代表是理性的行为者，他们有理由运用自己的否决权去阻止对于其入世履行否定性报告的通过。简言之，任何一个成员都将根据其利益的最大化而行事，制度设计本身就诱发了模糊和否认。因此没有理由指责中国的行为不当，而是法律制度允许中国有这样的权利。实践中，TRM 似乎更倾向于是一场论坛而非评审。考虑到该制度法律方面的自然属性，各附属机构和总理事会“评估”和“提出建议”的授权似乎并不存在。中国完全可以将 TRM 过程看做是接受 TPRM 的一场场练兵，但这又引发人们对 TRM 与 TPRM 事实上是否存在不同的质疑。如果两者没有太大的不同，其单独存在的必要性究竟何在？这是否是《议定书》的谈判和起草者们的真实意图？再者，考虑到 TRM 的源起、文本和实践，我们很难判断 TRM 程序是“监督”（monitoring）或是“裁判”（judging），到底 TRM 的运行是成功或是失败，这将取决于人们对其功能的不同认识。

不可否认的是，TRM 应当与 TPRM 一样，通过增强贸易政策透明度，监督贸易政策的实施，起到国际贸易的润滑剂的作用，在一定程度上预防国际贸易争端的发生。那么，过渡性贸易政策评审机制预防 WTO 争端的作用是否得到了有效的发挥呢？我们通过中国与美国之间的半导体税收制度争端可略知一二。

在中国入世前后，其他成员对中国的入世承诺表示了担忧，中国的增值税（value - add tax，VAT）政策是美国和其他主要发达成

① Xin Zhang，Implementation of the WTO Agreement：Framework and Reform，Northwestern Journal of International Law & Business，Vol. 23，2003，p. 405.

员国关心的主要问题之一。[①] 对此，中国承诺从入世之日起，将起草和实施那些与 GATT 相符合的法律、法规和其他措施。[②] 实施这些政策的法律规定体现在《议定书》第 11 条，该条规定了所有国内税收和收费，包括增值税，其适用必须与 GATT1994 相符合。[③] 我们知道，在 GATT1994 的众多规定中，最为重要的是最惠国待遇和国民待遇条款。WTO 成员给予任何其他成员产品的利益、优惠、特权或豁免应立即无条件地给予所有其他成员的同类产品，并且，给予其他成员产品的待遇应不低于其给予国内同类产品的待遇。

就各国的增值税而言，WTO 并不禁止各种形式的增值税。事实上，很多成员都以各种方式实施其增值税政策，如以国内销售税的方式。[④] 中国增值税的适用，应当以非歧视的方式适用于所有成员的同类产品，并同样适用于其他成员与中国的同类产品。否则就将违背 GATT 的最惠国待遇和国民待遇条款。其他成员针对中国增值税的适用问题在 TRM 的评审过程中提出了质疑[⑤]，尤其是，他们认为中国增值税的适用对磷肥和农用化肥、小麦和集成电路（integrated circuits，ICs）实施了歧视性的待遇。[⑥] 在第二次 TRM 评审时，中国增值税的行政管理仍然是其他成员关心的问题，美国在评审中对

---

① U. S. Trade Representative, 2003 Report to Congress on China's WTO Compliance 3（2003）http：//www. ustr/gov/assets/Document_ Library/Reports_ Publications/2003/asset_ upload_ file425_ 4313. pdf.

② 《中国入世工作组报告》第 104 段。WTO Doc. WT/MIN（01）/3.

③ 《中华人民共和国加入议定书》，WT/L/432，第 11 条第 2 款。

④ Wikipedia. Sale Tax, http：en. wikipedia. org/wike/Sales_ tax.

⑤ Terence P. Stewart, China's Compliance With World Trade Organization Obligations：A Review of China's 1st Two Years of Membership, A Report Prepared for the U. S. – China Security and Economic Review Commission 1（2004），p. 87. http：//www/uscc/gov/researchpapers/2004/stewartpaper/04_ 03_ 19final report. pdf.

⑥ 参见 2002 年 10 月 18 日在补贴和反补贴措施委员会上，美国向中国提出的问题第 7 段。WTO Doc. G/SCM/Q2/CHN/2, http：//dosconline/wto/org/gen_ search/asp？searchmode = simple.

半导体和特种化肥的增值税适用问题表示了关切。①

另外，美国贸易代表（the United State Trade Representative, USTR）在 2003 年给美国国会的报告中再次提到了中国的 VAT 问题，尤其是化肥和半导体的增值税适用。② 报告认为半导体增值税在进口产品和国内产品之间歧视性适用，并且，VAT 的适用给予了某些国家（如俄罗斯）的特定产品以更优惠的待遇。报告指出，中国开始停止给予大约 20 种产品以优惠待遇，但仍有几项产品在继续享受优惠待遇。其他对 VAT 政策就半导体的适用有质疑的还有：中国对所有国内生产或进口的半导体产品征收 17% 的增值税，这本身并未违背 WTO 的承诺，但中国还将根据不同情况对于国内生产商给予已支付 VAT 部分超过 3% 或 6% 的退税。③ 中国还允许在中国设计但在国外制造的 ICs 部分退税。④ 就化肥而言，USTR 报告认为，中国免除了一种国内生产、与美国出口直接竞争的化肥的增值税。

在 TRM 会议上，尽管其他成员提出了中国有关增值税政策的问题，但报告没有对此作出“裁判”并“提出建议”。在 2003 年 USTR 给美国国会的报告中强调了中国的 VAT 问题，并指出其将进一步采取措施以寻求 WTO 争端解决机构的解决。由于该问题的悬而未决，2004 年，USTR 正式就“中国集成电路增值税”提起了争端解

① 参见 2003 年 10 月 13 日 WTO 市场准入委员会上，美国对中国有关市场准入的提问第 2—3 段。WTO Doc. G/MA/W/51, http: //docsonline/wto/rog/en_ search/asp? searchmode = simple.

② U. S. Trade Representative, 2003 Report to Congress on China's WTO Compliance 3（2003）http: //www. ustr/gov/assets/Document_ Library/Reports_ Publications/2003/asset_ upload_ file425_ 4313. pdf.

③ U. S. Council on International Business（USCIB）. Written Comments re China WTO Obligations［9 - 10 - 2003］http: //www/uscib/org/% 5Cindex. asp? documentID = 2742.

④ Li YongYan, China retreats in chip dispute - for now, Asia Times Online,［7 - 13 - 2004］http: //www/atimes. com/atimes/China/FG13Ad04. html.

决程序。①

根据 WTO 争端解决程序的要求，中美双方进行了磋商。如果磋商未果，申诉方可要求成立专家组听审该案。该案在磋商阶段快要到期之时，USTR 宣布争端已经解决。② 根据美国 USTR 的新闻透露，中国同意不再核定任何新的国内半导体产品或其生产商以 VAT 退税的资格，不再提供给在中国设计、国外生产的半导体以 VAT 退税，中国也同意在 2005 年 4 月 1 日停止对现行国内受益人以退税优惠。双方的争端就此告一段落。

（五）对过渡性评审机制的评价

我们尝试着思考一下，为什么 TRM 程序没有能够避免美国和其他成员就“中国集成电路增值税案”正式发起 WTO 的争端解决机制，而 WTO 争端解决机制的发起才最终使中国重新考虑其 VAT 政策？美国的指控很直接，即提供给国内生产者但未提供给外国公司的退税政策。如果事实被证明，这将毫无疑问被认为是对国民待遇条款的违反，同样，给予特定成员芯片的优惠待遇会被认为是对最惠国待遇条款的违反。即使根据 DSU 第 4 条第 10 款“各成员应特别注意发展中国家成员的特殊问题和利益”，这种模糊的劝诫对直接违反 GATT 核心原则条款的行为也未能有多大的帮助。因此我们可以认为，有效的 TRM 可以防止将该问题正式提交争端解决程序。例如，如果针对其他成员的提问中国能够积极地应对，补贴和反补贴措施委员会或总理事会能够对中国提出有效的建议，及时发现问题并找到解决问题的办法，或许就可以避免正式的争端程序。

当然，我们也不可否认，即使存在更有效的 TRM 程序也可能不能避免特定情况下正式争端程序的发起。例如，美国对进口钢铁采取的保障措施，虽然最后美国败诉，但其利用保障措施给国内钢铁

① Dispute rulings, by country, http://www.wto.org/english/tratop_e/dispu_e/distabase_wto_members1_e.htm.

② 正式的磋商分别在日内瓦、华盛顿、北京举行，第三方欧共体、日本和墨西哥也参与了磋商。

业提供了产业调整的机会，使之调整适应外国钢铁的大量进口。① 显然，这已超出本部分的论述范围。

考虑到 WTO 共识决策的需要，任何对过渡性贸易政策评审机制的修改都可能是不可能的。当然，或许有人可以争辩说根本没什么需要修改的，该制度如其设想的那样在有效地运行。但就美国而言，其更多地运行了双边措施而非多边手段来处理中美贸易问题的纠纷。例如，商业贸易联合委员会（the Joint Commission on Commerce and Trade，JCCT）单单在 2004 年就解决了至少七起中美双方潜在的纠纷案件。②

当然，双边层次的磋商可以解决一部分 WTO 成员间的冲突。在双边磋商不能奏效的情况下，如除美方之外的日本、欧盟等其他贸易伙伴的参与可能也会成功地解决部分 WTO 成员间的冲突。但这些 WTO 之外的双边、几方参与措施的运行是否会减损 WTO 评审机制的功效呢？抑或这体现了在 WTO 评审机制不能达到其目的时双边、几方参与措施的重要性？我们可以设想，一个不能有效运行的机制可能逐渐地将被可以有效运行的机制所补充甚至替代。目前，WTO 对中国过渡性贸易政策评审机制的有效期已为时不远，但这足以引起人们对该制度存在必要的思考，制度设计者们也应当引以为戒。

---

① 关于该案的详细情况，可参见 WTO 专家组报告：WT/DS248/R，WT/DS249/R，WT/DS251/R，WT/DS252/R，WT/DS253/R，WT/DS254/R，WT/DS258/R，WT/DS259/R。

② Press Release，USTR，Statement of U. S. Trade Representative Robert B. Zoellick on U. S. – China Trade Relations，[4 – 28 – 2004] http：//www. ustr. gov/Document_ Library/Press_ Releases/2004/April/Statement_ of_ U. S. _ Trade_ Representative_ Robert_ B. _ Zoellic.

二、TPRM 对中国的正常评审

（一）2006 年的第一次评审

1. 概况①

2006 年 4 月 19 日，WTO 在日内瓦对中国进行首次一般贸易政策评审。4 月 19 日到 21 日的评审不是“过渡性评审”的“年检”，而是对中国贸易政策首次进行正式的、全面的审查，属于例行性的正常评审。

评审大会主席哥伦比亚大使、评审讨论引导人新加坡大使以及印度、智利、巴西、墨西哥、美国、欧盟、加拿大、澳大利亚、日本、瑞士等成员的代表对中国经济发展取得的成就予以了高度评价。他们普遍认为，中国加入世贸组织不仅促进了中国的改革开放进程，也给世界带来机遇，中国信守承诺是对多边贸易体制的重大贡献。各成员代表还对中国在多哈回合谈判中发挥的建设性作用予以充分肯定。

中国代表团在发言中指出，中国入世为世界各国带来了巨大的商业机会，也为消费者提供了物美价廉的商品；中国认真履行了加入世贸组织时作出的广泛承诺，是世贸组织中负责任的一员；中国未来将更加重视依靠自身市场实现发展，通过扩大内需来促进经济增长。

WTO 秘书处发布了《中国贸易政策评审报告》（以下简称《报告》）。《报告》由秘书处独立撰写，从宏观经济环境、贸易政策体系、具体贸易措施、特定部门的贸易政策四个方面对中国加入 WTO 以来的经济贸易政策和做法进行了详细评述。

《报告》回顾了中国改革开放 20 多年来的经济发展和贸易政策演变进程，多处称赞中国经济建设和贸易开放取得了“非凡成就”，对中国经济体制、履行入世承诺、贸易政策以及对多边贸易体制的

① WTO 对中国首次贸易政策审议，［4 - 30 - 2006］http://www.sccwto.net:7001/wto/include/sub.jsp? sub_ num = 12 - 63。

贡献均从正面作了肯定，所载材料比较翔实，总体语调积极，但同时也对中国宏观经济和贸易政策中存在的一些问题表示了关注。这些关注具体如下：

（1）关于贸易和投资政策框架

在引入新政策和制度的同时，旧有政策和制度仅有部分得到了修改或者废除，因而增加了立法和政策制定整体框架的复杂性。

（2）在贸易和与贸易有关的改革方面

可能是为了保证某些产品的国内供应，中国出口体制改革的步伐落后于进口体制。包括出口税、出口禁止、出口许可和出口配额在内的出口体制依然复杂。

（3）知识产权保护力度不够

（4）某些关键服务部门的自由化落后于其他部门

《报告》还在总体上列出了中国经济在未来会遇到的挑战，如农业部门重组带来的就业压力，地区间和城乡之间日益拉大的收入差距，对金融部门和资本市场的重组任务以解决资源不当配置的问题等。

2. 从第一次评审中审视中国存在的主要问题

在此我们根据 2006 年 4 月 WTO 秘书处发布的《中国贸易政策评审报告》，对中国存在的主要问题进行分析。

（1）贸易和投资政策框架方面。评审认为，在引入新政策和制度的同时，旧有政策和制度仅有部分得到了修改或者废除，因而增加了立法和政策制定整体框架的复杂性。我们认为，评审中体现出来的这一问题，仍属于中国法律制度的协调问题，是入世对中国的法制建设，尤其是涉外经贸法律制度产生的广泛而深远的影响。根据世贸组织有关协议的规定，中国政府要确保世贸组织协议和加入议定书在全国得到统一实施，确保有关或者影响贸易的法律、法规和其他政策措施，包括地方各级政府及其有关部门制定的规范性文件符合世贸组织协议和加入议定书的规定。而在中国的国内立法上，一方面，我国在经贸立法方面的立法主体层次多，有中央、省、直辖市、自治区以及授权许可的其他较大市和经济特区，每一级又有不同的立法部门，造成立法权限不清和立法内容的冲突。另一方面，我国的立法主要是实体性立法，程序性立法较少，国家机关及其工作人员的行政规范以及应负的法律责任过于原则化，程序观念淡薄。国家机关工作人员习惯于按照内部文件和行政指令办事，政府全方位干预社会经济生活，行政审批许可的范围和内容过宽，手续烦琐，随意性强。

中国在加入 WTO 后，必须遵守 WTO 各项协议的规则、纪律并实施自己的承诺，而目前国内法律、法规与 WTO 体系所要求的义务仍存在着差距，但中国不能因国内法的规定不同而不履行其国际义务。因此，中国在这方面工作的当务之急就是在修改完善法律的同时，要对国内繁杂、相互抵触以及失效的法律、法规进行清理，对于 WTO 规则对国内立法有要求而我国法律尚未规定的要进行新的立法，并且按照透明原则的要求，凡需要实施的政策法规都必须在指定的公开刊物上发布和通知 WTO，并明确实施这些政策的机构和执行的程序。另外，WTO 规则要求行政程序要体现统一、公正原则，对具体行政行为和民事行为的最终救济应为公正的司法判决，我国在司法判决的公开性和公正性方面还有待加强。因此，贸易政策评审中对贸易和投资政策框架的评审将促使我国在立法、司法、行政等方面进行相应的调整。

（2）贸易和与贸易有关的改革方面。评审认为，可能是为了保证某些产品的国内供应，中国出口体制改革的步伐落后于进口体制。包括出口税、出口禁止、出口许可和出口配额在内的出口体制依然复杂。我们认为，这是由于中国的出口体制与 WTO 对市场经济体制要求存在差距而造成的。应当承认，外贸体制离不开整个国民经济体制。WTO 多边贸易体制以市场经济为基础，它要求各成员必须具有完善的宏观调控体系；市场机制在资源配置中发挥基础性作用；市场体系完善，要统一、开放、竞争和有序；企业必须建立现代企业制度并成为市场主体；要有完善的法律、法规体系；要有完善的社会保障体系等。中国社会主义市场经济体制虽然已初步建立起来，但很不完善，面临的一些深层次问题有待深化改革进一步解决。例如，如何实现政府机构改革和职能转变，从直接管理为主转变为间接管理为主，如何把国有外贸企业通过改革、改组、改进和加强管理建立起现代企业制度等，只有这些深层次问题解决后，中国开放型经贸体制才有扎实的基础，才能形成服从于整个市场经济体制的出口体制。①

(3) 知识产权方面。评审认为，知识产权保护力度不够。美国认为中国法律的实施力度不足，尤其在知识产权保护领域。② 美国认为造成这种局面有很多因素，包括在主要执法机构之间缺乏合作、当地保护主义和腐败、中国行政、民事和刑事处罚的震慑力不足，以及执法人员培训力度的缺乏。实际上，根据 TRIPs 协议的要求和在《中国加入工作组报告书》中作出的承诺，中国已在加入 WTO 之前就完成了对专利法、商标法和著作权法这三部主要知识产权法的修改、颁布，实施了《植物新品种保护条例》、《集成电路布图设计保护条例》等相关法规，加入 WTO 之后颁布、实施了新的《计算机软件保护条例》，并且还在继续制定或修改其他有关的法律、法规。可以客观地说，中国的知识产权保护法律制度本身已基本符合 WTO 相关协议的要求。但从实施的眼光来看，的确还存在着这样或那样的问题，而这些问题在评审中最容易授人以柄，所以我们仍然面临着十分繁重的任务，那种以为中国现有的知识产权法律制度已经完全符合 WTO 的要求，不存在任何问题的想法显然是不符合实际的，加强知识产权执法行为是我们今后工作的重点，应该说，这一任务依然很艰巨。

(4) 市场准入方面。评审认为，某些关键性服务业部门的自由化落后于其他部门。贸易政策评审的一个重要作用就是加强对成员

① 参见李邦君：《入世后中国进一步完善外贸出口体制的原因及对策探讨》，载《国际商务研究》2002 年第 6 期，引自 http：//202.202.80.40/detail.asp？n_ id = 121（中国学术期刊网）。

② 美欧在 WTO 就中国贸易政策的发言，[4 - 30 - 2006] http：//www.sccwto.net：7001/wto/content.jsp？id = 13258。

履行其义务与承诺的监督，检查各成员贸易政策与措施是否与 WTO 有关的协议相一致，是否与他们各自承担多边义务及其各自所作的承诺相符。在中国入世的谈判中，最困难、最有争议的问题就是中国市场的开放程度。其他成员方对中国广阔的市场一直是虎视眈眈，期待中国市场能早日开放。中国为了能够更平稳地走过转型期，完成市场化进程，在经过不懈的努力和作出让步的情形下，达成了承诺，制订出相应的市场准入时间表。其中几个主要部门的承诺是①：银行、证券、保险、电信。除此之外，中国还承诺在律师、会计师、医师等专业服务以及旅游、交通等部门的开放。评审中的焦点问题是中国如何实施所作的承诺。比如，由于基础电信投资大，收益慢，风险大，很少有国外公司愿意介入中国基础电信市场，这造成了许多成员认为中国电信业没有按承诺进行开放的误解。对此我们应认识到，我国服务业国内立法不仅要遵守已经作出的市场准入和国民待遇承诺，而且要受到来自多边贸易体制持续的监督。我们在接受评审时，应借此机会向其他成员说明中国在服务行业的改革情况及履行自己入世承诺的决心。

（二）2008 年的第二次评审

1. 概况

根据 WTO 贸易政策评审规则，贸易额排名世界前四位的成员每两年要接受一次成员对其贸易政策的全面评审。WTO 对中国的第一次贸易政策评审于 2006 年 4 月举行。目前，中国贸易额排名世界第三位。WTO 秘书处在 2008 年 5 月 21—23 日举行了对中国的第二次贸易政策评审，会议全面评审了中国近两年来经贸政策的发展及对多边贸易体制的影响，中国再次成为 WTO 的聚焦点。

众多 WTO 成员对中国过去两年来在经济和社会发展方面所取得的成就表示赞赏，认为中国入世后商业环境大幅改善，对世界经济作出了贡献，使其他成员从中受益。

---

① 各部门入世承诺内容来源于《中国加入世界贸易组织议定书》附件 9：服务贸易具体承诺减让表，第 2 条最惠国待遇豁免清单。

同时，在过去的两年中，欧美等国不断对我国贸易政策提出质疑，并将中国汽车零部件进口管理措施、补贴问题、知识产权、出版物市场准入、金融信息管理措施等诉诸 WTO。本次贸易政策评审中，我国必将面临诸多问题，肩负着澄清事实、增信释疑的任务。

5 月 19 日，商务部部长助理仇鸿率中国代表团参加评审，中国常驻 WTO 代表团大使孙振宇参加了会议。

根据 WTO 规则，各成员方可以根据 WTO 秘书处和受审成员分别撰写的评审报告和声明，在评审前 10 天向 WTO 正式提交书面问题单。受审成员在评审会议上应该对书面问题给予正式答复和回应。到 5 月 15 日为止，共有美欧和巴西、印度等 19 个 WTO 成员向中方提出了约 900 多个问题，涉及中国经贸发展和经贸政策的各个方面，商务部立即组织各相关部门答复。会前，中方提交了大约 2/3（共 524 个）问题的书面答复。其他问题的答复也将在 WTO 规定的时限内，即评审结束后的一个月内完成并向秘书处提交。会议过程中共有 35 个成员代表 84 个与会成员积极发言，达到历来会议的最高纪录，由此可见中国受关注度非常之高。①

5 月 21 日，WTO 正式发布《贸易政策评审报告》，拉开了评审的序幕。在评审中，部分 WTO 成员提出了一些不同看法，包括中国汇率制度、农业和能源政策、标准和检验检疫、贸易政策透明度、产业政策、知识产权执法，以及中国服务业的进一步开放等。中国代表团全面介绍了过去两年来中国经济的发展，中国政府所做的工作，中国经贸政策的变化及对多边贸易体制的立场，并现场回答 WTO 成员提出的问题。针对有关成员对中国贸易政策在倒退的论调，中国进行了有力的驳斥，并重申“中国改革开放坚定不移”。最终，中国贸易政策获得比较高的评价，各成员在发言中纷纷表示，中国认真履行入世承诺，提高了政策透明度，进行贸易自由化的改

---

① 中国顺利通过 WTO 对华第二次贸易政策审议，引自科技兴贸信息网 http://www.kjxm.org.cn/auto/com/jskjxm/index.php?file=detail.php&nowdir=&id=51223。

革，这些都值得肯定和赞扬。

2. 从第二次评审中审视中国存在的主要问题①

（1）国企改革仍是一大挑战

中国对国有企业近来的重整、公司化和私有化等改革措施，WTO秘书处表示肯定，但也指出，国企改革“仍是一大挑战”。秘书处报告指出，国企仍占中国 GDP 的 35%，继续扮演经济主导角色，且在特定部门享有垄断地位；反之，效率较佳的民营企业在包括资金取得渠道等方面仍受较多的限制。

（2）汇率制度应更具弹性

对于长久被美国等国抱怨的人民币汇率问题，WTO 秘书处再度建议中国采取更具弹性的汇率制度，表示这能使中国的货币政策更加独立，有利于结构改革、对抗通货膨胀，进而有助于总体经济的环境维持有力增长。秘书处报告指出 2008 年 1 月人民币对美元升值近 1.6%，是自 2005 年 7 月汇率政策改革以来最大的单月升值。

（3）中国贸易政策透明性和政府干预受 WTO 成员共同关注

在对中国贸易政策进行审议中，中国贸易体制的透明性和政府干预问题，受到欧、美、日、台等主要贸易伙伴的共同关切。

中国第一大贸易伙伴欧盟指出，中国“至今未严守 WTO 的非歧视原则和国民待遇原则，未完全制度化和强化市场机制，也未使贸易体制可预测而透明。即使有多项大胆改革，国家介入经济的程度仍显著，扭曲市场运作”。欧盟指出，除此之外，能源价格、金融体系等方面也充满了政府干预。

美国也重申，中国持续实施过度依赖政府干预的产业政策和贸易扭曲措施，这种现象存在于中国经济中的许多方面，并认为中国的许多管制体制都系统性地缺乏透明性，困扰国外甚至国内公司，阻碍它们获利。但美国也承认中国在这方面已在进行改善。

此外，秘书处报告承认中国在知识产权保护方面有所进步，包

① 参见世经动态：《WTO 对中国进行第 2 次贸易政策评审》，载《世界贸易组织动态与研究》2008 年第 6 期，第 44 页。

括修正专利法和商标法，但仍质疑对于违反知识产权的行政和刑事制裁手段是否已达足够水平。

3. WTO 秘书处对中国贸易政策的前瞻①

根据贸易政策评审机制的要求，WTO 秘书处发布了对中国的《贸易政策评审报告》。报告认为，随着中国经济在 2007 年下半年持续的强势增长，中国的年增长率估计已达 11.4%，此增长率比 2003—2006 年取得的平均增长率更高。由此可见，中国政府预计在 2010 年较 2000 年人均 GDP 翻一番且在第十一个五年计划中明确列出的目标指日可待。再者，拥有巨大的人力资源、物质资本的高效率投资、劳动生产力的强劲增长、不断提升的以市场为导向的经济、对国际贸易和外国投资（伴随着技术转移）的开放，中国有潜力在可预见的将来维持其快速的增长。尽管如此，为发挥其潜力，中国需要继续面临一系列重要的社会和经济挑战，包括各种经济的不平衡发展，这可能会有损经济的稳定和建立“和谐社会”目标的实现。

首先面临的挑战是不断增大的地区间收入分配不均的差距和城乡间收入分配不均的差距，其主要原因之一是反映不同劳动生产力的工资差距。相关的挑战是如何才能把来自相对低产出的农业剩余劳动力转向其他行业，如服务业，而服务业比制造业具有较小的劳动密集型。再者，随着劳动力减少的可能（由于计划生育政策），技术进步将在经济增长和生产力提高过程中发挥更重要的作用，因此中国需要继续追寻其持续扩大研究开发在 GDP 中的份额的目标（并提高对知识产权的保护）。中国也需要继续增加政府对社会服务的投入的计划，比如增加对健康和教育的投入、增加对人力资本的投入以及对基本养老金的投入，以此才可能减少公众对预防性储蓄的需要并因此而增加消费。此类措施及其他增加消费的措施不仅可以减少中国对出口增长的依赖，从而减少由于国外经济减缓带来的影响，而且可以用国内投资来消化大量的国内储蓄，并因此而有助于降低目前中国巨大的外汇盈余。改变中国高的储蓄习性的另一个办法是

① 参见世界贸易组织秘书处报告 WT/TPR/S/199/Rev. 1，第 30 - 32 段。

将储蓄转化为更获利的投资，从而从总体上改善经济中资本的生产力，但这需要资本市场持续的改革才能使其有效地运行。另外，对土地、能源、水和其他自然资源有效分配的阻碍，如价格控制，需要逐渐地消除，这将有助于保护环境，尤其是可以通过以市场为基础的税收和非税收工具进行补充，例如，根据“污染者付费”（polluter pays）的原则去纠正市场失灵。这对税收改革也提出了挑战，它需要税收制度（尤其是增值税和企业所得税）更具中性，以使通过税收能以在行政上简单和公平的方式筹措到满足中国发展需求的财政收入，而同时减少其对国内资源分配和贸易的扭曲效果。

秘书处报告认为，虽然对 2008 年的经济增长没有来自中国权威机构的预测，但由于出口的减缓和全球经济环境的削弱，世界银行预估了中国经济增长将放慢，大致为 9.6%，这一减缓使经济的增长率更吻合了中国政府 8% 的目标。经济的冷却可以降低通货膨胀的压力并有助于经济的重新调整。尽管如此，也出现了关于货币政策对抗通货膨胀能力的急迫问题。在此方面，更灵活的兑换率体制可以使中国运行更独立的货币政策，这对确保低的、稳定的通货膨胀更加适宜，因而有助于宏观经济环境对持续强劲经济增长的引导。更灵活的兑换率政策和更独立的货币政策可以对结构改革起补充作用，尤其对那些与资本市场有关的改革，并避免为抑制通货膨胀而采用价格控制和其他非市场因素的措施。

由此可见，贸易政策评审是受审成员接受世界对其贸易政策的全面考核。对中国的贸易政策评审不仅是消除误解、增进交流和互信的平台，也是中国发现并反思贸易政策不足之处、了解各国对我国贸易政策关注点的宝贵机会。通过 TPRM，我国可以借机审视自己的贸易政策，通过倾听其他成员对中国经济政策的看法和意见，作为政策调整和改革的参考。如在贸易政策中发现有不合时宜的地方，应在工作中予以改正。由于我国巨大的贸易规模，今后的贸易政策将两年一审，评审将变得更加常规化。而随着评审的深入，评审内容会更加细化，涉及更微观的贸易政策问题，我们应以此为动力，抓住政策关注点，化解矛盾，增强信任，并推进我国贸易政策的改进。

第三节 贸易政策评审应对策略

一、对中国贸易政策评审的应对

通过对中国贸易政策评审的分析可知，过渡性评审机制作为一种歧视性义务，总体上削弱了中国作为多边贸易体制正式成员的待遇和地位，但是，既然中国已经认同和接受了这一制度，就应该着眼其积极意义。且不论过渡性评审作为一种国际监督和评估机制对中国市场化进程的推动作用如何，仅就其实施过程本身而言，它对中国在多边贸易体制中参与度的提升作用也不容小觑。从微观层面看，通过派出大量专家参与高频率、多部门的评审，中国可以在较短的时间内适应多边贸易体制的总体和部门运作，积累谈判经验、提高谈判能力。从宏观层面看，通过过渡性评审机制的实际运作，我们发现作为国际制度的多边贸易体制，它亦具有弹性，参与方在规则条款实施过程中的利益得失多少取决于各自维护自身利益的能力和策略。中国作为一个发展中转型经济大国，其在多边贸易体制中的影响力通过过渡性评审已得到初步检验，其在利用既有规则维护自身利益而与主要成员冲突与合作中所采取的主动性策略也被证明是成功的，这将有助于进一步增强中国参与多边贸易体制的信心与能力。然而，中国如何利用过渡性评审机制和 TPRM 推进本国的贸易政策改革，使其更好地依照 WTO 规则发展对外贸易关系，最终促进国家的经济增长则是一个值得探讨的问题。我们认为可以从以下几个方面加以考虑：

（一）严格履行通报义务

根据 WTO 各项具体协议和 TPRM 的通报要求，要以统一的格式定期向 WTO 通报我国的贸易政策和做法，并在发生了任何重大贸易政策和做法改变时履行临时通报义务。在过渡评审期内，中国不仅要向总理事会定期通报 WTO 成员一般通知义务所要求的信息，包括从适应的关税表、近来的贸易流动统计到对国内贸易立法、政策以及实施制度的全面描述，还要根据《议定书》第 18 条第 1 款以及其附件 1A，向世贸组织的货物贸易委员会、服务贸易委员会、与贸易有关的知识产权委员会等 16 个委员会提供包括经济数据、经济政策、政策制定和执行的体制、影响货物贸易的政策、影响服务贸易的政策、与贸易有关的知识产权、过渡性评审机制中的具体问题七类内容的信息。为避免重复，WTO 也接受中国每年向其他 WTO 机构提供信息即满足附件 1A 中的信息要求。①

（二）促使各部门协同应对贸易政策评审

根据 TPRM 协议，成员方在 TPRM 下有两项义务：一是实施贸易政策的通报义务，另一项是定期接受贸易政策评审。定期通报制度是促进成员方贸易政策透明最基本的方式，WTO 各协议要求各国设立一个专门的咨询点，负责回答有关的问题并提供文件。另外，在成员接受具体的贸易政策评审时，成员方要准备一个政府报告和负责对秘书处调查表的答复和接待代表团，与代表团进行磋商并提供对秘书处草案的补充意见，这需要中央政府有一个专门机构来负责和协调其他各部门和行业机构的工作。

加入 WTO 后，我国在原外经贸部内新设了世界贸易组织司、中国政府世贸组织通报咨询局和进出口公平贸易局。世界贸易组织司代表我国政府处理与世贸组织的关系，负责我国在世贸组织框架下的各种会议、多双边谈判，并承担我国在世贸组织中贸易政策评审方面的工作；进出口公平贸易局主要承担我国对外反倾销、反补贴及保障措施相关工作，负责指导、协调外国对我国商品的反倾销应诉等事务；而中国政府世贸组织通报咨询局主要负责履行我国在世贸组织中承担的通报义务，承担政府间通报工作。十六大机构改革后，世界贸易组织司、中国政府世贸组织通报咨询局和进出口公平贸易局隶属于新成立的商务部，主管国内外贸易和国际经济合作，

① 参见《中国加入世界贸易组织议定书》之《附件 1A 中国在过渡性评审机制中提供的信息》。

内外贸的统一对于协调各部门应对贸易政策评审将会发挥积极作用。

在世界贸易组织司主管贸易政策评审工作的前提下，国内各部门应充分协调和合作，共同应对贸易政策评审。例如，中国政府世贸组织通报咨询局的职能不能仅限于对外“通报和咨询”，还要负责收集 WTO 其他成员，尤其是与我国经贸关系密切的成员的贸易政策情况，将收集到的资料进行整理保存，并由官方网站发布和提供查询，作为我国与别国谈判和参与对别国的贸易政策评审时的参考依据，建立起内外统一的“通报和咨询”机制。美国贸易代表办公室（USTR）自 1985 年起就开始发行《国家贸易评估报告》（*National Trade Estimate Report on Foreign Trade Barriers*，NTE），从美国的视角出发，对美国认为相对重要的国家或它认为相对重要的方面进行评估，从而为美国的贸易谈判提供支持。日本、欧盟后来也采取了类似的措施。我国也可考虑由世界贸易司来负责对主要贸易伙伴的贸易政策进行国内评审。现阶段如果我国采纳这种方式，至少要对我国的主要贸易伙伴美国、日本、欧盟和俄罗斯的贸易政策表示特别的关注，进行自己的“评审”，这就需要中国政府世贸组织通报咨询局的通力配合了。通过这种措施，一方面可以为国内企业提供政策预警，使国内企业在与这些国家和地区开展贸易往来时规避政策风险，减少不必要的损失；另一方面，还将为我国与这些国家和地区进行贸易谈判或参与对它们的贸易政策评审时提供重要的参考依据和有力的谈判依据。

（三）积极参与贸易政策评审活动

我国作为 WTO 的成员之一，应积极地参与各种与我国评审相关的工作，充分发挥自己的作用，无论是过渡性评审还是 TPRM 评审都不例外。当我国接受评审时，应当如实地提供有关的贸易政策和措施。另外，我国在接受评审时应派出高级别的代表团，一般应由贸易部部长或者副部长以上带队，这有利于表明我国对评审的重视和提高评审的权威性，并且在会议上也能当场给予有分量的答复。要认真听取其他代表对我国贸易政策和做法的提问和建议。对于我们没有意识到的合理意见加以吸收，有助于今后进一步完善贸易政策和法律法规；对于其他代表提出的质疑，我们也应该详细回答和提供相关的资料；对于那些与多边贸易规则和承诺不符合的地方，应当及时作出调整和修正；对于暂时无法调整的，应如实向 TPRB 或 WTO 相关下属机构及有关成员作出解释，详细耐心地说明存在的困难和阻碍，争取其他贸易伙伴的谅解，并为我们援引发展成员身份得到优惠待遇和宽限期做好舆论基础，以便在今后双边或多边谈判中作出新的承诺时不处于被动地位。

（四）精心准备政府报告

秘书处报告和政府报告的侧重点不同，在准备政府报告时，应尽量体现重点，表达我国贸易政策改革的努力方向。除了简略描述我国现阶段的贸易措施外，要重点阐明我国经济贸易政策改革取得的巨大成果和逐步与 WTO 法律制度和规则看齐所做的努力和取得的成绩，使世界对中国融入世界经济和国际市场感到放心。另外，报告还要结合我国的经济改革、发展需要和所处的国内外贸易环境以及政治体制改革计划，这样有利于说明我国贸易政策目标以及对 WTO 义务履行的诚意，消除其他成员对我国过去“非市场经济国家”的偏见。过渡评审期间，评审内容将主要涉及中国加入世贸组织以来履行承诺、执行 WTO 协议的情况，以及中国的现行贸易政策制度和最新发展情况，政府报告应与此形成呼应。此外，鉴于中国“一国四席”的特殊情况，政府报告中也要考虑到内地与香港地区之间的区域贸易关系和与其他成员方多边贸易关系之间的矛盾，以免其他成员误认为这一矛盾构成对多边贸易体制的扭曲，这既是我们预先需要考虑的问题，也是将来在贸易政策评审中可能会被其他成员质疑的地方。我们首要的任务是要做好沟通工作，阐述清楚“一国四地”之间的实际情况并消除其他成员的误解。

二、对 WTO 其他成员贸易政策评审的应对

（一）及时掌握世界贸易大国的政策动向

目前我国与世界贸易大国的经贸往来十分密切。TPRB 在 2006 年 3 月 21 日对美国贸易政策的评审报告中，一方面赞扬美国继续对

外国商品和投资者开放市场，但同时也告诫美国对日益增长的保护主义保持警惕。WTO 报告指出，美国市场仍然是外国出口商的最大市场，美国经济是"全球增长的关键动力"。但是 WTO 报告同时提到，自 2003 年对美国贸易政策评审报告发布以来，美国已经越来越多地参与了双边自由贸易谈判，这可能有损当前的多哈回合多边贸易谈判。WTO 报告认为，鉴于美国在全球经济中的地位，预防任何可能的保护主义情绪并保持其市场开放尤其重要。① 这说明美国在某些领域实行贸易自由化的同时，又加强了对另外一些部门的保护，这必然对中美之间的贸易往来产生影响。对于这种具有单边性质的贸易保护手段，我国必须引起足够的重视。所以，只有密切关注主要贸易大国的政策动向，才能减少我国与他国的贸易纠纷，促进我国对外贸易的发展。为此，当别国接受评审时，我国也要积极参与，这样可以以此学习和积累评审经验，也可以了解他方贸易政策和做法，及时通报国内，协助国内生产者和贸易商做好进出口贸易的准备工作，对会影响我国对外贸易的贸易政策和做法提出质疑。对于那些违反 WTO 各项规则、纪律和承诺的行为提出警告，如对美国、欧盟、日本针对我国频繁的反倾销调查有必要给予警告、促其修改，争取使争议得到友好、预先的解决，以避免将来可能发生的贸易摩擦，或者直接与该国进行对话和磋商，及时化解纠纷，确保我国对外贸易渠道的畅通。

（二）认真分析世贸组织秘书处出版的《贸易政策评审报告》

WTO 成员提交的贸易政策报告内容十分广泛，涉及一国总体经济现状、贸易政策和经济发展目标、经贸法律制度、投资金融政策、进出口的管理措施、与其他国家或地区签订的双边或多边贸易协议、已经完成和即将实施的经贸政策改革规划等。世贸组织秘书处的《贸易政策评审报告》，虽然在内容和结构上与成员提交的报告大致

① WTO 最新针对美国的贸易政策评审报告：告诫美国的贸易保护主义和 FTA 的谈判做法，http：//www.sccwto.net：7001/wto/content.jsp？id = 12865。

相同，但是由于它更具权威性和客观性，因而参考价值更高。① 另外，评审的透明使得评审结果在今后双边或多边谈判中，成为与对方谈判无形的基础或者针对的症结，迫使对方作出承诺或让步。②例如，TPRM 于 2003 年 3 月 19 日作出的对加拿大的贸易政策评审报告中对加拿大最近的经济发展情况、贸易投资政策框架、直接影响进出口的贸易措施和影响生产和贸易的措施等方面进行了详细分析。TPRB 在报告中指出，虽然加拿大的经济从总体上说并未因其政策的重大影响而被扭曲，但其在农业、纺织服装业、钢铁业以及电信、音像、空运、海运、银行和保险等服务业方面的政策，由于历史的原因，迄今仍有贸易和投资的壁垒。③ 因而我们应认真地分析世贸组织秘书处出版的《贸易政策评审报告》，一方面可以对该国的有关贸易政策和经济状况进行了解，并善于汲取其中的先进做法，促进我国的国内改革；另一方面，只有对这些报告进行认真研究，更好地利用报告中体现出的对方不符合 WTO 规则的贸易政策和措施，才能在解决纠纷的谈判中处于有利地位。

（三）利用 TPRM 影响其他成员的政策措施

中国与其他 WTO 成员仍然存在着各种各样的贸易摩擦和争端。过去，由于中国不是 WTO 成员，中国同贸易伙伴摩擦和争端的解决基本都采取传统的国际经贸争端解决方式，即谈判、协商和报复，最典型的处理这种经贸争端的案例就是中美知识产权争端。过去这种争端解决方式的特征是在双边的框架中，解决争端的力度取决于双方谈判力量的对比，解决矛盾的效果非常有限，在极端的情况下反而会导致矛盾的激化，如中美和中日几次在争端解决中都开出了

---

① 张国平：《略论 WTO 贸易政策评审机制及我国的对策》，载《国际经贸探索》1997 年第 5 期，第 23 页。

② See Asif H. Qureshi, Some Lessons from "Developing Countries" Trade Policy Reviews in the GATT Framework: An Enforcement Perspective, The World Economy, Vol. 18, No. 3, 1995.

③ Trade Policy Review - Canada, Report by Secretariat, WT/TPR/S/112/Rev. 1, 19 March, 2003, p. 93.

报复清单。现在中国已经成为WTO成员，能充分利用WTO框架提供的各种争端解决方式，其中一项就是可以利用TPRM这种较DSM更“温和”的解决机制，对WTO其他成员影响我国的贸易政策、措施提出质疑，要求其作出答复，使贸易争端在相互沟通、相互协调中得以预先解决。在多边框架中对其他贸易大国的贸易政策提出质疑，可以获得受审成员外的其他成员方的支持，增加解决矛盾的力度，并且对方也有义务在规定的期限内作出答复。利用TPRM对其他成员的贸易政策施加影响，预防和减少了直接的贸易争端，在解决不成的情况下，再诉诸DSM，这样，我们可以处于主动、有利的地位。

（四）唤起国内企业对他国贸易政策评审的重视

TPRM是企业自身遇到的不公平待遇反映至WTO的少有的机会。TPRM是WTO的三大机制之一，该机制通过提高贸易政策与体制的透明度而大大提高国际贸易的可预见性与稳定性，有助于减少成员之间的贸易摩擦。在没有企业直接参与的情况下，我国政府部门只能通过自身调研收集材料，再通过对国别评审策略的协调，形成评审问题单。这种做法可能产生两个问题：第一，问题不全面、数量少；第二，与企业直接利益关联度参差不齐。因此，“擅用贸易政策评审机制，对于企业来说是一件性价比很高的事”，商务部某官员说，“积极参加WTO贸易政策评审虽然不能代替企业使用商业律师服务打赢具体的贸易纠纷官司，但是它对改善企业的贸易大环境、市场准入大环境是十分有利的。从效果来看，贸易大环境的改善，显然更有助于企业在国际市场获得公平待遇，确保其外贸业务的可持续发展。”①此外，评审涉及的两个报告及其他公开发行文件都是有关成员贸易政策与做法的重要资料，尤其是秘书处报告，系由秘书处的资深经济学家负责起草，其经济分析具有相当的权威性，对我国企业具有极为重要的参考价值。国内的个人和企业可以利用这

① 崔怡：《中国企业擅用贸易政策评审机制》，载《WTO经济导刊》2006年第3期，第21页。

些报告以增加对世界各国和地区不同制度的了解，特别是贸易政策、法律制度、金融外汇政策、进出口管理体制和准入承诺等。因此，企业应当加强自身对国际市场的应变能力，及时把握有关国家的政策走向，适时调整企业的进出口战略，以确保经贸活动的顺利进行，而 WTO 贸易政策评审对于企业而言正是这样一个绝好的机会。

第四节 小 结

2002 年中国开始了其贸易政策评审的实践。作为承诺，中国既要接受贸易政策评审机构对中国的正常评审，又要根据《议定书》第 18 条第 1 款的规定，接受“过渡性贸易政策评审”。尽管针对中国的过渡性评审在权利与义务方面具有不对等性，它极大地赋予了 WTO 其他成员对我国贸易政策进行评审的权利，同时使我国承担了更多的义务。但既然我们在入世谈判时接受了这一特殊的评审制度，作为承诺方，国际义务必须履行。作为一个以公有制为主体，市场化程度相对不高的最大发展中国家和社会主义国家，中国履行 WTO 各项规定及其承诺的能力难免会受到质疑。我们应认识到，做好准备参加 WTO 贸易政策评审机构对我国的评审是我国承担的基本义务之一，而积极参加其他成员的评审也是我国享有的重要权利之一。所以，我们有必要一方面做好评审的各项准备，严格履行通报义务，促使国内各部门协调、合作并积极参与贸易政策评审活动，精心准备评审的政府报告，使自己的贸易政策和做法得到公正与全面的评价，通过接受评审，向世界展示中国、让世界了解中国；另一方面，我们要更积极、妥善地利用贸易政策评审机制为我们的经济建设服务，认真分析世贸组织秘书处出版的《贸易政策评审报告》，及时掌握世界贸易大国的政策动向，唤起国内企业对他国贸易政策评审的重视，在利用贸易政策评审机制影响其他成员政策措施的同时，利用评审推进本国的贸易政策改革，最终促进国家的经济增长。

结　论

本书对 WTO 三大机制之一的贸易政策评审机制进行了详细的研究。这项机制使得 WTO 在促进成员履行 WTO 体制义务和影响成员国内贸易政策方面多了一套“软约束”机制，与争端解决机制这项“硬约束”机制并驾齐驱，共同构成 WTO 有效运行的两个监督机制。通过论证，本书得出如下结论：

第一，贸易政策评审机制是 WTO 全体成员对贸易政策的所有方面进行综合评审的唯一场所。通过实践，该机制的功能体现为“三位一体”，即贯彻 WTO 的透明原则，落实 WTO 的监督机制和体现执行 WTO 的规则。该机制具有事实上的“矫正性”，它召集 WTO 成员集体对某一成员的贸易政策和做法进行评价和评估，以特定的规范性准则为依据，通过反复灌输这些规范性准则从而起到矫正性影响的效果；该机制具有“条件反射作用”，评审过程所涉的绝非仅仅是各相关成员沟通信息，评审必然以某种方式引导受审成员，事先引导其沿着 WTO 规则的准则行为，这是基于对某一受审对象具有某种特定的期望，也依赖于评审机制模式所固有的预先指示性影响。因此成员评审的过程不仅有助于透明，它更具有潜在的后果，促使各成员领悟 WTO 规则的精髓，更好地遵守 WTO 规则、纪律和在各协定项下所作的承诺。

第二，贸易政策评审机制是 WTO 的监督机制之一。评审过程不仅可以提高成员贸易政策制定与实施的可预见性、透明度和稳定性，还可以缓解成员政府在履行 WTO 各项义务时面临的来自保护主义力量的种种压力，制约保护主义势力对政府政策的扭曲，其广泛的社会影响力往往在成员政府的决策层产生重要的积极作用，有利于培植成员内自由市场经济的力量。通过评审，可以帮助成员政府推行理性的贸易政策改革，也可以不断阐明至今未受到足够重视的 WTO 义务，因而有助于保证这些义务得到重视和履行，贸易体制从整体上则在这一评审过程中受益。贸易政策评审机制在 WTO 整个监督体系中乃至在 WTO 中均占有重要的地位，但仍需从其他国际组织的监督制度中吸取有价值的经验。

第三，贸易政策评审机制一路走来，总是伴随着各种挑战。其中之一就是它既要实现其功能和目标，又要完成越来越多的评审任务。实践中表现出 GATT/WTO 秘书处人力资源匮乏的困境，尤其是贸易政策评审司的资源限制。作者认为，要坚持贸易政策评审的功能和作用不能变动，应当增加秘书处的人力、物力来开展工作，并且应从增加 WTO 总体预算角度出发来探讨解决人力资源匮乏的问题，而不能将增加贸易政策评审司的资源投入以减少 WTO 其他机构的资源投入为代价。对这一问题的解决还可与对发展中成员的技术援助结合起来，因为来自 WTO 之外的技术援助至少可以部分地解决资源问题。无论如何，贸易政策评审不应因资源的短缺而影响其质量。另外，对贸易政策评审范围的扩展牵涉到整个 WTO 的改革，有很多因素制约了人们建议的将贸易政策评审范围扩大到“社会、劳工、性别”等方面的期望，以 WTO 为基础的评审会议可能并不是引入这些评审内容最适当的场所。

第四，通过对评审实体、程序内容和欧共体两次评审的分析，可以反映出评审中的一些普遍问题。秘书处报告应该剔除那些吹捧式的评论，在意识上去政治化。在政府报告中，缔约方/成员方应该从法律上、经济上以及总体环境中系统地说明其贸易政策和做法的合理性，应设法抑制因对外施加保护措施而对此进行大量的辩解。在最大限度地降低评审的对抗性的同时，评审应进一步对缔约方/成员方贸易政策和做法同 GATT/WTO 规范性准则之间的关系进行分析。在改进两份报告内容的同时还要突破现行报告散发范围的局限性。如今大量潜在的贸易政策评审信息的使用者很少有人知道贸易政策评审机制的存在，这将导致该机制改进的很多方面的充分价值无法实现。贸易政策评审报告传入更广泛的大众手里将增强人们对全球贸易政策运行状况的普遍了解，包括对继续追寻自由化的需要和益处的认识，以服务于贸易政策评审机制创设的最终目标。

第五，我国已经成为 WTO 正式成员，必然要面临贸易政策评审机制的评审。我们首先要认识贸易政策评审机制的功能、价值及其运行方式，以及将给我们带来的压力，做好接受评审的准备；其次要履行 WTO 的规则、纪律和我们的承诺，通过接受评审，向世界展示中国、让世界了解中国，增强外国投资者的信心，改善我国的投资环境。最后，中国可以通过积极参与 WTO 其他成员的评审活动，运用评审机制影响其他成员的政策措施，这是我们改善对外贸易关系，减少贸易摩擦可以充分利用的一条途径。在中国已参加的评审实践中，其在利用既有规则维护自身利益而与主要成员冲突与合作中所采取的主动性策略也被证明是成功的，这将进一步增强中国参与多边贸易体制的信心与能力。

主要参考文献

一、中文部分

1. 中文专著（含译著）

［1］丹尼·罗德瑞克：《让开放发挥作用：新的全球经济与发展中国家》，中国发展出版社 2000 年中文版。

［2］伯纳德·霍克曼、迈克尔·考斯泰基著，刘平、洪晓东、许明德等译：《世界贸易体制的政治经济学：从关贸总协定到世界贸易组织》，法律出版社 1999 年版。

［3］马克·威廉姆斯：《国际经济组织与第三世界》，经济科学出版社 2001 年版。

［4］张文显：《二十世纪西方法哲学思潮研究》，法律出版社 1996 年版。

［5］张军旗：《WTO 监督机制的法律与实践》，人民法院出版社 2002 年版。

［6］赵维田：《世贸组织的法律制度》，吉林人民出版社 2000 年版。

［7］《辞海》，上海辞书出版社 1999 年版。

［8］［美］约翰·O. 麦金尼斯、马克·L. 莫维塞西恩著，张保生、满运龙译：《世界贸易宪法》，中国人民大学出版社 2004 年版。

［9］张静河：《WTO 农产品协议：规范与承诺》，黄山书社 2000 年版。

［10］徐泉：《国家经济主权论》，人民出版社 2006 年版。

［11］曾令良：《世界贸易法》，武汉大学出版社 1996 年版。

[12] 曹建明:《关税与贸易总协定》，法律出版社 1994 年版。

[13] 陶凯元:《国际服务贸易法律的多边化与中国对外服务贸易法制》，法律出版社 2000 年版。

[14] [美] 罗伯特·基欧汉、海伦·米尔纳主编，姜鹏、董素华译:《国际化与国内政治》，北京大学出版社 2003 年版。

[15] 张向晨:《发展中国家与 WTO 的政治经济关系》，法律出版社 2000 年版。

[16] 王厚双主编: 《各国贸易政策比较》，经济日报出版社 2002 年版。

[17] [德] E. U. 彼德斯曼著，何志鹏、孙璐、王彦志译:《国际经济法的宪法功能与宪法问题》，高等教育出版社 2004 年版。

[18] 保罗· A. 萨巴蒂尔编，彭宗超、钟开斌等译:《政策过程理论》，生活·读书·新知三联书店 2004 年版。

[19] [美] 杰里尔·A. 罗赛蒂:《美国对外政策的政治学》，世界知识出版社 2005 年版。

[20] [美] 路易斯·亨金著，张乃根、马忠法、罗国强、叶玉、徐珊珊译: 《国际法: 政治与价值》，中国政法大学出版社 2005 年版。

[21] 彼得· 萨瑟兰等著，刘敬东等译:《WTO 的未来》，中国财政经济出版社 2005 年版。

[22] [英] 安托尼·奥斯特著，江国青译:《现代条约法与实践》，中国人民大学出版社 2005 年版。

[23] [英] H. K. 科尔巴奇著，张毅、韩志明译:《政策》，吉林人民出版社 2005 年版。

[24] 唐永胜、徐弃郁:《寻求复杂的平衡》，世界知识出版社 2004 年版。

[25] 盛斌:《中国对外贸易政策的政治经济分析》，上海三联书店、上海人民出版社 2002 年版。

[26] 张德霖主编:《中国加入 WTO 经济法律调整概览》，法律出版社 2002 年版。

[27] 黄静波:《多边贸易体制的理论与实践》,中山大学出版社2004年版。

[28] [美] 西尔维亚·斯诺维斯,谌洪果译:《司法审查与宪法》,北京大学出版社2005年版。

[29] 赵维田:《WTO的司法机制》,上海人民出版社2004年版。

[30] 饶戈平主编:《全球化进程中的国际组织》,北京大学出版社2005年版。

[31] 张军旗:《多边贸易关系中的国家主权问题》,人民法院出版社2006年版。

[32] [比] 约斯特·鲍威林著,周忠海、周丽瑛、马静、黄建中等译:《国际公法规则之冲突》,法律出版社2005年版。

[33] 黄志雄:《WTO体制内的发展问题与国际发展法研究》,武汉大学出版社2005年版。

2. 中文论文

[34] 黄静波:《WTO贸易政策规范及其扩展与中国贸易政策》,载《中山大学学报》(社会科学版)2000年第3期。

[35] 刘志云:《哈耶克的经济思潮与全球化背景下国际经济法的发展》,载《国际经济法学刊》2005年第12卷第4期。

[36] 何易:《论普惠制实施中的差别待遇——兼论WTO发展中国家成员分类问题》,载《国际经济法学刊》2006年第13卷第2期。

[37] 骆正龙等:《中国享受美国普惠制待遇前景展望》,载《国际经济技术研究》2002年第1期。

[38] 张国平:《略论WTO贸易政策评审机制及我国的对策》,载《国际经贸探索》1997年第5期。

[39] 弗里茨·洛伊特维勒等著,金星南、任泉等译:《争取较好未来的贸易政策》,载《国际贸易问题》1985年第9期。

[40] 丁祥高:《贸易政策评审机制考察》,载《株洲工学院学报》2005年第3期。

[41] 陶忠元：《对 WTO 贸易政策评审机制的重新审视》，载《世界经济与政治论坛》2002 年第 2 期。

[42] 王新奎：《入世后过渡期 TPRM 对深化中国经济体制改革的影响》，载《世界贸易组织动态与研究》2004 年第 2 期。

[43] 阎质杰：《TPRM 理论与实践研究》，载《辽宁行政学院学报》2004 年第 5 期。

[44] 周汉民、邱一川：《WTO 成立十年来的十大特征》，载《世界贸易组织动态与研究》2006 年第 2 期。

[45] 陈良运、巢宏：《WTO 贸易政策评审机制的运行状况及其存在的问题探讨》，载《国际商务研究》2002 年第 3 期。

[46] 戴常明译：《欧盟贸易政策评审》，载《世界贸易组织动态与研究》1998 年第 4 期。

[47] 景巧妮译：《贸易政策的发展》，载《世界贸易组织动态与研究》1999 年第 9 期。

[48] 刘光溪：《试析 WTO 贸易政策评审机制的理论与应用》，载《世界贸易组织动态与研究》2002 年第 4 期。

[49] 曾令良：《论冷战后时代的国家主权》，载《中国法学》1998 年第 1 期。

[50] 蒋德恩：《世贸组织对其成员贸易政策的影响》，载《外贸经济、国际贸易》1998 年第 11 期。

[51] 刘光溪：《世贸组织与世界经贸发展新动向》，载《世界贸易组织动态与研究》1999 年第 4 期。

[52] 张斌：《多边贸易体制对中国过渡性评审机制的实施现状分析》，载《世界贸易组织动态与研究》2004 年第 12 期。

[53] 曹建明：《WTO 与中国的法治建设》，载《世界贸易组织法研究文集》，当代中国出版社 2002 年版。

[54] 李邦君：《入世后中国进一步完善外贸出口体制的原因及对策探讨》，载《国际商务研究》2002 年第 6 期。

[55] 崔怡：《中国企业擅用贸易政策评审机制》，载《WTO 经济导刊》2006 年第 3 期。

[56] 从晓明：《世贸组织贸易政策评审机制》，载《对外经济贸易大学学报》1999 年第 6 期。

[57] 肖德、周先平：《WTO 对美国贸易政策的评审》，载《当代亚太》1999 年第 9 期。

[58] 杨圣明、刘力：《当代发展中国家的贸易政策选择》，载《财贸经济》1997 年第 9 期。

[59] 廖春、杨来科：《经济全球化时代发展中国家贸易政策的变迁》，载《当代财经》2002 年第 9 期。

[60] 张发坤：《WTO 贸易政策评审机制浅析》，载《律师世界》2003 年第 12 期。

[61] 宋晓译：《发展中国家的贸易政策改革》，载《世界贸易组织动态与研究》1996 年第 3 期。

[62] 余蕾译：《加拿大贸易政策评审》，载《世界贸易组织动态与研究》2004 年第 1 期。

[63] 谷祖莎：《评析 WTO 对我国贸易政策评审的特殊安排》，载《外贸经济、国际贸易》2005 年第 6 期。

[64] 丁祥高：《实践中的贸易政策评审机制》，载《世界贸易组织动态与研究》2005 年第 4 期。

[65] 文潇：《美国如何进行贸易政策评审?》，载《WTO 经济导刊》2006 年第 3 期。

[66] 于志宏：《擅用评审——企业寻求公平贸易的绝好机会》，载《WTO 经济导刊》2006 年第 3 期。

[67] 商务部世贸司：《解读贸易政策评审机制》，载《WTO 经济导刊》2006 年第 3 期。

[68] 曹建明：《WTO 法律制度与中国相关法律、法规和政策措施比较》，载《中国工商管理研究》2000 年第 9 期。

[69] 周立春：《面对压力，中国再一次通过评审关》，载《WTO 经济导刊》2004 年第 3 期。

[70] 凌婕：《WTO 体制下发达国家贸易政策的发展趋势》，载《国际商务研究》1998 年第 4 期。

[71] 关蕴佳编译:《国际贸易政策、工业化及经济发展》,载《国际经贸探索》1997 年第 3 期。

[72] 黄静波:《国际贸易政策的新自由主义发展趋势》,载《中山大学学报》(社会科学版) 2003 年第 1 期。

[73] 郭克萨:《对中国外贸战略与贸易政策的评论》,载《国际经济评论》2003 年第 9—10 期。

[74] 张乃根:《论 WTO 与我国的法律保障机制》,载《复旦学报》(社会科学版) 1999 年第 5 期。

[75] [澳] 安德森:《论发展中国家贸易政策改革:绝不能一叶障目》,载《WTO 经济导刊》2003 年第 9 期。

[76] 曾令良:《论世界贸易组织的法律体系》,载《法学评论》1996 年第 2 期。

[77] 梁西:《论国际社会组织化及其对国际法的影响》,载《法学评论》1997 年第 4 期。

[78] 陈伟:《世界贸易组织与国际经贸关系》,载《北京第二外国语学院学报》1998 年第 3 期。

[79] 佟家栋、王艳:《国际贸易政策的发展、演变及其启示》,载《南开学报》(哲学社会科学版) 2002 年第 5 期。

[80] 王赛、李艳:《产业内贸易与经济发展——论我国加入 WTO 后的贸易政策》,载《财经理论与实践》2002 年第 4 期。

[81] 廖春:《论经济发展中的贸易政策调整》,载《广州商学院学报》2002 年第 3 期。

[82] 余敏友:《论冷战终结以来解决争端的国际法的新动向》,载《法制与社会发展》1999 年第 1 期。

二、外文部分

1. 外文著作

[1] D. Papageorgiou, M. Michaely and A. M. Chokso, Liberalizing Foreign Trade: Lessons of Experience in the Developing World, London: Blackwell, 1991.

[2] P. Van Dijk (ed.), Supervisory Mechanisms in International

Economic Organizations, Kluwer Law International, 1984.

[3] Asif H. Qureshi, The World Trade Organization: Implementing International Trade Norms, Manchester University Press, 1996.

[4] Robert E. Hudec, The GATT Legal System and World Trade Diplomacy, New York: Praeger, 1975.

[5] Sylyia Ostry, Alan S. Alcxandroff and Rafel Gomez, China and the Long March to Global Trade: the Accession of China to the WTO, London/New York: Routledge, 2002.

[6] P. Demaret, J. Bourgeois and I. Van Bael (eds.), Trade Laws of the European Community and the United States in a Comparative Perspective, College of Europe, Burges, 1989.

[7] Krueger Anne O., Trade policies and Developing Nations, Washington DC: The Brookings Institution, 1995.

[8] Harald Sandera and Andras Inotai, World Trade After the Uruguay Round, Routledge Press, 1996.

[9] John H. Jachson and Alan O. Sykes, Implementing the Uruguay Round, Clarendon Press, 1997.

[10] John H. Jachson, The World Trading System: Law and Policy of International Economic Relations, MIT Press, 1992.

[11] John H. Jackson, The Jurisprudence of GATT & the WTO, Beijing: High Education Press, 2002.

[12] Papageorgiou, D., M. Michaely and A. Choksi (eds.), Liberalizing Foreign Trade, Basil Blackwell, Oxford and Cambridge Press, 1991.

[13] Peter Sarcevic, Hans Van Houtte (ed.), Legal Issues in International Trade, Martinus Nijhoff, 1990.

[14] Hon. Peter S. Watson, Joseph E. Flynn and Chad C. Conwell, Completing The World Trading System Proposals for A Millennium Round, Kluwer Law International, 1999.

[15] Mike Moore (ed.), Doha and Beyond - The Future of the

Multilateral Trading System, Cambridge University Press, 2004.

[16] Bernard M. Hoekman & Michel M. Kostecki, The Political Economy of the World Trading System: the WTO and Beyond, Oxford University Press, 2001.

2. 外文论文

[17] Sebsatian Edwards, Openness, Outward Orientation, Trade Liberalization and Economic Performance in Developing Countries, Policy, Planning, and Research Working Papers, No. 191, Washington DC: The World Bank, 1989.

[18] Vinod Thomas and John Nash, Trade policy reform: recent evidence from theory and practice, in R. Adhikari; C. Kirkpatrick and J. Weiss, Industrial and Trade Policy Reform in Developing Countries, Manchester University Press, 1992.

[19] Kyle Bagwell and Robert W. Staiger, An economic theory of GATT, American Economic Review, 1999.

[20] Syrquin, Moshe, Growth and Industrialization Since 1965, in Kekkeiner, G. K. (ed.), Trade Policy and Industrialization in Turbulent Times, London: Routledge, 1994.

[21] Bernard M. Hoekman, Competition Policy and the Global Trading System: A Developing – Country Perspective, Policy Research Working Paper No. 1735, The World Bank, 1997.

[22] OECD International Trade and Investment Division, Trade and Competition: Frictions After the Uruguay Round, Economics Department Working Paper, No. 165, OECD, 1996.

[23] G. J. H. van Hoof & K. de Vey Mestdagh, Mechanisms of International Supervision, in Supervisory Mechanisms in Int'l Econ. Org., P. van Dijk ed., Kluwer Law Int'l, 1984.

[24] Victoria Curzon Prize, GATT's New Trade Policy Review Mechanism, The World Economy, Vol. 14, No. 2, 1991.

[25] Sam Laird, The WTO's Trade Policy Review Mechanism –

From Through the Looking Glass, The World Economy, Vol. 22, No. 6, 1999.

[26] Roderick Abbott, GATT and the Trade Policy Review Mechanism: Further Reflections on Earlier Reflections, Journal of World Trade, No. 6, 1993.

[27] Asif H. Qureshi, The New GATT Trade Policy Review Mechanism: An Exercise in Transparency or "Enforcement"?, Journal of World Trade, Vol. 24, No. 3, 1990.

[28] Harold Hongju Koh, Why Nations Obey International Law?, Yale Law Journal, Vol. 106, 1997.

[29] Blackhurst Richard, Strengthening GATT Surveillance of Trade – related Policies, in Meinharf Hilf and Ernst – Ulrich Petersman (eds.), The New GATT Round of Multilateral Trade Negotiations: Legal and Economic Aspects, Kluwer Law and Taxation Publishers, Deventer (The Netherlands), 1988.

[30] Jai S. Mah, Reflection on the Trade Policy Review Mechanism in the World Trade Organization, Journal of World Trade, Vol. 31, No. 5, 1997.

[31] L. Alan Winter, Trade and Poverty: Is There a Connection?, Special Stduies 5: Trade, Income Disparity and Poverty, World Trade Org. ed., 1999.

[32] Tobert W. McGee, An Economic Analysis of Protectionism in the United States with Implications for international Trade in Europe, Geo. Wash. J. Int'l L. &Ecom. Vol. 26, 1993.

[33] Michael A. Andrew, Tax Simplification, SMU L. Rev., Vol. 47, No. 37, 1993.

[34] J. Skelly Wright, Money and the Pollution of Politics: Is the First Amendment an Obstacle to Political Equality?, Colum. L. Rev., Vol. 82, No. 609, 1982.

[35] Daniel H. Lowenstein, Political Bribery and the Intermediate

Theory of Politics, UCLA L. Rev. , Vol. 32, No. 784, 1985.

[36] A. C. Pritchard & Todd J. Zywicke, Finding the Constitution: An Economic Analysis of Tradition's Role in Constitutional Interpretation, N. C. L. Rev. , Vol. 77, No. 409, 1999.

[37] Mark L. Movsesian, Are Statutes Really "Legislative Bargains"? The Failure of the Contract Analogy in Statutory Interpretation, N. C. L. Rev. , Vol. 76, No. 1145, 1998.

[38] Mark L. Movsesian, The Persistent Nation State and the Foreign Sovereign Immunities Act, Cardozo L. Rev. , Vol. 18, No. 1083, 1996.

[39] John O. McGinnis, Mark L. Movsesian, The World Trade Constitution, Hafu L. Rev. , Vol. 10, No. 2, 2000.

[40] Jonathan I. Chamey, Third Party Dispute Settlement and International Law, Columbia Journal of Transnational Law, Vol. 36, 1997.

[41] C. Fred Bergsten, Fifty years of Trade Policy: The Policy Lessons, The World Economy, Vol. 24, No. 1, 2001.

[42] John H. Jackson, Reflections on Restructuring the GATT, in Completing the Uruguay Round: A Results – oriented Approach to the GATT Trade Negotiations, Jeffrey J. Schott ed. , 1990.

[43] R. Barents, Supervision with the International Monetary Fund, in Supervisory Mechanisms in International Economic Organizations, P. van Dijk et al. eds. , 1984.

[44] Joseph Gold, Strengthening the Soft International Law of Exchange Arrangements, AM. J. INT'L. L. Vol. 77, 1983.

[45] Joseph Gold, The Second Amendment of the Fund's Articles of Agreement, IMF Pamphlet Series No. 25, 1978.

[46] John T. Lang, Community Constitutional Law: Article 5 EEC Treaty, Common Mkt. L. Rev. Vol. 27, 1990.

[47] A. W. Hooke, The IMF, its Evolution, Organization and Activities, IMF Pamphlet Series No. 37, 2d ed. , 1982.

[48] Stephan Haggard, The Politics of Adjustment: Lessons from the IMF's Extended Fund Facility, Int'l Org, Vol. 39, 1985.

[49] H. A. H. Audretsch, Supervision Within the Organization for Economic Cooperation and Development, in Supervisory Mechanisms in International Economic Organizations, P. van Dijk et al. eds. , 1984.

[50] Frieder Roessler, The Scope, Limits and Functions of the GATT Legal System, World Econ. , Vol. 8, 1985.

[51] Petros C. Mavroidis, Surveillance Schemes: The GATT'S New Trade Policy Review Mechanism, Michigan Journal of International Law, Vol. 13, 1992.

[52] Jacques H. J. Bourgeois, GATT Surveillance of Trade Related Policies, in the New GATT Round of Multilateral Trade Negotiations, in Transnat'l Econ. L. , Vol. 5 Stud. , 1998.

[53] Keesing, D. B. , Improving Trade Policy Reviews in the World Trade Organization, Policy Analyses in International Economics, Washington DC, Institute for International Economics, 1998.

[54] Kym Anderson, The Future Agenda of the WTO, in The WTO Secretariat, from GATT to the WTO: The Multilateral Trading System in the New Millennium, Kluwer Law International, 2000.

[55] Alice Alexandra Kipel, Special and Differential Treatment for Developing Countries, in The World Trade Organization: The Multilateral Trade Framework for the 21st Century and U. S. Implementing Legislation, Terence P. Stewart ed. , 1996.

[56] John H. Jackson, The Great 1994 Sovereignty Debate: United States Acceptance and Implementation of the Uruguay Round Result, J. Transnat'l L. , Colum 36, 1997.

[57] Barbara Evers, Linking Trade and Poverty: Reinventing the Trade Policy Review Mechanism, Development Studies Programme, University of Manchester, June, 2003.

[58] F. Roessler, The Competence of GATT, Journal of World

Trade, Vol. 21, No. 1, 1987.

[59] Petersmann, Strengthening the domestic legal framework of the GATT multilateral trade system, in Petersmann and Hilf (eds.), The New GATT Round of Multilateral Trade Negotiations. Legal and Economic Problems, Kluwer Law International, 1988.

[60] Chakravarthi Raghavan, Who has Different Approaches to TPRM reports, in the South - North Development Monitor, 2000.

[61] Prema - chandra Athukorala, Malaysian Trade Policy and the 2001 WTO Trade Policy Review, The World Economy, Vol. 25, No. 9, 2002.

[62] V. N. Balasubramanyam, India: Trade Policy Review, The World Economy, Vol. 26, No. 9, 2003.

[63] Keith Head and John Ries, Regionalism Within Multilateralism: The WTO Trade Policy Review of Canada, The World Economy, Vol. 27, No. 9, 2004.

[64] Asif H. Qureshi, Some Reflections on the GATT TPRM, in the Light of the Trade Policy Review of the European Communities, Journal of World Trade, Vol. 26, No. 6, 1992.

[65] Asif H. Qureshi, The Mechanism of Economic "Surveillance" in the Framework of International Organizations, University of Manchester, Faculty of Law, Working Paper No. 5, January, 1991.

[66] J. Gold, Exchange Rates in International Law and Organization, American Bar Association, Washington, D. C., 1988.

[67] Hiddo Houben, China Economic Reforms and Integration into the World Trading System, Journal of World Trade, Vol. 33, No. 3, 1999.

[68] Guiguo WHAG, China's Return to GATT, Journal of World Trade, Vol. 28, No. 3, 1994.

[69] Xin Zhang, Implementation of the WTO Agreements: Framework and Reform, Northwestern Journal of International Law & Business,

Vol. 23, 2003.

[70] Asif H. Qureshi, Some Lessons from "Developing Countries" Trade Policy Reviews in the GATT Framework: An Enforcement Perspective, The World Economy, Vol. 18, No. 3, 1995.

[71] Veijo Heiskanen, The Regulatory Philosophy of International Trade Law, Journal of World Trade, Vol. 38, No. 1, 2004.

[72] Joseph E. Stiglitz, Two Principles for the Next Round or, How to Bring Developing Countries in from the Cold, The World Economy, Vol. 23, No. 4, 2000.

[73] Laird, D. and P. Messerlin, Institutional Reform for Trade Liberalization, The World Economy, Vol. 13, No. 2, 1990.

[74] Mavrodids, P., Surveillance Schemes: The GATT's New Trade Policy Review Mechanism, Michigan Journal of International Law, Vol. 13, No. 2, 1992.

[75] Rovertson, D., GATT's New Trade Policy Review Mechanism, Australian National University, 1992.

[76] Joseph F. Francois, Trade Policy Transparency and Investor Confidence – The Implications of an Effective Trade Policy Review Mechanism, Review of International Economics, 2001.

[77] Bernard M. Hoekman and Petros C. Mavroidis, WTO Dispute Settlement, Transparency and Surveillance, The World Economy, Vol. 23, No. 4, 2000.

